地域は消えない

コミュニティ再生の現場から

岡崎昌之【編】
全労済協会【監修】

日本経済評論社

はじめに

コミュニティや地域社会をめぐっては多くの議論がなされてきた。これに関連する最近の関心事は、人口減少へと向かう日本の将来に対する危惧である。それにより、多くの自治体が消滅するといった説も流布されている。だが多くの人口減少社会論は、都道府県レベルや市町村単位の人口の増減に関するデータ的な解析である。しかしこの人口減少社会問題こそ、地域社会や集落レベルからきちんととらえ直す必要のある大きな課題だといえる。

二〇〇一年（平成十三）頃をピークとして、大規模な市町村合併が実施された。これにより合併市町村の中心部への諸機能の集中度がより高まった。また合併によって広域化した各市町村の周辺部の人口減少は一気に助長された。旧町村役場は支所となり、機能は縮小され、そこに常駐する自治体職員も大幅に減員された。多くの職員は本庁舎に移動となり、旧町村に住む住民や高齢者にとっては、顔見知りの職員はいなくなり、日常の生活に大きな不安を抱えることにもなった。

それ以上に、合併市町村の周辺部を、地域社会や集落レベルでみてみれば、人口減少が進み、地域社会の維持自体が困難となっているところも多い。耕作放棄地が拡大し、景観の悪化や鳥獣被害もすすみ、国土管理の観点からも課題を抱える地域が多くなっている。

そうした人口減少社会の課題を解決しようとする視点から、東京への一極集中の是正とともに、若者を地方に留めるダム機能をもった地方中枢拠点都市形成の構想などもある。県庁所在地や各県の第二、第三レベルの都市に選択と集中で、機能を集中しようという試みであろう。

しかしそれは現代の若者のニーズに必ずしもあったものとは言えない。彼らのなかには都市の人口規模よりも、むしろ個性的で特徴をもった地方都市や農山村を選び、自己実現のできるライフスタイルを模索している者が多くなっている。これはなにも若者だけに限ったことではない。リタイアした団塊の世代にもこうした志向は多い。西ヨーロッパの人口移動を見てみれば、こうした状況はより明白である。環境のいい農山村や小規模地方都市に居を構えて子育てをし、必要とあればパリやミラノ、ロンドン、ミュンヘンといった大都市に出向き、またそれら大都市を的に据えた経済活動を展開する、といった生活パターンが広く定着しつつある。

こうした動向がもはや西ヨーロッパだけに留まらず、日本国内でも先行的に表れ始めている。本書を著したベースとなっている研究会でヒアリングをした、島根県隠岐郡海士町で地元の隠岐島前高校の魅力化に取り組んでいるIターン者のグループなど、本書の各章に例示や事例として示されているとおりである。各章では、こうした動向を裏付け、その方向を支援する重要な視点が多々提示されている。そこでは地域社会やコミュニティ、集落といった存在について、その新しい意味づけや解釈も考察されている。

従来の保守的で頑迷なムラ組織としての町内会や集落イメージから脱して、地域社会に新しい動向や価値観、新しい文化的状況や人間関係、開放性、地域間交流等々を求め、新たなものを受け入れるといった状況の変化である。

またそのことは、地方農山村にとどまらず、大都市や大都市周辺部の地域社会においても、必要に迫られた変化として表れ始めている。そこでは多くの都市労働者がリタイアを契機に地域社会、コミュニティでの活動に迷いや模索を伴いながら参画し始めている。またそこに居住する若者世代も地域社会の活動に関心をもち、コミュニティへの参加を模索している。決して無関心ではない。これもまた研究会でヒアリングをし、東京都八王子市の長池公園の現地にも訪れたＮＰＯ法人フュージョン長池の活動等をとおしても確認することができた。

現在、大きな課題となっている人口減少問題も、こうした地域に足の着いた地域社会やコミュニティレベルから再考することで、何らかの将来像が見えてくる可能性があるのではなかろうか。

本書は、全労済協会調査研究部に事務局を置き、二年数か月に渡り研究会活動を進めてきた「いきいきまちづくり研究会」に参画していただいた若手研究者に、研究会を通じての研究蓄積をもとに執筆していただいたものである。

研究会では気鋭の研究者や地域社会の現場で活躍する方々からヒアリングをするとともに、高知県梼原町をはじめ、多くの先進的な現場を訪れ、そこで実績を積み上げられている皆さんから多くの知見を得ることができた。

また全労済協会調査研究部の皆さまには研究会を進めるにあたり、ひとかたならぬお世話をおかけした。中心となっていただいた西岡秀昌常務理事、調査研究部の平戸俊一氏には執筆もしていただいた。お礼申し上げたい。

編者として、お世話になった皆さんに謝意を表したい。

また本書を作成するにあたって日本経済評論社の清達二氏、梶原千恵氏にひとかたならぬお世話になった。記して謝したい。

二〇一四年七月　岡﨑昌之

目次

第一章　まちづくり論・コミュニティ形成論の経緯

1　都市化とコミュニティ形成

(1)　地域を変えた高度経済成長

日本の地域社会や集落にとって、時代を画するような大きな出来事とは何だったのだろうか。さまざまなことが想起されるが、地域社会レベルでその変遷に目を凝らせてみれば、それは明治維新でもなく、第二次世界大戦でもない。いつから地域社会が大きく変化の波を受けたのか、それはまぎれもなく高度経済成長期である。

とりわけ高度経済成長第二期と呼ばれる昭和四十年代（一九六〇年代後半）に、地域社会は大きな変貌をよぎなくされ、日本の地域構造は大きく変化した。大都市や地方中核都市へは人口が集中し、住宅不足、交通混雑等が問題化した。一方、農山漁村においては、長きにわたり生活を支える糧、そして燃料、水といった生活にとって不可欠なものをその地域内から得て、地域内で循環させ、地域そのものが成り立っていた（薗部・神崎［一九六八］）。しかしその暮らしが一変した。人びとは都市を目指し、地方からは多くの人々が流出した。農山漁村においても、地域内から得ていた食料や燃料、水さえも遠く他から求めなければならなくなり、多くの労働力が流出し、地域社会の空洞化が始まった。

過疎はこのとき発生した

この時期、三大都市圏、県庁所在地などの地方中核都市、太平洋沿岸部、瀬戸内海地域等への人口移動と人口集中は急速に進み、反対に農山村では人口減少が始まった。一九六七年の政府の『経済社会発展計画』では、「農山漁村においては、人口流出が進行し、地域によっては地域社会の基礎的生活条件の確保にも支障をきたすような、いわゆる過疎現象が問題となろう」と述べ、政府として初めて「過疎」という言葉を公的に使用して、その実情を問題としてとらえた。

「過密」という言葉はあったが、「過疎」という言葉はこの時期につくられた造語である。この時期の、中国地方の山間部から瀬戸内海沿岸部の工業集積地域に向けての人口流出は、日本における過疎化現象の先駆けであった。過疎化は決して東北や九州で始まったわけではない。高度経済成長で大規模装置型工業が集中立地した瀬戸内海沿岸部へ向けて、距離的に近い岡山県北、広島県北、島根県南の中国地方山間部から人口移動が始まったのである（今井［一九六八］）。

表1－1　過疎地域の現状

	過疎地域	全国	過疎地域の割合
市町村数（2013.4）	775	1,720	45.10%
面積（2010：㎢）	216,321	377,915	57.20%
人口（2010：万人）	1,033	12,806	8.10%

（出所）「過疎対策の現況　平成24年度」総務省。

その数年後、一九七〇年（昭和四十五）「過疎地域対策緊急措置法」が議員立法で制定され、それ以降十年おきに、多少、名称を変えつつも、過疎法は現在まで継続している。現在、過疎法によって過疎指定を受けた市町村の国土面積に占める割合は五七％を超えている。過疎化は国土構造上の大きな課題として、まさにこの高度経済成長期に始まり、現在まで課題として存在し続けているのである。

(2)　〝群化社会〟とコミュニティ

農山漁村で過疎化が問題となる一方で、この高度成長期以降、人口移動を受け入れてきた都市側における課題がコミュニティ問題であった。これまでに経験したこともない都市化の過程の中で、過密住宅、交通渋滞、公害問題等々、住民の生活環境は劣悪化していった。生活環境だけでなく都市の地域社会は個別化し、多くの課題を抱えることとなった。混沌とし、無秩序な〝群〟と化したこの地域社会を、どう位置づけ、どう方向づけるのか、大きな課題として浮上してきた。

「たんに来住し、住み続けることだけで日常の付き合いが形成されるわけでもない。そこには地域での暮らしに根ざした付き合いへの必要や願望がなくてはならない。そのとき都市住民は〝群化社会〟を克服する可能性を拓きうる。コミュニティ論の大切な課題の一つはここにある」、未曾有の都市集中を受け入れた都市部の地域社会とそこにおけるコミュニティ形成に対して、大森彌はこのように指摘した（奥田・大森［一九八二］）。

『コミュニティ――生活の場における人間性の回復』

またこのような大都市におけるコミュニティ形成の論理として、その背景にある都市化への視点の重要性、行政施策対応としての施設偏重への危惧、地理的範域にとどまらないテーマ型コミュニティの有用性なども提起されている（奥田［一九八三］）。こうした状況を受けて、政府の国民生活審議会調査部会コミュニティ問題小委員会（経済企画庁・当時）は、一九六九年『コミュニティ――生活の場における人間性の回復』の答申を発表した。この答申作成にも専門委員として関わった奥田は、答申の趣旨とコミュニティについて、次の三点に要約している（奥田［一九八八］）。

①日常生活の共同の場としてのコミュニティを能動的、積極的に構築する。
②生活基盤づくりだけでなく、人間的接触、自発的集団や組織活動への参加などノンフィジカルな面も含む多層的なもの。
③基礎自治体においてコミュニティ行政の比重は大きくなるが、あくまで生活者、住民の自発的意思と協働に俟《ま》つべきで、行政は環境醸成の間接的役割に留まるべき。

一方、自治省（当時）はこの答申を受けて、事務次官通達『コミュニティ（近隣社会）に関する対策要綱』（一九七一年）を発し、「モデル・コミュニティ」づくりの補助事業を開始した。それは農村型地域（山地、平地）、都市型地域（都市周辺、地方都市、大都市）に分け、全国に約八十か所のモデル・コミュニティを指定し（一九七一〜七三年）、コミュニティ施策の推進を図るものであった。

「コミュニティ形成はたんなる施設づくりではない、住民の自発的意思に俟つべきだ」（奥田・大森［一九八二］）との指摘があったが、ひとたび中央政府の発案により地方自治体の施策として推進されると、新しいコミュニティ形成を意図した政策も、旧来の町内会等の既存の地域住民組織へと実体化されやすい施策となったことも否めない。またこの事業を活用してコミュニティ施設づくりに邁進した地域があったことも事実である。

大都市郊外のコミュニティ再生

当時、東京の典型的な郊外都市である町田市では、大規模な団地建設により毎年一万人ずつ人口が増加するといった、現在では考えられない人口急増都市となっていた。小学校もプレハブ校舎で対応し、運動会では延々と〝徒競走〟が続いたと、当時を知る人たちはいう。人口急増に伴う都市生活上の多くのひずみを抱えていた。そうした異常な状況に都市経営としての対応策として、団地住民の視点や地域社会レベルでの検証として『団地白書』（一九七〇年）の発刊もおこなわれた。

また市内中心部の主要道路を一日歩行者天国にして、一二三万人（当時、現在は四二万人）に急増した住民の交流の場、心と心のふれあいの場とした「二三万人の個展」も一九七三年に開催された。全国から町田市に移り住んだ住民、旧来からの町田市の居住者、周辺部の農家、団地住民等々の、多様な人たちの出会いの場、有機的な連携をはかる場として企画されたのである。つまり二三万人がこの歩行者天国となった目抜き通りに出てきて、互いの〝個〟性を〝展〟示する場として、高度経済成長の大きな波を受けた町田市という大都市郊外の生活都市において、新しいコミュニティ形成のあり方を模索するユニークな仕組みであった。その一年後には「二四万人の個展」、二年後には「二五万人……」と、増加する人口に対応してタイトルを変えて続いた。

関西においても高度成長期の波を受けた大都市圏において、同様なコミュニティ形成の取り組みが始まっていた。阪神・淡路大震災時（一九九五年）に、住工商混合の密集地区にもかかわらず、他地区に比べて比較的被害が少なく、住民ぐるみの復興に成果があったと評価された神戸市真野地区も、実はこの時期から住民主体による住工分離のまちづくり構想が検討されていた。その結果として住民の相互認識、相互理解が進んでいたことが、地区として大震災の被害を比較的少なく抑えたことに繋がっていることは間違いないであろう。

やはり神戸市の六甲山麓の密集住宅に位置する丸山地区においても、ガスや水道の整備を行政に強く要求する、いわゆる〝たたかう丸山〟から、自分たちで公園づくり、コミュニティ・センターづくりへと変化する〝考える丸山〟、〝創造する丸山〟へと変貌する郊外型コミュニティ形成の典型例として評価されてきた。

2　地域自立をめざすまちづくり論

都市への人口集中が進む一方、高度経済成長期の地方都市、農山漁村では過疎化がすすみ、人口流出と地域経済の疲弊に悩むことになった。しかしその厳しさの増す地方においても、地域自立を目指し、困難を乗り越えようとする試みがあらわれてきたのもこの時期である。それは集中度を高める都市地域に対して、地方都市、農山漁村が、国や都道府県、大企業に安易に頼ることなく、自らの決意で自らの道を切り拓こうとする挑戦でもあった。

北海道池田町のワインづくりを中核にしたまちづくり、大分県湯布院町（現由布市湯布院町）のまちづくり型ツーリズムの推進、沖縄におけるシマおこし運動など、地域間交流や大都市をも視野に入れ連携しつつ、それぞれの地域に根ざした将来を模索しようとするまちづくりへの取り組みの思いは、現在のコミュニティ形成にも大きな示唆をもたらすものである。

(1)　地域自立への挑戦――北海道池田町・ワインを軸に生活文化の再生

北海道東部の十勝地域は日本最大の農業地帯である。十勝の中心都市である帯広市では、緑を保全し「帯広の森」を建設することで、都市の無秩序なスプロール化を防ぐなど、公園都市づくりを目指すユニークな都市づくりが進められていた。それに呼応するかのように、帯広市の東二十キロに位置する池田町でも新しい試みが始まっていた。そのきっかけは地元に立地していた甜菜（ビート）加工工場の閉鎖であった。経営合理化のための工場集約化のあおりである。加えて十勝沖地震の発生、町内の火事なども重なり、町は財政再建市町村となった。

こうなれば国にも道庁にも一方的に依存していくことはできない、自分たちで道を切り拓くしかない、と立ち上がったのが、若い丸谷金保町長を担いだ農業青年たちであった。いろいろ経緯はあったが、町内に広く自生している山ブドウに着目し、それを加工しワインを生産するという思い切った施策に取り組んだ。

昭和三十年代後半、まだ日本ではワインが一般化する以前のことである。地方自治体として酒類製造の免許取得、ワイン醸造技術習得のため職員のドイツ派遣、零下二十度に耐えるブドウの品種改良など、幾多の困難を乗り越えて池田町独自の技術で、ワインづくりを軌道に乗せることができた（丸谷［一九七二］）。

地域で創出する産業

ワインにはステーキだということで九州の阿蘇から赤牛を導入して肉牛の肥育も始める。町営レストランの開店（後には札幌、東京にも出店）、ワイン城（レストランとワイン醸造、研究開発機能、見学拠点施設）建設など、ワインを基軸にしたまちづくりは幅広い展開を見せるようになった。まさに地域のなかに新しい産業が創出されたといえる。

しかし池田町におけるワイン産業の展開を注意深くみてみると、そこには地域における産業のあり方という点で学ぶことが多い。それはワイン産業だけが独り歩きして、規模拡大を目指すのではなく、池田町で生産できる原料のブドウの生産量、ワインづくりに従事できる労働力、池田町のもつ技術力などをしっかりと把握しながら、地域に立脚したワイン産業を育成することであった。つまり地域で創出された産業活動が地域の力量や範域を大幅に逸脱することを避け、地域の規模に適合しつつ発展する産業のあり方を模索する試みであった。

ワイン産業だけが肥大化することによって、原料やマンパワー、技術などを地域外に求めることで、ワインづくりが池田町という地域から遊離し、やがては地域の産業が空洞化することを避けるという判断もあったのではなかろうか。地域にとって適切な規模に留めることで持続的な産業として存続することを模索したといえる。

過疎化、工場の撤退といった地域の衰退から何とか立ち直ろうとしたワイン産業ではあるが、自治体が主導して住民とともにつくってきた産業であるだけに、池田町という地域の範域、地域の力量を超えて産業を拡大させることをよしとしなかったわけである。

ワインづくりを始めた丸谷町長も、千石（一千八百キロリットル）醸造の壁を超えると、町営で続けるか、民営に任すか、慎重に検討する必要があると、規模の問題に当初から懸念を示していた（丸谷［一九七二］）。

もちろん生産量が拡大してきた時期には、一部地域外の原材料の使用、海外からの輸入もせざる

表1－2　北海道池田町　自立を目指すまちづくりの経緯

1879（M12）	初めて和人が来住
1896（M29）	池田侯（旧鳥取藩主），池田農場の経営開始
1899（M32）	戸長役場の設置（池田町の始まり）
1904（M37）	鉄道の開通
1952（S27）	十勝沖地震で大規模被害
1956（S31）	財政再建市町村に指定
1957（S32）	丸谷金保氏，町長に当選（～1976：5期20年）
1961（S36）	ブドウ栽培の開始
1963（S38）	ワイン醸造に成功，町職員大石和也氏をドイツに派遣
1965（S40）	ブドウ・ブドウ酒研究所開所（翌年，十勝ワイン・十勝ブランデー市販開始）
1970（S45）	町営レストラン開店（町内），後，都内，札幌市内にも
1972（S47）	「ヨーロッパワインツアー」，高齢者「いきがい焼」開始
1973（S48）	町営CATVスタート
1974（S49）	ワイン城（ブドウ・ブドウ酒研究所）完成
1975（S50）	町営リゾート「まきばの家」オープン
1975（S50）	まちづくりシンポジウム「地域にみる生活と文化の再生」
1977（S52）	カナダ・ペンティクトン市と姉妹都市提携
1987（S62）	全国6町池田サミット開催
1988（S63）	「池田町音楽キャンプ」スタート
1990（H02）	文化施設「田園ホール」落成
1998（H10）	開町100周年
2005（H17）	ワイン城再生オープン，新製造ライン始業
2013（H25）	十勝ワイン誕生50周年

を得なかったこともあった。しかしそれを加工し、ブレンドする技術は池田町のものである。ブドウの収穫時には、子供からお年寄りまで、地域総出で収穫作業をする。ワインが一般的ではない時代なので、まずは町内でワインに親しんでもらうために、住民には格安で〝町民還元用ワイン〟を頒布した。ワインのある生活とはなにかを実際に体験するために、住民とともに海

外へ出かける〝ヨーロッパ・ワインツアー〟も実施された。ワインをたしなみながら音楽やスポーツを楽しんでいるヨーロッパの人たちの日常生活を目の当たりにして、やがて池田町においても、音楽キャンプの試み、他地域に先がけてペタンクやカーリングといったスポーツの導入などにつながっていった。

北海道池田町「ワイン城」

冬には零下二十度に下がる北の大地で、ブドウを栽培しワインを醸造するという、五十年、百年先を見据えたまちづくりである。地域における産業のあり方とは何かを明確に位置づけながら、ワインを基軸にしつつ、地域の生活と文化の再生を目指した地域づくりといえる。ワイン醸造やブドウ栽培などの専門技術を持った職員の採用もしてきた。まさに現在議論されている、地域特産品づくり、六次産業化、アンテナショップなどの先駆けと位置づけられる地域再生の試みである。

地域間連携

池田町の先導的なまちづくりは、他地域のモデルや目標ともなり、視察、研修で池田町を訪れる人も多くなった。

そうしたなか、瀬戸内海の小豆島にある香川県池田町（現小豆島町）から発案されたのは視察、研修を越えた提案であった。当時、全国の町名では〝池田町〟が六町で最も多いことに気付いたのが香川県池田町で、同名であれば親近感もあり、何かの因縁もあるだろう、互いに交流しようではないか、ということになった。「全国池田サミット」の始まりである。

まずは一九八五年、香川県池田町を皮切りに、第二回は北海道池田町、その後、毎年、長野県、岐阜県等々の池田町で開催された。後には大阪府池田市も加わり、一市六町のサミットは、市町村合併で香川県、徳島県の池田町が名称を変えるまで二一年間続いたのである。

サミットとはいいながら、首長や議員だけの交流ではなく、自治体職員、婦人会や青年会、商工会、農協など、人と人、組織と組織、民間と行政と、多様なレベルの交流の場であった。そこで形成されたネットワークはサミットが終了した後も脈々と続き、それぞれのまちづくりの基盤となっている。これも北海道池田町の地道でダイナミックなまちづくりが存在していたからこそ可能となった地域間連携であった。

(2) まちづくり型ツーリズムの先導――大分県由布院

池田町のまちづくりはたんなる地域経済の振興にとどまらず、このまちづくりの現場を見たい、ワインやステーキを楽しみたいという人たちをも町に惹きつけることになった。観光客など一人も来なかった池田町に、年間六十万人という人が訪れることにつながったのである。いわばまちづくりの試みがツーリズムを誘発したのである。

高度成長期を経て人びとの観光行動は大きく拡大した。ただ当時としては、職場旅行、団体旅行、一泊宴会型の旅が一般的であり、客を受け入れる観光地も、大型ホテル、大規模観光施設、一律お仕着せの定番料理と、拡大した観光需要に何とか対応しようとする観光地形成であった。

そのような時代にありながら、新しい観光地を目指したのが大分県由布院温泉の人たちであった。年間八百万人という観光客数を誇る別府温泉から、城島高原を越えたひなびた盆地にある。古くから湯治場や避暑地として知られていたが、高度経済成長はこの盆地にもさまざまな影響を与えた。猪の瀬戸湿原へのゴルフ場建設計画（一九七〇年）、盆地を取り巻く山麓での大規模別荘地開発計画（一九七一年）といった地元の自然環境を損なう大規模開発の波もそのひとつであった。

これに対応して地元旅館経営者たちを中心に「明日の由布院を考える会」が結成され（一九七一年）、豊後富士とも呼ばれる美しい由布岳山麓の景観を守ろうとさまざまな試みを実施した。その一つが「牛一頭牧場運動」であった。高度経済成長までは由布岳山麓は牛の放牧用の入会地で、牛を放牧することで美しい景観が保たれてきたのである。しかし牛の育成や肥育が採算に合わなくなることで、農家は牛を手放しはじめた。そこへゴルフ場や別荘地の開発計画が持ち上がったのである。それならば都市の人たちに子牛購入の資金を提供してもらい、その子牛を由布院の農家が牧野で育て、利子代わりに由布院の米、味噌などの特産品を贈り、最後は牛の売り上げを折半し、放牧地としての牧野を守ろうという仕組みであった。考えてみれば、現在、各地で取り組まれているふるさと納税やふるさと会員の原型である。

たんにお金のやり取りではなく、都会の畜主に由布院の牧場まで自分の牛を見に来てもらう、折角、皆さんに来てもらうのだから何か楽しい行事を、ということで始まったのが、草原の真っただ中で、牛肉をほおばりながら思いっきり叫んでもらう「牛喰い絶叫大会」で、今も続く人気の行事となっている。

中谷健太郎さん、溝口薫平さん、志手康二さん（残念ながら若くして他界された）という由布院のリーダー三人は、一九七一年、ヨーロッパの温泉先進地であるドイツにも足を延ばし、これからの温泉地のあり方、農業と観光との連携等、由布院の将来を見据えようとした。

その後、総合保養地域整備法（一九八七年）、いわゆるリゾート法が制定され、全国はリゾートブームとなった。地道なまちづくりを進めてきた由布院でも大型観光施設やマンション建設の開発申請が多発した。町ではこれらを規制するために当時としては画期的な条例であった「潤いのある町づくり条例」（一九九〇年）を制定し、リゾートマンション等の建設を厳しく規制した。

まちづくり型ツーリズム

しかしこのようにして潤いのある町を創れば、その魅力にひかれてより多くの人が由布院を訪れるようになる。観光動向は、職場旅行、団体旅行、一泊宴会型から、家族、友達、グループ型へ、物見遊山型から地域の文化や歴史に触れ、ゆっくりとした参加型へと変化してきたのである。この動向がより多くの人を由布院へと誘うことになり、年間の観光客数は三八〇万人を超えるようになった。人口一万二千人の湯布院町（当時）にしてみれば、町の人口を超える観光客を毎日受け入れていることになる。これでは観光のハイシーズンには住民の日常生活にも支障が出るということもあり、二〇〇二年には、車の乗り入れを規制し、自転車の活用を試みるなど、いかにして観光客を減らすかという全国でも珍しい交通社会実験も実施した。

二〇〇〇年にまとめられた政府の観光政策審議会の答申「二一世紀初頭における観光振興方策」は、これまでの政府の観光政策とは大きく一線を画するものとなった。これまでの施設建設重視、外部依存型、大規模志向、団体重視といった観光路線ではなく、「観光まちづくり」を主要施策とする方向への転換であった。

つまり住民と旅行者の交流、自然や社会環境と共生する観光振興、高齢者への配慮、バリアフリー化などを重視し、まちづくりが観光の視点を持ち、観光がまちづくりにまで拡がることが必要だとした（西村［二〇〇九］）。まちづくりと観光の統合である。その意味では由布院の取り組んできたことは、まさに観光まちづくりであり、観光を基盤にしながら、農業の振興、自然環境の保全、住環境の改善、美しい景観の形成といったまちづくり型観光地形成だと評価できるものである。

永年、由布院のまちづくりをリードしてきた中谷健太郎さんは「村の命を都市の暮らしへ、都市の力を村の営みに」（二〇一一年九月、九州ツーリズム大学、於熊本県小国町での発言）と述べ、都市と農山村の対立ではなく、対等な立場での交流のうえに新しいまちづくりを展開できる可能性

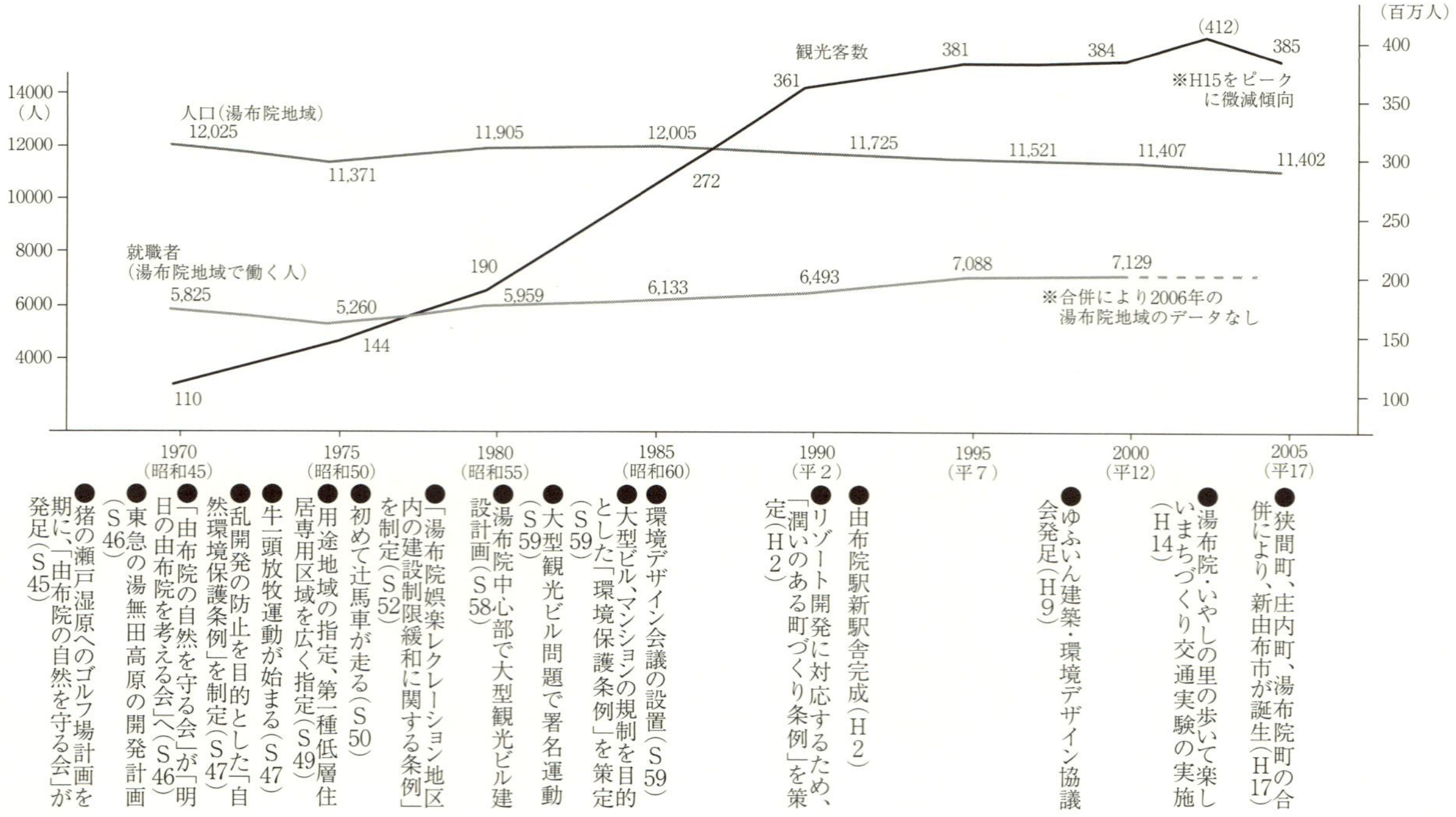

(出所)『由布市景観マスタープラン』(由布市, 2009年3月)より。

図1-1　湯布院地域のまちづくり年表と観光客数等の推移

を模索している。

(3) 内発的地域づくり――沖縄シマおこし

高度経済成長の与えた影響は本土だけではない。遠く沖縄でも本島の金武湾、中城湾での石油基地建設、本部半島での観光開発等による環境への負荷といった大きな影響があった。また沖縄の南の辺境、八重山地域の石垣島でもパイナップル畑や美しいビーチに隣接する土地などが、本土資本等による無秩序な買い占めの対象となっていた。地元の住民たちはこの動向に対して「シマおこし」運動を提起し、地元の土地所有者たちへの意識啓発をおこなっていた。

沖縄でいう「シマ」は離島（アイランド）のことではなく、集落のことを指す言葉である。例えば沖縄に関して高い関心をもっていた柳田國男は『島の人生』（一九五一年）の自序のなかで「佐喜眞興英（沖縄県宜野湾市出身で判事、民俗学者・著者）君の「シマの話」にすでに説いたように、西南諸島でもシマは昔から島のことでは無かった。島には別にハナレといふ語があり、又強ひてリトウ（離島）といふ新語も此頃は用ゐられて居る。僅か傳はった中古以来の文献を見渡しても、シマは一つ一つの邑落の事であり、人が久しく生活を共にした特定の民家群のことであった。（後略）」と述べている。

外部による土地の買い占めが進んでいる八重山の状況を、シマ（集落）という生活に身近な単位から、どうすれば防ぐことができるか。また自らのまちづくりとして共に担っていけるのか。八重山の人たちは、そのことを地域のなかから構築していこうとしていた。

こうした取り組みをする地元住民と本土の自治体関係者、実践者、研究者などが連携して、この問題に立ち向かい、より幅広い地域社会再生の問題としてとらえ直し、沖縄各地の現場で、息長く取り組んだのが「沖縄シマおこし研究交流会議」（一九七八～八四年・昭和五十三～五十九）であった（岡崎［一九八四］）。そこでは北海道池田町、岩手県盛岡市、島根県隠岐、愛媛県内子町、大分県由布院、宮崎県綾町等、本土のまちづくり実践者が、その経験を持ち寄りながら、石垣島、竹富島、西表島などの現場で、現地の人たちと交流した。

やがてこの取り組みは八重山から北の宮古諸島へ、そして沖縄本島読谷村での「ムラおこし研究交流集会」（一九七九年・昭和五十四）へと引き継がれていき、その後の読谷村のムラづくりの原型を形作ることともなった。

沖縄県読谷村：基地の村からの自立

沖縄県読谷村《よみたん》は沖縄本島の中部に位置する。東シナ海に突き出すような残波岬を嘴とすると、村域はまるで鳳凰が西に向かって飛び立とうとする姿に似ている。一九四五年（昭和二十）四月、米軍は読谷村の浜から沖縄本島へ上陸し、第二次世界大戦における最初の地上戦闘地点となった。その後、村域の七三％が米軍基地のままで、一九七二年本土復帰を迎えたのであるが、いまだに三十％強が米軍基地という状態である。

村の中心部に戦時中に建設された読谷補助飛行場は、その後長く米軍のパラシュート降下訓練場となっていたが、粘り強い交渉で日米共同使用という名目のもと、基地の中に平和の森球場が設置され、その後、〝基地の中の役場〟として有名となった地上三階地下一階建ての読谷村役場が建設された。二〇〇六年、飛行場は全面返還され、現在では読谷村文化センターや読谷中学校もここに開設され、村の行政、文化活動の中心となっている。人口も四万人を超え、それまで人口が五万五千人であった岩手県滝沢村が市に移行したため、二〇一四年一月から人口日本一の村となった。

役場などの中核施設を取り巻くように、村の中心部で整備が進んでいるのが、百ヘクタール強の先進農業集団地区である。前もって整備が進んだ先進農業支援センターでは、沖縄特有の猛烈な台風にも耐えうる強固なビニールハウスも建設され、やがてはリーダーとなる農業就業者の育成が進んでいる。従事者が高齢化し収入も減少しているサトウキビに代わって、栽培は難しいが本土の端境期もねらえ、高値で出荷できる小菊、インゲン、マンゴーなどを読谷村ブランドの農産物とするべく、取り組みも始まり、計画もすすんでいる。特産となった紅イモも、バイオ技術の導入により、苗の改良が進んでいる。ただ七十年前の米軍上陸時の不発弾がまだ土中に多く埋没しているため、掘り下げ検査の後、農場整備に入らなければならないという困難をいまだに抱えている。

後に人間国宝となる陶芸家、金城次郎さんを人材誘致したことに始まる「やちむん（焼き物）の里」は沖縄最大の窯場となっている。読谷山花織の與那覇貞さん、紅型《びんがた》の玉那覇有公さんなど読谷村にゆかりのある人間国宝は三人にも及ぶ。三人もの人間国宝を抱える村も国内では他にはないで

やちむんの里・九連房の巨大な登り窯（読谷村）

あろう。また秋には小学生からお年寄りまで村民総出の文化祭「読谷まつり」も毎年開催され、文化の村おこしが読谷村の基本となっている。

この読谷村の村おこしに一役買ったのも北海道池田町である。「ムラおこし研究交流集会」をきっかけに両町村の交流は始まり、自治体職員、住民団体、子どもたちが互いに行き来した。冬は零下二十度に下がる池田町で、真摯な農業自立、まちづくりに取り組む姿勢は、訪れた読谷村の人たちに感銘を与えた。その後の読谷村の農産物のブランド確立、東京などの大市場をターゲットにした出荷など、池田町からのヒントは多かった。

「一村一品運動」、「地方の時代」へ

「沖縄シマおこし研究交流会議」への由布院からの参加者を中心に、その後、大分県では「村おこし事業」が取り組まれた。その中核的な施策は、湯布院町（現由布市）での旅館経営者と農家との連携、大山町（現日田市）でのＮＰＣ運動としての梅や栗の栽培と加工による六次産業化等の試みをモデルにし、平松守彦知事（当時）が主導して一九七

九年（昭和五十四）に始まった「一村一品運動」であった。

大分県では別府湾岸に大規模装置型工場の立地が進んだが、反対に国東半島や久住連山の中山間地域では過疎化に歯止めがかからなかった。そこで県では、過疎化の進む地域の人たちの〝心の過疎化〟までは何とか食い止めようと、地域で生産された農産物、水産物等を素材として、地元で旧来から培われてきた加工技術を活用して、地域の誇りとなる一品をつくりあげ、福岡や大阪、東京の大市場に売り出そうとしたのであった。

この試みは国内はもとより、海外でも広く受け入れられ、多くの特産品づくりの後押しをするキーコンセプトともなった。ただ地元産品を素材とし、地元技術を活用してつくられた各地の特産品は、漬物や焼酎、ジャムなど特定の産品に集中することとなり、市場での競合という事態に陥る部分もあった。その課題を解決しようと生まれたのが大都市の中心部に立地するアンテナショップの試みである。つまり大規模な市場の消費者の一次情報を、都市中心部に立地させたアンテナショップから入手し、それを地域のモノづくりの現場に取り入れ、市場のニーズに沿った産品を生産、提供しようとしたのである。この試みは、現在では多くの道府県で取り組まれているが、地域が大都市の中心部にアンテナショップを設置する本来の意味はそこにある。

都市部においても一九七八年（昭和五十三）、神奈川県の長洲一二知事が「地方の時代」を提唱した。当初は首都圏自治体が中心の主張であったが、その後、大分県、熊本県等とも連携し、地方、地域が主役となるという新しい社会形成の一つの潮流をつくることへ繋がっていった。

このように沖縄の「シマおこし」からの展開は、村おこし、町おこし、産業おこし等の言葉に体現されるような、内発的、自発的、自立的なまちづくりの姿勢や取り組みを示すキーワードとなっていったのである。

3　地域課題の蓄積とコミュニティ形成

(1)　地域社会課題の変容

コミュニティ論の再浮上

コミュニティ形成や地域社会の再生に関して再び関心が高まってきた。その背景は何であろうか。例えば第二七次地方制度調査会『今後の地方自治制度のあり方についての中間報告』(二〇〇三年)では「地域における住民サービスを担うのは行政のみではないということであり、分権時代の基礎的自治体においては住民や、コミュニティ組織、NPOその他民間セクターとも協働し、相互に連携して新しい公共空間を形成していくことを目指すべきである」と述べている。住民サービスの担い手のひとつとしてコミュニティ組織の重要性を指摘し、「新しい公共空間」や「新しい公共」を模索する重要性を提示している。

こうした流れの中で、幾つかの報告書では、新しいコミュニティ形成について述べている(たとえば『新しいコミュニティのあり方に関する研究会報告書』総務省、平成二十一年八月など)。ただその多くは組織のあり方や行政との関連等の検討に重点が置かれており、新しいコミュニティを構想しなければならない地域社会における課題の把握や状況認識が必ずしも十分になされているとはいえない。

大都市でも過疎問題

高度経済成長期から半世紀が経過すると、地域社会が内包する課題も大きく変化してきた。そこには以前とは異なる新しい課題群が生まれてきた。それらは地域社会に、より密着した課題であるとともに、早急に解決が迫られている課題群でもある。しかもその解決には専門的な知識や技術を必要とする課題が多いのである。

たとえば家族の形態ひとつとってみても以前とは大きく異なってきた。東京都における一世帯当たりの人数は、二〇一二年になると、はじめて二人を割り一・九九人となった。両親に子ども二人といった、かつての家族のイメージはなくなり、単身世帯が急増している。単身世帯の中でも、高齢者の単身世帯が多くを占めている。このことも地域社会がかかえる大きな懸念である。

農山漁村のみならず大都市においても過疎化が進行してきた。とくに大都市周辺部の住宅地域における過疎化が課題となっている。たとえば一九七〇年代に入居が始まった東京西部の多摩ニュータウン地区は、高度成長期における都市移住者の居住地となり、その後、多くの団塊世代をも受け入れてきた。その結果、二千二百ヘクタール、約二十万人という広大な都市空間を形成してきた。

しかし現在では、ここでも徐々に高齢化と過疎化が始まっている。それらの住宅団地のうちでも、都心と結ぶ鉄道沿線から離れた住宅団地では、空き家も増え、都市型の過疎化が急速に進んでいる。

中心市街地の空洞化・集落の課題

地方都市、農山漁村に目を転じてみれば、そこにも地域社会レベルのさまざまな課題が生まれている。たとえば地方都市においては、大規模商業施設の郊外立地が進み、中心部の商店街は一気に疲弊した。また多くの消費者がネット利用の購買行動に向かうことで、多くの商店街の個店が閉店に追い込まれている。かつてそれぞれの都市のシンボル的空間であった中心市街地は空洞化し、そこでのお祭りや季節ごとの行事などが徐々にすたれることにより、全国の地方都市から多様な個性が失われることになった。

それとともに地域社会の絆も色あせ、相互扶助の希薄化や地域の安全管理の脆弱さが社会問題となって露呈してきた。高齢者や障がい者、子どもなど社会的弱者にとっては生活しづらい地域社会となっている。まさに新しい無縁社会ともいえる状況がうまれている。

農山漁村における少子化、高齢化、若者の流出も進んでいる。全体的な過疎化が進展し、地域社会は以前にも増して多くの課題を抱えている。表1-3は総務省が二〇一〇年に、過疎指定市町村に対しておこなった調査結果であるが、集落では多様な問題が発生している。「働き口の減少」「耕作放棄地の増大」「獣害・病虫害の発生」「空き家の増加」などが多く挙げられている。二〇〇六年

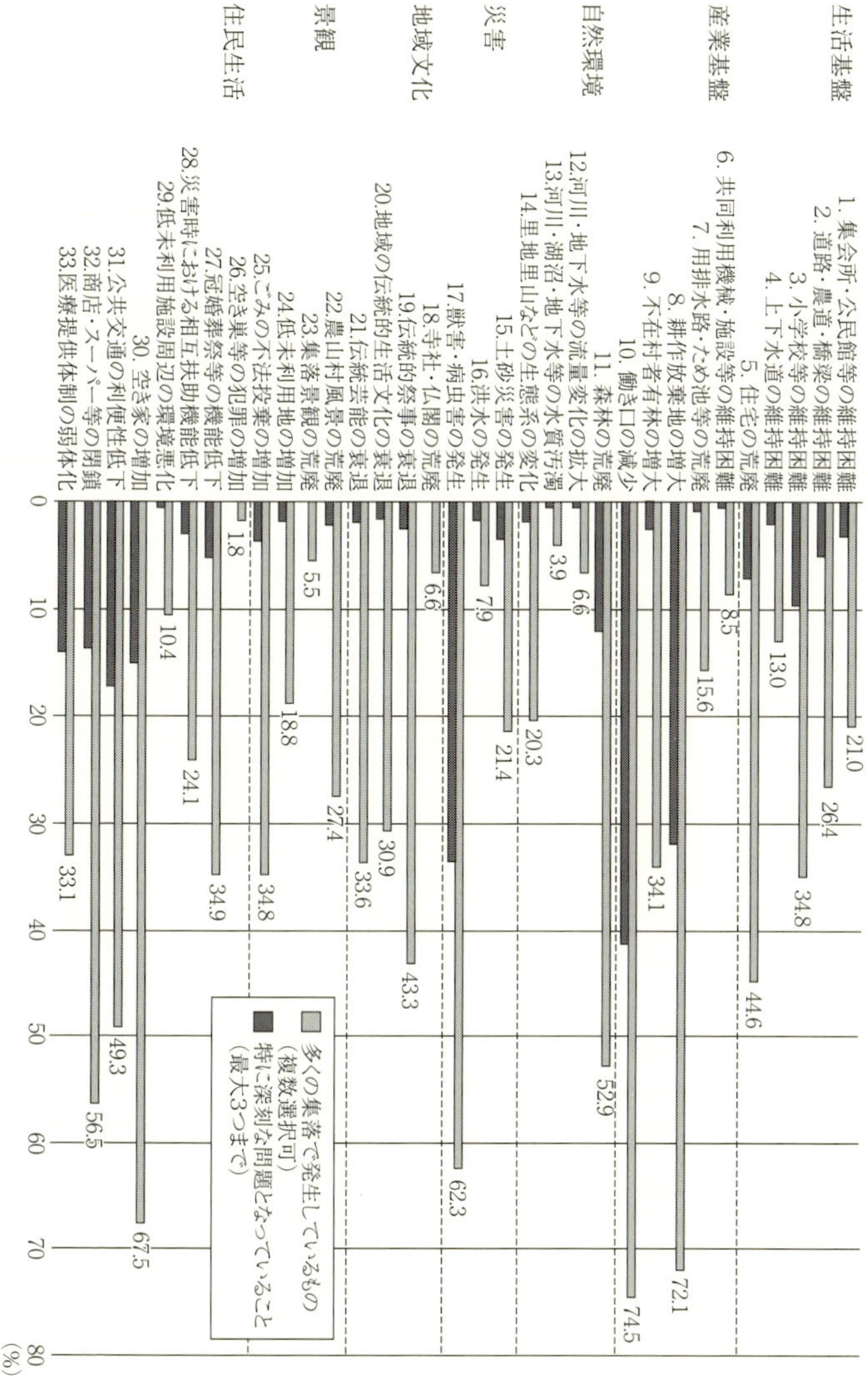

（出所）「過疎地域等における集落の状況に関する現状把握調査」2011年，総務省。

表1－3　集落で発生している問題

調査と比べて「ごみの不法投棄」は減少したが、「獣害・病虫害の発生」はより深刻なものとなっている。一方、「商店・スーパー等の閉鎖」「公共交通の利便性の低下」「伝統的祭事の衰退」など地域社会における住民生活や地域の文化面における不安が増している。

ただこの過疎地域の状況については、個別の集落に立ち入って詳細に状況を把握する必要がある。多くの集落は一見すると、高齢化が進んでいるように見えるが、ため池や用水、棚田など、意外なほどに維持管理がなされている集落も多い。その背景には、それらの集落からその地域の中心的な地方都市部へ通勤してきた団塊世代がリタイアして、集落の維持管理に従事することが可能になったことなどが挙げられる。またこれら団塊世代の子弟の世代は、地方の都市部に居住しながら家庭を持ち始めているが、彼らが週末に出身の集落に戻り、地域整備や地域の祭事などに参加しているといった現状で、辛うじて現在の集落が維持されている状況だといっていい。

この団塊世代が後期高齢者となる十年後の二〇二〇年代後半の各集落の状況が今後懸念される。団塊世代ジュニアがこれらの集落を離れて地方都市への定住を決意するのか、あるいは農山漁村の集落での生活に価値をみいだして、そこに魅力的なライフスタイルを描き出すか、その大きな分岐点が待ち受けていることにも注目しておく必要がある。

このようにして辛うじて存続してきた集落は、全国の過疎指定市町村だけでも六万に及ぶ。これらの多くの集落がこれまで、数百年に渡って果たしてきた国土管理、自然環境保全、歴史文化の継承といった重大な役割を再確認しておくことも重要である。

(2) 地域社会レベルの課題群

地域社会を取り巻くこのような大きな変化は、目を凝らしてみれば地域社会のごく身近なところで、日常生活に密着して起こってきている。この変化によってもたらされた多くの課題群は、これまでの高度成長期以降の、拡大志向、公共事業推進、施設整備といった、いわゆるハードなコミュニティ整備対応では解決できない課題群でもある。

ではこのような地域社会が抱える新たな課題群とは何か。以下の二つの側面に分けて考えることができよう。

地域社会に蓄積する課題群：福祉、医療、教育、雇用、……

ひとつは高齢化の進展や人口減少等によるさまざまなひずみがもたらした課題群である。これらは地域社会に蓄積された今すぐにでも解決が迫られている課題群でもある。

たとえば福祉の分野においては、家庭における高齢者介護、買い物や通院など高齢者の生活支援、とくに団塊世代が高齢化することによる大量の要支援者の出現、障がい者支援、子育て支援等、多くの課題を抱える。医療分野においても、地方における産科や小児科分野の医師不足、医療機関の集約化から地域社会レベルでの医療機関不足等の問題がある。

教育面についても、いじめや引きこもり、小中学校の統廃合がもたらす子どもと地域社会の遊離などが挙げられる。雇用面でも、若者世代を中心としたニート、フリーター、非正規雇用者の増加等、数百万人にのぼるこれらの若年層の切実な雇用問題は、今後の日本社会そのものに大きな不安定要素をもたらすであろう。その他、鳥獣被害、ごみの不法投棄、里山保全などの環境問題、農山村までもがさまざまな犯罪の場となる地域社会の安全性の問題、今回の東日本大震災や各地での豪雨などで明確になった自然災害の脅威への対処の問題等、多様な課題群が地域社会レベルで多発している状況だといっていい。

将来社会形成型課題群

もう一点は、将来の魅力ある地域社会を形成するために、現在の時点でコミュニティ再生に早急に取り組んでおかなければならない「将来社会形成型課題群」とでも呼べるものである。古い歴史と伝統文化を維持してきた日本の集落や地域社会は、国内外の多くの人たちを惹きつける大きな魅力を擁する空間でもある。都市農村交流や地域間交流、またツーリズム等の重要な対象や価値となりうる。豊かな植生や地域社会の生活が永きにわたって形成してきた農山漁村の自然やそれが織り成す自然景観は、世界的にも評価されるたぐいまれな美しさである。

また連綿として受け継がれてきた地域社会の生活文化のなかには、多くの生活の技（スキル）といったものが蓄積されている。たとえば祭りや冠婚葬祭を彩ってきた郷土食、伝承されてきた郷土芸能、神楽や民謡、丹念に整備された棚田、水田への水の管理、治山治水の技術など、枚挙にいとまがない。このような生活の技は、地方都市、農山漁村における重要な価値であり、子どもたちや若い世代に対する環境教育等はもちろん、日本人全体にとってかけがえのない価値といえる。

そのような町並みや自然景観の再生維持、地域社会の生活文化の維持発展のためには、個人の主義主張による暮らしではなく、地域社会全体と織りなしていく暮らし方が必要とされる。たとえば屋外看板の規制、町並みにふさわしい各戸の外観、ファサードの整備と美化、垣根や庭の手入れ、季節ごとの共同作業への参加など、まさに共に重荷を担うコミュニティ再生の取り組みが不可欠なのである。そうした価値観や行動をとおして、はじめて景観形成がなされ、美しい町がうまれ、豊富な特産品づくりや豊かな食文化の構築がなされ、次世代に受け継ぐ活き活きとしたコミュニティ形成ができるのである。

地域社会からの発想と取り組み

このような地域社会にあらわれてきた新しい課題、すなわち福祉、医療、教育、雇用、安全、環境等の課題群、また将来を見据えた景観形成、地域文化再生等へ向けた課題は、いずれも地域社会やコミュニティに深く関与している。それゆえ、これまでのような全国一律の施策や中央政府の一元的な指導では解決できない部分を多く含んでいる。

従来であれば、地域社会の有力者が、地域の問題や足らざる部分を行政に連絡し、それを受けて市町村行政が対応にあたってきた。自前で対応できなければ、都道府県や国に相談することで、その要望に対処するといった経緯を辿ることが多かった。またそのことが地域づくりに繋がっていくという部分もあった。

しかしここに挙げてきた新しい課題群やその要因は、地域社会のなかに深く根ざしている。たとえば地域社会のどの家庭が高齢者を抱えその介護に困っているのか。その課題の把握や課題の明確化は、地域の代表者、議員、市町村職員でさえほとんど不可能であろう。住民生活と地域の現場を見据えた行政と、地域社会に深い関心と責任を持つ住民との協働があってこそ、課題発掘ができるといえる。

また課題解決に向けても、地域固有の解決の方策、地域に合った合意形成のあり方等を根気よく、持続的に模索する必要がある。それゆえ地域づくりを進めるうえで、地域社会への強く深い関心が必要とされるわけである。

住民と行政の協働

地域社会が内在するこれらの課題は、早急に解決されることが望まれるが、それと同時に課題解決に取り組むこと自体がコミュニティ形成や新しい地域づくりを進めることにつながるともいえる。いわば、地域社会の安全性の向上、住民間の信頼性の構築、行政と住民との連携の確保といった、いわゆるソーシャル・キャピタル（社会関係資本）蓄積型の地域づくりが求められている。

そのためには住民と行政の密接な協働が必要となる。なぜなら課題は住民の生活自体の中に深く根ざしており、市町村が一方的に国や都道府県と連携して解決ができる対象ではないからである。

行政にしてみれば、地域と住民の立場に立った協働の姿勢が不可欠であり、課題は多分野にわたり、奥が深い。そのため自治体職員としては、これらの新しい課題解決に対して、自らの専門性が問われるとともに、研究者や専門家とのネットワーク形成も必要となる。また課題解決に取り組んだ先行例などの情報収集や自らの実績の情報発信が要請される。

住民にとっても、一方的に行政に依存するのではなく、まずは信頼関係のある、風通しのよい地域社会を形成し、住民自身が地域社会における課題発見能力の向上を図ることが重要である。特定地区や特定組織だけの利害関係を優先させることなく、地域全体を相対化し、相互調整できる自律的な視点を、住民自らが保持することが必要となる。このような観点からの行政と住民の協働についての模索が不可欠なのである。

(3) 地域課題解決型コミュニティ形成

地域課題対応型住民組織の創出

これらの地域課題を解決しつつ、地域として自立の道をいかに構築していくかが、現在の地域社会の向かうべき大切な方向である。住民間の強い連携、行政活動と住民活動、民間活動の対等で協力的な関係の構築、それに基づいた新たな地域力の発現とネットワークを築くことにより、自立を目指す新しい地域ガバナンスが生まれてくる。

このような問題意識に基づいて、従来の「地縁型組織」とは様相を異にした「地域課題対応型住民組織」とでも呼べるような地域づくりの仕組みが、各地で立ち上がり始め、力強いユニークな活動に取り組んでいる。

広島県安芸高田市「川根振興協議会」

広島県安芸高田市高宮町川根地区に結成され、活動している「川根振興協議会」がある。川根地区は広島県北で島根県との県境に位置し、昭和の市町村合併時まで存続していた旧川根村である。「川根振興協議会」は一九七二年、過疎化に伴う地域の課題に取り組むため結成され、その直後の豪雨による河川の氾濫からの災害復旧活動でも活躍した。現在では戸数二三〇戸、約五三〇人の地区である。

現在の川根地区の課題は、急速に進む高齢化問題である。高齢者支援のために、住民全員で一日一円募金に取り組み、住民が主体的に高齢者福祉に取り組む活動を展開してきた。JAが経営し高齢者の日常生活を支えてきたガソリンスタンドやミニスーパーが閉鎖されようとした時も、振興協議会がその経営を肩代わりし、高齢者の生活を支えてきた。また川根地区全体を屋根のない博物館、つまりエコミュージアムにしようと住民全員で将来の夢を描き、ほたる祭りの実施、改修した旧川根中学校で「川根地域づくり大学」の開催、学校を宿泊施設として経営するなど、さまざまな事業に取り組んできた。こうした地道な地域づくり活動から幾らかの利益が上がり、参加した構成員でその利益を享受できるような仕組みも作られている。

広島市からUターンしたリーダーの辻駒健二さんは、生活力とアイディア、行動力にあふれ、住民のニーズを的確に把握し、つねに先頭を走って方向性を示す、新しいタイプの地域づくりリーダーだといえる（一四八～一五九頁参照）。

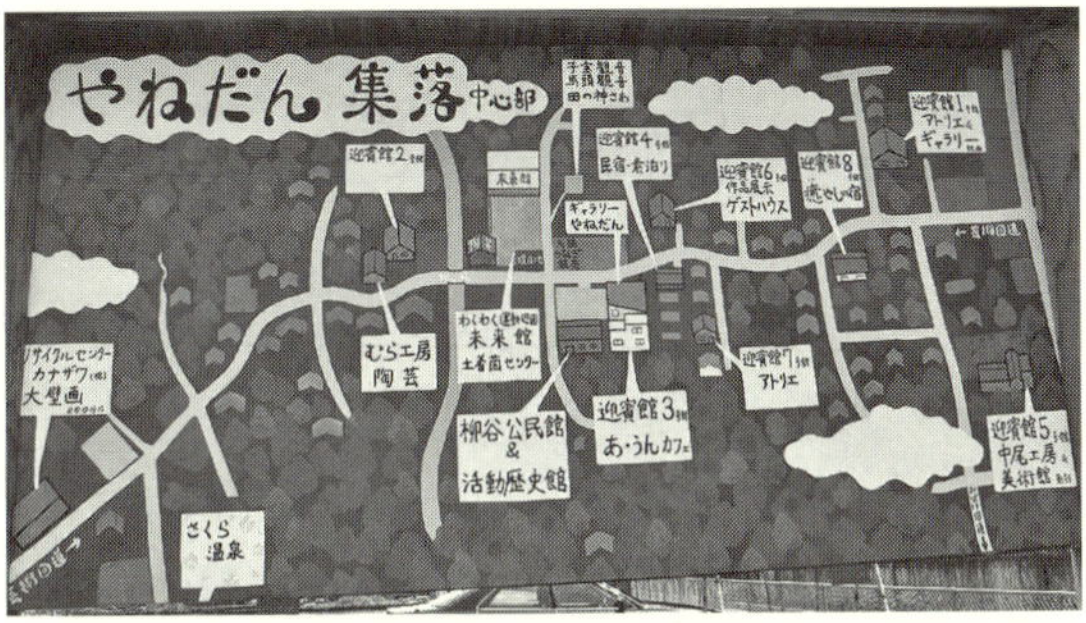

やねだん集落の案内図（地区公園案内板から）

鹿児島県鹿屋市「柳谷公民館」

鹿児島県鹿屋市串良町の柳谷《やねだん》地区は、地区公民館を核とした住民組織が、活発な地域づくり活動を進めている。公民館が核となっているので、地縁組織と位置付けられるが、その活動は従来の地縁組織の枠を大きく超えている。

大隅半島の中間部、鹿児島空港からも二時間はかかる不便な立地条件の柳谷地区であるが、人口約三百人、戸数約一三十戸で、行政に頼らない、補助金に依存しない独自のまちづくりを目指した結果、若いUIターン者が増加し、地区の人口はここ数年で増加傾向となっている。

過疎化による空き家対策、家畜の飼育から発生する悪臭対策などから始まった柳谷地区の地域づくりは、補助金や行政に依存しない地域づくりを目指そうと、地区自ら、土着菌から開発した独自の堆肥を生産、販売し、その堆肥を使用してサツマイモを栽培し、メーカーと提携して芋焼酎も開発した。芋焼酎は「やねだん」と命名して販売し、現在、活動は多方面に拡大している。

しかし柳谷地区の地域づくりの目標は、特産品の開発や販売だけではない。地区の次代を担う子供たちの教育と、地域における文化活動が主目的である。焼酎の販売などで得た収益で、放課後や休日に公民館を活用して、子供の勉強を支援する寺子屋も運営している。公民館活動であげた収益を子供や孫の学習支援に充てることは、住民の誰からも文句は出ない。また地区内の空き家を改修して「迎賓館」と称して、そこへ全国から公募でアーティストを呼んで、定住型かつ地元貢献型の芸術活動を支援している。東日本大震災に際しては、東北からこの迎賓館に被災者を受け入れ、その縁で柳谷の子どもたちが、遠路、被災地にボランティア活動に出かける支援も実施した。現在では迎賓館も八棟を数えるようになった。

移住したアーティストの作品を展示する手づくりギャラリー

地区住民の参加を得て実施するサツマイモの栽培や空き家の改修などの活動を通じて、収益も上がってきた。そこで公民館会費の値下げ、それに加えて地区内各戸と八〇歳以上の高齢者にボーナスの支給も実施した。また二〇〇七年からは年二回、全国から四〇～六〇名の参加者をえて「故郷創生塾」を開催し、地元の活動の中心メンバーはもちろん、高齢者や子供たちも塾参加者と交流するユニークな仕組みを築きあげ、参加者に感動を与えている。

リーダーで公民館長の豊重哲郎さんは柳谷出身で、東京の銀行勤務後、地元に帰り企業の経営に携わる一方、中学校でバレーボールの指導者としても活躍した。情熱あふれる熱血漢という側面と同時に、地区住民が何に困り、何を欲しているかを深く考察している。全国に幅広いネットワークを持ち、中央省庁や大学研究者等とも多彩な人脈を築いている。

地域課題対応型住民組織の特徴

川根地区や柳谷地区等を筆頭に、全国にこのような「地域課題対応型住民組織」といえる新しい地域づくり組織が生まれつつある。地域の課題に向き合いつつ、リーダーと住民が一体となって、行政とも協働しながら、課題解決にいどみ、それを基盤にコミュニティ形成に向かっている。それらの新しい組織に共通してあげられるのは、以下の三つの特徴だといえる。

ⓐ新しいリーダーシップ

従来の地域リーダーによく見られる地域の名望家や旧家の出身者といった範疇ではなく、真剣に地域の振興や再生を模索している人材たちが新しいリーダーとして登場している。その人材の多くが、地元出身者とか、地元と深い関係を持つ人でありながらも、地域外の経験を積んでいる人物である場合が多い。それが地域課題の解決や組織の運営管理、組織の活性化に大きく資することとなっている。また地域外での経験を持つことによって、その地域に埋没することなく、地域を相対化し、客観的に自らの地域をみる資質を備えることにつながっている。そのことが、地域づくりを進めるうえで大きな利点となっている。地区住民に分かりやすく地域づくりの内容と地域の将来像を指し示すことのできる、いわばヴィジョナリー・リーダーともいえる指導者たちである。

ⓑ分かりやすいテーマ性

地域社会をめぐっては、福祉、医療、教育、雇用等々、解決困難な課題が山積している。そうした中で、この新しい課題対応型組織には、そもそも解決すべき課題やテーマが存在する。その課題やテーマを地区の構成員である高齢者から子供たちまでに、理解されやすく設定し、地域づくりをスタートさせている。〝お年寄りの日々の生活を守るミニスーパーを存続させる〟〝過疎化で目に付く空き家対策〟〝家畜の飼育からくる悪臭対策〟といったごく日常の課題を地域づくりの起点とし、そこから生活再生、文化活動、教育といった普遍的なテーマへと展開、進化している。

ⓒ適切な利潤動機

地域づくり活動がたんに無報酬のボランティア活動ではなく、構成員や活動参加者に適切な利潤を提供している点も新しい組織の特徴といえる。ストイックな精神論だけでなく、実際の活動に応じた適切な経済的配分が構成員にもたらされるということは、地域づくりへの参画の動機や次の活動への励みにもなり、継続にもつながっていく。こうしたことが地域社会やコミュニティを基盤にしたソーシャル・ビジネスやコミュニティ・ビジネスの展開にもつながっている。また各地で盛んとなってきた、農村女性の社会的起業などにも波及効果を与えている。このようなコミュニティ組織による経済活動が、コミュニティの再生や活性化にも大きな影響を与えている。

こうした特徴をもった地域課題対応型住民組織と、従来の地縁型住民組織とが車の両輪となって、地域の課題解決に取り組んでいくことが、今後必要となってくるであろう。

参考文献

薗部澄・神崎宣武［一九六八］『忘れえぬ戦後の日本』ぎょうせい。

今井幸彦［一九六八］『日本の過疎地帯』岩波書店。

奥田道大・大森彌他［一九八二］『コミュニティの社会設計』有斐閣。

奥田道大［一九八三］『都市コミュニティの論理』東京大学出版会。

奥田道大［一九八八］『現代コミュニティ論』日本放送協会学園。

岡崎昌之［一九八四］「シマの自立を求めて─沖縄シマおこし研究交流会議をめぐって」（『公害研究』十三─三）岩波書店。

丸谷金保［一九七二］『ワイン町長奮戦記』読売新聞社。

西村幸夫［二〇〇九］『観光まちづくり』学芸出版社。

第二章　コミュニティを基軸にした地域再生の方向

1　コミュニティ再生と新しい地域ガバナンス

　このようにこれまで経験してこなかったような多様な課題を日常生活の中に抱えることになった地域社会ではあるが、他方でそれらを解決しようとする試みも、多く現れるようになってきた。ここではそうした新しいコミュニティ形成の方向を模索するうえで、重要と考えられる二つの視点を提起したい。

　ひとつは新しい「共」の創出から切り拓くコミュニティ形成である。つまりこれまでの対立的な「公（おおやけ）」と「私（わたくし）」の関係から、それらが一部で有機的に融合しあう「共」の領域形成を模索するものである。「共」の創出から生まれる美しい生活空間の形成、自律的で豊かな生活の場の構築、またそこから成り立つ安心感に富んだコミュニティ形成の模索である。

次に当然のことながら、農山漁村での地域社会形成においては欠かせない経済的振興である。ここにおいても、従来の地域経済再生と方策を異にする新しい地域振興への取り組みが始まっている。

(1)「公」と「私」の対峙から「共」の創出へ

公と私を峻別する規範意識は、日本人の中に永く根付いている価値観ではなかろうか。「公私のけじめをつける」とか「公私混同はまかりならぬ」など、今でもよく使われる言葉である。それは強い私的所有意識と同時に、永く続いた堅固な統治や公的管理の仕組みが働いてきたからに他ならない。裏返していえば、個人や家庭は比較的に持続的で、その存続を公《おおやけ》が保証するというシステムが永年機能してきたということであろう。

「公」と「私」の新しい関係性

このシステムが窮屈で一概に悪く、変更すべきとも思えないが、現在以上に、自立的かつ自律的な家庭のありかたやコミュニティの姿が求められる場面も多くあるのではなかろうか。より自立的なコミュニティ再生を進めるうえでも、「公」と「私」の新しい関係性を模索する必要がある。つまり公と私を対立軸として明確に峻別して捉える思考から、ゆるやかに公と私がある部分で交わりあう空間や仕組み、価値観等を創出していこうとする思考である。もちろん公私が混同してしまったのでは、世の中自体が立ち行かなくなる。公と私がある部分で互いに滲み出すように混ざり合う空間や価値観を意識的に創り出していくことが必要である。このような空間や価値観を「共」と呼ぶことができる。とくに新しいコミュニティ形成には公と私が互いに滲み出した「共」の部分に、いかに意味を持たせるかが重要である。また意識の上でも「共」空間をいかに拡大するかが欠かせない。

ドイツ・ローテンブルク市の町並み保存

ドイツ南部のバイエルン州を、古都ヴュルツブルグからフュッセンまで約三七〇キロメートル、南北に走るロマンチック街道に沿って旅してみれば、街道沿いに美しい町が次々と現れてくる。ローテンブルクやディンケルスビュール、ネルトリンゲンといった歴史のある小都市である。それらの小都市を遠望しつつ、ひとたび街中に立ち入ってその町並みをよく観察してみると、その美しさは次の二点からくることが分かる。屋根の形状と瓦の色がそれぞれの都市でほぼ統一されていることと、そして建物の形態や外観が揃っていて違和感がないことである。

ローテンブルク市（正確にはローテンブルク・オプ・デア・タウバー）は第二次大戦で米軍の空爆を受けて、市街地の多くが破壊された。それにもかかわらず、それ以降、懸命に町並み保存に取り組んでいる人口一万人の都市である。バイエルン州ではこのような取り組みをしている都市においてはとくに、景観保護条例や地区詳細計画のもとに個人の財産である住宅や商業施設にも厳しい規制がかけられている。

ローテンブルク市の町並み

住民は公に決められた計画や条例にそって、住宅の屋根瓦の形態や色、屋根の傾斜、窓の形態、窓枠、壁の色等々、詳細な部分まで規制を受け、それに対応し、協力して都市生活を送っている。多少不便な点はあっても、ローテンブルク市では帝国自由都市としての自立と誇りを保ってきた市民として、歴史的景観のなかで暮らすことにプライドを感じているのである。そうした努力の結果、旧市街地に中世の街を再現し、現在では年間二五〇万人という観光客が世界中から訪れるようになっている。

日本を代表する町並み保存のまちづくりを進めている愛媛県内子町では、一九八六年、ローテンブルク市から当時のオスカー・シューバルト市長を招き、前年、復元、改修した内子座を舞台にして「内子シンポジウム――まち・暮らし・歴史」を開催した。そのことが契機となり、住民間の交流も積み重ね、二〇一一年には姉妹都市盟約も結んでいる。この国際的にも著名な都市は、永年、ロシアとフランスの二都市としか姉妹都市盟約を結んでこなかったが、アジアで初めて内子町が姉妹都市の対象となったのである。

山陰地方の美しい集落

日本の国内にも美しい集落は多い。代表的なのは島根県から広島県、山口県の山間部にかけて点在する集落である。これらの集落では多くの住宅が在来工法で建てられ、屋根はこの地域固有の石州瓦で葺かれている。新しく建設された住宅でもほぼそうなっている。湿気を多く含んだ雪の降るこの地域では、長年の経験から、この地方で生産されてきた石州瓦が適していることが分かっているのであろう。落ち着いた明るい赤茶色の瓦であるが、古いお寺の屋根などを見ると、年を経て黒ずんだ石州瓦がまだら模様となり、独特の美しい風合いを湛えている。

この山間部の住宅の垣根や庭は良く手入れされている。田んぼや畑の野良《のら》を前面にして、邑《むら》を構成する家々が山裾にまとまり、邑の後ろに里山が位置し、さらに深山《みやま》が奥に広がる。そうした美しく連担した風景が展開している。

バイエルンにしても山陰西部の山間部にしても、それらの住宅や庭は当然個人の私有財産である。屋根の色や家の形態は本来、個人の自由である。しかし野良《のら》から邑《むら》へ、山へとつながる地域全体の景観や生活の仕組みの中で、道路や河川といった「公」と繋がる「私」の庭、世間という「公」から見える「私」の家の形態や瓦、こうした「私」の部分が周囲と折り合いをなしながら、整えられているのである。

このような暮らしのあり方は、まさに「公」と「私」が一歩ずつ互いの領域の中に踏み入れながら「共」の領域を創っているからこそ、できあがった暮らしぶりなのではなかろうか。そうすることによって全体として美しく落ち着いた景観が生まれることにつながっているのである。

「公」と「私」そして「共」へ

この「公」と「私」、その混ざり合う部分としての「共」の創出は、たんに外見的な美しい景観を生み出すだけではない。そもそも景観とはそこに住む人びとの暮らしぶりが表出したものであり、コミュニティの豊かな暮らしぶりが美しい景観を創り出すといっていい。自分の家の居間が、玄関をとおして庭へと通じ、それがさらに世間へと繋がっているという生活意識や価値観をもつことにより、「共」空間と「共」意識を広げていくことが、新しいコミュニティ再生につながっていく。「公」に存在しているさまざまな課題について、公だけが解決の責任をもつものとせず、「共」の中にもそれを取り込み、課題を共有することで新しい方向が見出され、コミュニティ再生に繋がっていくこととなる。コミュニティとはそもそも〝ともに重荷を担う〟という意味合いがある。

島根県石見地方　旧旭町の集落

(2)「共」空間の拡大——長野県小布施町

長野県小布施町は長野県北部に位置し、人口一万一五〇〇人、面積一九平方キロメートル、面積的には小規模であるが、国道四〇三号線沿いの中心市街地と周囲を取り巻く農地とがうまくバランスを取っている町である。町内を流れる千曲川の舟運で、江戸時代から北信濃の中心として栄えた歴史をもっている。江戸時代後期には葛飾北斎が地元の豪商を継ぐ高井鴻山を訪ねて数度訪れ、多くの作品をこの町に残している。残された肉筆画や北斎ゆかりの天井絵などをはめ込んだきらびやかな山車など、多くの北斎作品を集めた北斎記念館は人気が高い。名産の栗は、江戸時代から栽培され、将軍家にも献上されたという歴史をもつ。その栽培は今も引き継がれ、小布施町名産の栗菓子の主原料となっている。

そうした歴史を背景に、町並修景や沿道景観保全に取り組んできた小布施町は、リンゴ、ブドウ、桃などの果樹、丸ナスなどの農産品、花卉栽培などの農業にも力を入れ、中心市街地と周辺農業地域を連携するまちづくりに取り組んでいる。よく手入れされ落ち着いた町並みやそれに隣接する農村地域が魅力となり、海外から訪れる人も多くなっている。

「共」空間・オープンガーデンの試み

最近、全国的にオープンガーデンの取り組みが多くなってきた。町を訪れる人に、丹精込めた個人の庭を自由に楽しく見てもらい、庭の所有者とも交流してもらおうという試みである。地方のみならず、大都市でも取り組まれている。

そのなかでも小布施町は、一九八〇年から花によるまちづくりを進め、「ヨーロッパ花のまちづくり研修」などもかさね、二〇〇〇年にいち早く町内三八軒の有志でオープンガーデンをスタートさせた。訪れる人の評判もよく、現在では、個人の庭だけでなくレストランや店舗に付随する庭も含め、町内に一二七か所と大きな広がりをみせている。それに呼応して、町では立派なガイドブックやマップも用意している。

町中の住宅の門や庭先に掲げられた〝Welcome to My Garden〟の木札に誘われて庭に入ると、当然ながらそこは全くの個人の庭である。しかし見ず知らずの外部者を気持ちよく庭へ招き入れてくれる。よく手入れされた花や庭木が訪れた旅人を癒してくれる。ゆっくりと休めるように竹製のベンチが置かれたり、夏場にはビールサーバーまで用意されているお宅もある。庭を通り抜けて道に出る。また次の庭にお邪魔し、次の道に出る。市街地のオープンガーデンを巡って歩いていると、まるで路地裏を伝って小布施の町なかを散策しているような気分になる。「昔の小学生はみんなこうして通学していました」とボランティアガイドは説明してくれる。

最近では、小布施町の市街地を取り巻く農家でもオープンガーデンに取り組む人が多くなっている。同じ木札を確認して農家の庭に入ると、白いガーデンテーブルには、〝今、畑に出ています。どうぞごゆっくり！〟と書かれたプレートが置いてあったりする。たまたま農家の方と出会うと、気軽にリンゴやお茶をご馳走してくれる。その振る舞いが実に自然であり、なにか次世代の農家の姿を見ているようである。洗練された田園生活とはこういったものか、との感がある。

もちろん事情がある場合には、木札を裏返し「おそれいります。本日はご遠慮下さい」と表示することができる。

オープンガーデンの案内

「共」を優先する豊かさ

「公」の道から門をくぐって庭に入る。そこは全くの「私」の空間である。家の中から見れば、玄関から少し先の「私」の空間である庭を、多くの人と共有しようという心意気は、「私」の中に閉じこもって、「公」と対峙している姿勢を乗り越えて、「共」を優先しようとする豊かさを伴った姿勢を窺うことができる。美しい町、気品のある町とはつまるところ、こうした「共」空間、「共」領域をいかに拡大するかにかかっている部分が大きい。

小布施町のオープンガーデンのまちづくりから読み取れるのは、たんに優れた景観や美しい町を創ろうという取り組みだけでないということである。「外はみんなのもの」（市村良三町長）というフレーズを小布施町ではよく聞く。本来は「公」である〝外〟を、さまざまな工夫をとおして「私」的な領域を広げながら、「共」有していくなかで、コミュニティの課題をともに解決していこうという姿勢に繋げているのである。〝ともに重荷を担う〟というコミュニティの含意からすると、このオープンガーデンの試みはそのことにも通じるのである。

オープンガーデンを実施するお宅（写真・小布施町提供）

農家でも始まる「ふらっと農園」事業

小布施町では農家の女性を中心に〝ふらっと農園〟事業も始まろうとしている。リンゴ、ブドウ、桃、栗といった多種多様な果物、丸ナス、アスパラガスなどの野菜を手掛ける農家の女性グループが中心だ。それはたんに観光農園的に収穫を楽しんでもらうのではない。小布施町を訪ねる人たちに、グループの農家の取り組みを紹介し、農家の生活や生産活動の現場を〝ふらっと〟訪ねて、体験、体感してもらおうという試みである。

もちろん収穫した果樹や野菜を買って帰ることもできるが、彼女たちはそのことよりも、小布施町における農業の現場や農家の生活を知ってもらい、少しでも共有してもらいたいという思いの方が強い。都市で生活する家族や若者に、小布施町の農業とそれを担う農家の生活と生産の現場を伝えたいという思いなのである。

都市の経済力におもねる〝採み手型〟の観光ではなく、対等な立場での交流を進めようとしている。農家と小布施町のまちづくりを評価する人たちの間で、ここでも新しい農の分野における〝共〟空間が広がろうとしている。

こうした庭や道、農家や特産品といったものは、他の地域にも当然備わっているものである。なぜ小布施町がこれらのものをコミュニティ再生のきっかけや資源とし得たのであろうか。小布施町のまちづくりを永くリードしてきた市村次夫さんは「編集力」だという。町の歴史、葛飾北斎、高井鴻山といった地域文化の蓄積、栗、ブドウなどの果物、農産物、花卉などの一次産品、それらを加工した栗菓子やワイン、栗おこわなどの食文化、継続してきた町並み整備、オープンガーデンなどの散策空間、それらを支える人材（人財と書くべきかもしれないが）、こういった価値を有機的、かつ魅力的に連携し、紡いでいく〝編集力〟なのであろう。

その編集力を発揮するためには、地域を現場で細かく観察すると同時に、地域を俯瞰する力が必要である。言いかえれば、外の目による地域の相対化である。コミュニティを熟知しながら、しかもコミュニティに埋没せず、それを客観的にとらえる能力である。そういえば、市村良三町長も市村次夫さんも、小布施町出身ではあるが、いっとき町を離れ、大手の企業で働いた経験を持ち、小布施町に帰ってきた人たちである。

(3) コミュニティで守るライフライン——高知県「㈱大宮産業」

市町村合併と周辺部の疲弊

二〇〇一年（平成十三）頃から全国的に進んだ平成の市町村合併は、地域にいっそうの過疎化、高齢化をもたらした。合併を経験した市町村の多くは、合併した理由を〝財政問題〟と回答している（全国町村会［二〇〇八］）（総務省［二〇〇八］）。「財政的な余裕さえあれば合併などしなくてもよかった」、「あのとき合併すべきではなかった」と、全国の多くの地域で悔悟の念を込めた言葉を聞くことが多い。また財政問題だけでなく〝平成大合併〟自体が「これまで積み上げてきたまちづくりの実践を、市民自治から大きく遠のかせた」との厳しい指摘もある（今井［二〇〇八］）。

とくに合併後、中心部から離れた周辺地域に位置する旧町村地域においては、かつての役場の多くが現在では支所となっている。そこに常駐する自治体職員数は大幅に減少し、高齢化した各コミュニティにおける住民のライフラインを守ることさえままならない状況が起こり始めている。

高知県西部の四万十川流域もそうした大規模な市町村合併を経験した地域である。この広大な地域では山間部の険しい地理的条件の中に、古い歴史をもつ多くの集落が点在している。四万十市旧西土佐村の大宮地区もそうした集落のひとつである。

山間部の複雑な道を経由して、大宮地区にたどり着くと、四万十川支流の目黒川に沿ってさっと開けた盆地状の平地部に、大宮上、中、下の三つの集落が現れる。耕作放棄地も比較的少ない畑ではナス、シシトウ、ナバナなどが丹精込めて生産されている。川沿いにもう少し走ると、すぐに県境を越えて愛媛県松野町に入る。

二〇一三年夏には四十一度という日本最高気温を記録した江川崎にある旧西土佐村役場（現四万十市西土佐村総合支所）まで約二〇キロメートル、合併した四万十市の中心部、旧中村市の市街地まで約五〇キロメートル、県境を越えて宇和島市までは約三〇キロメートル、いずれも車なしではたどり着くことができない。

地区は一三六戸、人口は二九四人、高齢化率は四七・六％（二〇一二年十二月）、直ぐに五〇％を超えることは目に見えている。ここ四〇年で人口は半減した。集落機能の存続維持が大きな問題となっている。中学校は一九七八年に廃校、一五〇年続いた大宮小学校も立派な校舎や体育館は残っているが、二〇一一年休校となった。地域住民の心の支えであった小学校の閉鎖は大宮地区の人たちに大きな不安を与えた。子供たちは朝早く起きて、二〇キロメートル離れた江川崎の小学校まで通う。冬場は暗いうちから大宮を出ることになり、子供たちが地域の実情を目にする機会も少なくなっている。

住民による株式会社の設立

しかしこの過疎化、高齢化の大宮地区に、いま視察者が絶えない。住民で設立した株式会社大宮

大宮産業が経営を引き継ぐ給油所とミニスーパー

産業の取り組みを参考にするためである。住民の強い要望にもかかわらず、二〇〇五年にJA大宮出張所が廃止となったことが、大宮産業設立の大きな契機となった。出張所廃止にあわせて、JAが経営していた給油所、ミニスーパーも閉鎖が検討されたからである。とくに高齢者にとっては農業用資材の購入、日常の買い物、冬季の灯油、農機具用の燃料、車への給油など、給油所やミニスーパーは重要なライフラインである。どこに行くにも車を必要とし、九〇歳を超えても車を運転する人もいるという。

もと農業改良普及員の経験もある竹葉傳さんらが中心となって「生活に困る」という住民の声を受けて検討の結果、住民自らが出資する株式会社を設立することとなった。一〇八戸（地区外から一二戸も参加）が出資金一万円を出すこととし、なかには農協への出資金約二十万円をそちらへ移す人もおり、二〇〇六年、七〇〇〇万円の出資で株式会社大宮産業が発足した。自分たちの会社、自分たちの店舗という意識をもち、自らが利用するという意識を持ってもらうためである。

高知県では全国的にもユニークな制度として、県下全市町村へ県職員を〝地域支援企画員〟として派遣駐在させている。県下の多くの市町村で過疎高齢化が大幅に進んでいるという危機感からである。県から四万十市へ派遣されている地域支援企画員の協力と支援も、大宮地区でこの試みを進める上では見逃せない。企画員の助言もあり大宮産業は県の地域づくり支援事業を活用して、農協からミニ店舗や給油所等の建物と施設を買い取り、改装し、軽トラックやミニローリーも購入して、営業をスタートした。

給油所、ミニスーパーを黒字で経営

住民の意向調査も実施し、施設での営業だけでなく、週二日は商品の宅配や評判のいい地元大宮米の地域外への販売も試みている。地区が高齢化する中で、宅配はお年寄りの見守りにもなっている。売上額はガソリン、灯油等の油類が六割を占めるが年間約六三〇〇万円で、設立以来七期連続の黒字である。二〇一一年度には国の実証事業も受け、ミニローリーによる灯油の宅配や、早朝夜間の営業時間延長、店舗ではポスレジとポイントカードの導入など、意欲的に取り組んでいる。店舗ではカウンターを低くし、談話スペースを設けて住民のサロンにし、土曜夜市や感謝祭を開いて地域住民が集える場をつくるなどさまざまな工夫がされている。利用者も一日百人を超えるようになってきた。

しかし地域の現状は決して明るくはない。今後、大宮地区の住民は年間十名前後、確実に減少し

ていくであろうと地元では予想している。高齢者が受け取っている年金は平均すると約七十万円、このうち約四十万円が地区内で消費されると竹葉さんは計算する。十人減少すると毎年四百万円の消費額が減少していくことになる。地域経済は縮小し大宮産業の存続も危うくなる。そうすれば地域住民の生活も危機に瀕することになる。

そこで大宮地区の存続のためには、何としてもライフラインの維持が不可欠である。唯一の生活必需品を販売する店舗と給油所を、コミュニティの力で存続させていく必要がある。そのためには経営効率の向上や福祉的視点も加えた高齢者の見守りや宅配等の拡充も進めなくてはならない。コミュニティの魅力を増していくためには、住民の交流や賑わいの場づくりも欠かせない。地域外の若者の力も導入しなければならない。

葬儀も集落で

こうした集落レベルの地域経済を振興するためには、地域内流入の最大化、地域外流出の最小化、地域内消費の拡大の三方策をしっかりと抑えることが重要である。評判のいい大宮米や露地野菜を四万十市の病院や学校給食用など地区外や都市部へ販売する。四万十川支流の川の産物のアピール、向日葵やコスモスの植栽などで大宮の魅力を発信する。それによって訪れる人を拡大する。こうした地道な取り組みが今後も必要とされる。

なかでも真剣に検討されていることがある。それは亡くなった方々の葬儀の仕組みである。大宮地区では毎年九、十名が亡くなるが、葬儀は二〇キロメートル離れた旧役場周辺か、五〇キロメートル離れた旧中村市の葬祭センターなどでおもに行われる。その費用は百〜百五十万円はかかる。単純に計算しても年間千〜千五百万円が地域外へ流出していることになる。費用もさることながら、そのような遠隔地で葬儀が実施されると、亡くなったお年寄りと最も親しかった人たちが、実際には葬儀に参加できなくなる。

大宮産業では社会福祉協議会から葬儀用具一式を譲り受けている。休校となっている小学校の体育館などを利用して、旧来のように地域社会の身近な人たちで葬儀をおこなえば三十万円で実施できるという試算もしている。

〝冠婚葬祭〟という言葉があるように、集落やコミュニティにとって葬儀は重要な出来事のひとつである。関係者がそこに集い、過去を思い、将来に誓いを立てる機会でもある。そうした意味でも今後のコミュニティづくりで真摯に取り組むべき課題であろう。

大宮地区では高知県が推進している「集落活動センター」の設置に二〇一三年から取り組んでいる。大宮地域振興協議会を結成し、そのもとに生活福祉部会、農林部会など五つの部会を設けて、今後のコミュニティとしての生き残りを懸命に模索している。

2　地域経済の再生

(1)　住民活力の向上

地域社会の再生を進めていくためには、そこに居住する住民の活力を高めることが欠かせない。活力を高めるためには住民自らの地域社会に対する愛着や誇り、住民同士や住民と行政の連携といった新しい地域ガバナンスを構築していくことが重要である。それとともにその地域で暮らしていくための、一定程度の経済的な安定性が不可欠である。とくに若い人たちにとって、そこで生活をしていく決意をするためには、経済的な目途がきちんと立つことも重要な要件である。

地域社会やコミュニティよりも少し広く、都道府県や市町村といった範囲で、この地域経済の振興を考えてみれば、これまでにもさまざまなことが取り組まれてきた。高度成長期には地域への企業誘致や工場誘致が経済振興に取り組む方策の最たるものであった。しかしもはや企業は、安い労働力や税制等の優遇策を求めて、東アジアをはじめとする海外へ展開している。国内においてはよほどの特異な資源や強固な関係性がなければ、新たな企業誘致を進めることは困難となっている。

人〝財〟誘致で新産業創出

高度成長期以降、地域経済の振興にそれなりの役割を果たしたのは、政府による補助金や財政支援、いわゆる財政のトランスファーである。しかしこれも国全体が巨額な借金を抱え財政問題に直面している現状では限界があり、もはや大きな期待は持てない。そうなれば地域それぞれが地域固有の産業を創出、強化する以外にない。既存の地域産業を時代のニーズに合わせて転換するか、新たな産業を創出する必要がある。

ただ一方で、企業誘致や工場誘致は極めて困難であるが、それに代わって、地域の歴史や個性ある文化などを新しい価値として見直し、そのことに意義や魅力、やりがいを感じる人材を外部から招くことの可能性は、最近ではかえって高くなっている。招いた人材をキーマンとして、そこを拠点としながら新しい産業が起こり、地域イノベーションに繋がるケースも多くある。まさに人〝財〟誘致であるとともに、人財やその個人が持つ技術、ネットワークを核にした新産業の創出も可能となっている。

島根県隠岐郡海士町は離島という厳しく不利な条件を乗り越えて、地元の県立隠岐島前高校の魅力化プロジェクトに取り組んでいる。そのプロジェクトには東京など遠隔地の都市部から移住してきた若者も関わり、休校寸前であった高校を見事に蘇らせている。現在では東京や大阪からも、〝島留学〟で島前高校に入学を希望する高校生が多数いる。二〇〇八年には二八名であった入学者は、数年ぶりに二クラスとなり、島外からの生徒二三名を含む五九名（二〇一四年）となって、ほぼ元の学生数に回復した。そのような展開の中から、同様に海士町を目指す若者も増え、海産物の加工で起業した事業所やIターン者で立ち上げたIT関連会社等に雇用の場が生まれ、地元や島外からの若者の働く場となっている（八三ページのコラム参照）。

徳島県神山町でも地元のＮＰＯグリーンバレーが〝創造的過疎〟というテーマのもと、芸術活動を核にして地域再生に取り組んでいる。その取り組みにアーティストやＩＴ関連イノベーターが意気投合し、首都圏からオフィスを移したり、移転する企業も出ている。そこに地元の若者の雇用の場も広がりつつあり、地元と密着した地域経済再生が進んでいる。移住した人たちにより、古い空き家や蔵が修復され、町の中心部は魅力的な空間に様変わりしている。海外からもアーティストが長期滞在したり、移住したりして、山村の風景の中に多数の芸術作品が生まれ、意表を突く光景が楽しめる。

このような地域特性と密着した新産業の創出、それに伴う起業や移転してきた企業は、他に安い労働力があろうとも、多少の優遇策が他地域で提示されようとも、おいそれと移転や流出をするものではない。地域と命運をともにする、かけがえのない経済的基盤となりうるのである。

細かく生業（なりわい）を創り出す

集落や地域社会レベルの経済振興、経済循環を考えるうえで、もう一つの重要な視点がある。それは企業立地、企業誘致といった雇用の場を用意するという思考よりも、仕事や生業《なりわい》をいかに多く地域社会の中で創り出すかという視点である。

たとえば雪国の住居ではひと冬の除雪費用は、集落外の業者に依頼すれば数十万円かかるという。

また高齢者世帯の庭の手入れや電気製品の取り換え、買い物支援など、地域社会で必要とされる仕事は意外と多い。こうした仕事や業務を一概に地域外に依存するのではなく、地域社会内の人たちで担いあう仕組みを創り出すことが重要である。つまり外へ向かおうとする経済的流れを地域社会のなかに埋め戻していくことにより、地域社会に新たな働く場や生業を創り出していくことに繋がるのである。

またこうした生活支援のみならず、伝統的な地域の技やスキル、個人の生活技術、また再生エネルギーなど最新の技術を活用して、山や川の資源を最大限に活かした生業を生んでいくことで、地域社会の活力を生み出していく道につながる部分も多い。そのような幅広い可能性を模索する必要がある。

(2) 地域内外交流ネットワークの構築――栃木県茂木町

交流が生み出す力

人びとの移動性は飛躍的に高くなった。また若い世代の農山漁村での暮らしや環境への関心も高まっている。大都市における団塊世代が、リタイアを契機に移住や二地域居住を試みようとしている。地域おこし協力隊や緑のふるさと協力隊など、国やNPOによる政策的支援を得て、多くの若者が長期にわたって農山漁村へ出向くようになってきた。「域学連携プログラム」(総務省二〇一三年)では、百の大学、千二百人の大学生、大学院生たちが、地方都市、農山漁村、離島へ出向き、地域から多くのことを学び、各地域と多様な交流が展開された。

こうした地域間交流、都市農村交流の大きなうねりは、それを受け入れてきたそれぞれの地域において、コミュニティ再生の重要なきっかけとなっている。交流活動を進めている地域においても、かつてのような都市の経済力やふところをあてにした、都市におもねる〝揉み手〟型の交流ではなく、互いに自立した対等の立場での交流が当然のこととして理解されるようになってきた。

また二〇一一年の東日本大震災が大きな契機となり、これまで以上に自治体間の連携の重要性が認識されてきている。国を介した地方と地方の関係から、ふるさと納税など地域と地域が直接に連携し、交流をはかる試みも盛んとなっている。

栃木県茂木町の試み

栃木県茂木町は東京都心から約百キロメートル、関東平野の北の端に位置する。この辺りから八溝山系が始まり、町内にはなだらかな里山の風景が広がる。首都圏にも多くの農山村が存在するが、茂木町ほど首都圏という立地性を活かしつつ〝地域内・地域外交流〟を展開し、コミュニティ再生に取り組んでいる地域は少ない。

現在でこそ〝地域間交流〟はまちづくりのキーワードとなっているが、茂木町の場合〝地域内外交流〟ということが指摘できる。つまり地域内の人的交流や経済的循環が活発で、地域そのものが明るく、快適で、活力に溢れていれば、そういう魅力ある地域にこそ外部の人たちも関心を持ち、そこを訪れることにつながる。地域間交流の原点は地域内の交流による地域の魅力の向上と、それに伴い地域外の異質性をも受け入れようとする地域の開放性にある。

茂木町の地域間交流への取り組みは古い。具体的な事業として始まったのは一九七五年（昭和五十）の空農家貸別荘事業である。東日本を代表する清流といわれる那珂川が流れ、豊かな農村の風景を残す茂木町で、東京や宇都宮の人たちから、移住とまではいかなくても週末にゆっくりと茂木町で過ごしたいという要望が多く寄せられるようになってきた。

町内でも過疎化が進んだり、住宅を立て替える住民がでるなかで、空き家状態の農家が目立つようになってきた。町が外の希望者と空き家の所有者の間に入り、空農家を短期間の貸別荘として有効活用する仕組みを創ったのである。また訪れる人たちが菌の打ち込みや収穫などを楽しめる「シイタケ教室」の交流事業もおこなった。この経験を契機に茂木町に移住する人もいた。

一九八六年（昭和六一）夏、町内中心部は大水害に見舞われた。那珂川支流の逆川が、まさに逆流したのであった。この水害をも前向きに受け止めるのが茂木町の元気さといえる。復旧を契機にさまざまなまちづくり活動も始まった。町職員であった田村幸夫さんを中心に組織された「農村出会い塾」もその一つである。町内の有志や那珂川下流の茨城県大洗町など町外からも参加者が集い、ゲストを招いた勉強会や楽しい懇親会など、地域内外交流のきっかけともなった。

茂木町有機物リサイクルセンター「美土里（みどり）館」

地域内循環の起点「美土里館」

現在の茂木町では、もう一段ダイナミックな交流の仕組みが築かれ、地域経済と地域環境の循環に寄与している。

一つはたくみな地域内交流と地域内循環の流れである。その中核ともいえるのが、六億三千万円で建設し、二〇〇三年四月から運用開始した有機物リサイクルセンター「美土里（みどり）館」である。町内の約二百頭の乳牛の糞尿処理が主目的で考えられた堆肥センターだが、そこには茂木町らしい工夫がふんだんに盛り込んである。

さまざまな地域内循環を十分考慮し、質のいい堆肥を生産するため、牛糞、生ごみ、落ち葉、おが粉、籾殻の五つの原料を、生産過程の堆肥の温度や肥料成分を分析しながら慎重に混入している。最近では里山の景観を害する竹を伐採し、竹粉にしてこれも混入している。考えてみれば、これらの六種類の堆肥の原料は、他の地域では処理に困り、経費をかけて処分する廃棄物である。茂木町ではそれらを有用な価値のある資源としてとらえ、堆肥化することにより、地域内循環の重要な素材として位置付けている。

牛糞は法改正で野積みができなくなった。放置しておけば臭気や地下水汚染につながる。そこで美土里館が千円／トンで酪農家から収集し、堆肥の主原料とする。市街地千八百戸の生ごみも、十分な分別と水切りをしたうえで、トウモロコシから作った生分解性のごみ袋（二十リットル用十五円）で回収し、そのまま混ぜる。モータースポーツ施設・ツインリンクもてぎ等の事業系の生ごみも持ち込まれる。この仕組みがなければ生ごみは石油をかけて燃やし、その灰の処分にも経費がかかる。美土里館で活用すれば堆肥となり畑に返され、野菜となって循環する。

里山の落ち葉収集で一石三鳥

堆肥づくりに不可欠なものは里山の落ち葉である。落ち葉には放線菌など茂木独自の土着菌がたくさん付着しており、発酵を助ける重要な役割を果たすとして昔から活用されていた。周辺の里山から落ち葉を集める方法も茂木町らしい。美土里館周辺のコミュニティ組織である烏生田むらづくり協議会などの高齢者と連携している。高齢者が里山に入り、落ち葉をかき集める。背負って担ぎ出せる約十五キロが入るザックを用意し、一袋四百円で美土里館が買い上げる。一日十袋は出せるというから、夫婦で出れば八千円になる。

高齢者にとってはいい手間賃にもなるがそれだけではない。十二月から四月の冬期間、里山に入って落ち葉を集めることは、体を動かし健康づくりにもつながる。「最初の一週間は体が痛くて文句が出る。二週間目は体が慣れて愚痴が収まる。三週間目からは落ち葉がお札に見えてくる」と、美土里館立上げの中核メンバー、役場職員の矢野健司さんは笑わせる。烏生田地区の高齢者の医療費は随分低くなったという。

それに加えて、高齢者の活動のおかげで美土里館周辺の里山は明るくなり、見違えるように美しくなってきた。里山が地域の人々の暮らしを支えていた頃のように輝きを増してきた。他地区の里山と比較すれば一目瞭然で、この落ち葉収集はまさに一石三鳥といえる。

高齢者による里山の落ち葉収集（写真・茂木町提供）

こうした施設で問題になるのが臭気だが、美土里館で牛糞や生ごみ等を混ぜる円形発酵装置はサーカスのテントのように上部は外気と遮断され、臭気は天井から吸い上げられる。吸い上げられた臭気は、杉や檜の皮やおが粉等を利用した脱臭槽で微生物脱臭され、施設内でも匂いはほとんどしない。

約百日かけて堆肥は完成する。「美土里堆肥」と命名されたこの堆肥は、町内の農家には四千円／トンで販売される。十キロの袋詰めも販売しているが、評判がよく、現状では堆肥が足りないという贅沢な悩みを抱えている。

美土里館の活動をつうじて次のような交流や循環が町内に起こっている。まず牛糞、生ごみ、落ち葉等が収集される。生ごみ収集にあたっては、水切りや分別について家庭内やコミュニティ内で意見交換がなされる。落ち葉を集める高齢者は、天気のいい日には弁当持参で山に入り、作業の合間には世間話に花が咲き、コミュニケーションの場となる。酪農家や一般家庭、高齢者が、美土里館を通じて互いに地域内で連携していることが確認できる。

堆肥を多用した豊かな農地から生産された農作物は住民に提供される。学校給食にも年間十五品目の農産物を重点的に食材として供給する。このことは子供たちの食育教育にも寄与している。堆肥を使って生産された農産物は、美土里堆肥シールを添付して、付加価値を付けて道の駅もてぎで販売される。これは農家の収益を向上させる。こうして人的交流、コミュニティ内交流、経済的循環、環境的循環、地域内交流が、町内で多様に渦を巻くことになる。

この美土里館の運営には年間約五千万円の経費がかかっている。堆肥の売上千百万円や生ごみ焼却費削減二千二百五十万円等々で収入と考えられるのは約三千五百万円となるので、町は千五百万円の持出しとなっている（茂木町［二〇〇六］「茂木町バイオマスタウン構想」）。担当する町職員たちは、高齢者の落ち葉集めで医療費の削減、森林整備に必要な事業費の削減、籾殻や生ごみ焼却をしないことでCO_2やダイオキシンの排出を削減していること等々、全体で五千万円の〝美土里効果〟が上がっていると町長に説明する。しかし古口達也町長は「現金で見せてくれ」と笑いながらより高いハードルを示して、職員にプレッシャーをかけている。

集落が担う地域間交流

地域内交流で活き活きとしたコミュニティづくりを基盤として、茂木町を形成する多くの集落が地域外との交流事業に取り組んでいる。草分けは町内北部の山間部にある山内地区の元古沢集落で始まった「ゆずの里かおり村」のゆずオーナー制度である。一九九三年に会員百人、年間一万円でゆずの木一本のオーナーになってもらう仕組みが始まった。元気なリーダーとユニークなイベント企画で人気があり、現在では四〇〇組千人という規模で、都市との地域間交流が継続している。

美土里館にも近い牧野地区でも「ゆずの里」に刺激を受けて地域間交流に取り組んでいる。牧野地区は那珂川の河岸段丘の畑作地帯であるが、盛んであった葉タバコ栽培が衰退すると、畑は黄色いセイタカアワダチソウが目立つ遊休農地となっていた。何とかしなければと、そばの栽培に取り組み、一九九八年、有志でコミュニティ組織「牧野地区むらづくり協議会」を結成し、そばのオーナー制度を立ち上げた。毎年、美土里堆肥を十アールあたり一トンも投入するので、そばの成長もよく収穫量も多い。オーナーにはそば畑五十平方メートルを提供し、そばの播種から収穫、そば打ち体験などが楽しめる試みとした。

オーナーたちに昼食として出したそばの評判も徐々に高まってきた。そこで協議会メンバーたちは地元産のそばで農村レストランの設立を目標に、そば打ちやつゆの改良など研鑽を重ねた。町でも住民の活動を支援すべく牧野ふるさと交流館を整備し、一角に農村レストランを作った。二〇〇三年、住民一八人が出資して、農村レストラン「そばの里まぎの」がオープンする。最近では、そばだけでなく、女性が中心となり、そばカリントウやそばプリンなど新しいメニューも評判で、町内だけでなく広く首都圏から客が訪れる。そばオーナーは約五十組で、牧野地区で交流を楽しむ人は年間五百人を超える。

多くの客で賑わう「そばの里まぎの」

このように各集落で取り組まれている資源活用型コミュニティ再生の活動は、町内十七地区に拡大し、オーナー制度やグリーンツーリズムなどを立ち上げて、地域外との交流に取り組んでいる地区は十数地区になっている。各地区のオーナー数は十五～四百五十組とさまざまで、年会費も地区が提供する交流事業の内容により、一万円～三万五千円と多様である。こうしたオーナー制度の会費収入やコミュニティ再生活動を基盤とする特産品売上等の経済効果を町では約二億五千万円としている。

経済効果はその程度の額かもしれない。しかし過疎化や高齢化に悩む各集落の人たちにとっては、地域外の人たち

づくり活動（平成 24 年 11 月）

オーナー組数	会費	活動内容
400	10,000 円	収穫祭，山野草の摘み取り体験等
20	10,000 円	種まき，刈取り，収穫祭，ソバ打ち体験等
—	—	
107	10,000 円	花見会，タケノコ掘り，収穫祭，いも煮会など
47	30,000 円	田植え，草刈り，稲刈り，ホタル観察会，収穫祭等
—	—	青梅祭り，しいたけ教室（休止中）
—	—	摘み取り体験
—	—	道の駅イベント出店
27	35,000 円	田植え，稲刈り，タケノコ，ブルーベリー，収穫祭，門松づくり
—	12,000 円	リースづくり体験，保育園稲作体験受け入れ
35	30,000 円	田植え，草刈り，稲刈り，収穫祭等
—	—	新春イベント，新米祭り，新そば祭り
—	—	道の駅イベント出店，企業・大学等との交流
—	—	農業体験，廃校トライアスロン，法政大学，明治大学等との交流

茂木町 集落別むら

名称（地区・組織名）	内容
ゆずの里かおり村（山内元古沢）	ゆずの木１本のオーナー ゆずの販売
農事組合法人そばの里まぎの	そば畑 50㎡のオーナー
	農村レストラン そばの里「まぎの」経営
天神梅と竹林の里（烏生田地区むらづくり協議会）	梅の木１本オーナー 梅の加工
棚田百選「入郷石畑」（入郷棚田保全協議会）	棚田 1a のオーナー制 棚田米の販売
そば処おうめ（青梅協議会）	農村レストラン そば処おうめ経営
山内フルーツ村	ブルーベリー農園 ブルーベリーの加工
柿の里（河井上柿生産組合）	はちや柿の加工品開発
かぐや姫の郷（竹原郷づくり協議会）	竹林と棚田オーナー ブルーベリー農園
虹色の里あじ彩	押し花やリース体験，農村レストラン
棚田の里かぶと	棚田 1a オーナー
いい里さかがわ館（さかがわ協議会）	野菜直売所 農村レストラン
上後郷むらづくり協議会	はとむぎ，さつまいも生産販売，体験受け入れ
たかばたけグリーンツーリズム協議会	農家民泊受入，各種農業体験，野菜直売

（出所）茂木町資料より作成。

から、地域間交流をとおして、それぞれの集落の豊かな暮らしぶりを称賛されることは、集落で暮らし続けようとする決意を後押ししてくれる大きな力となっている。

町職員も集落事業に参画

茂木町では小学校区単位で村づくり委員会をつくり、若手の担当職員を二、三名ずつ配置し、このようなコミュニティ再生活動を進めようとしている集落を支援している。職員は事業の相談に乗ったり、町や県、国の施策で支援できる事業がないか検討したり、集落の行事に参加したりと結構忙しい。集落行事は土日開催になることが多く、休みの日にもこまめに集落と付き合うことで、職員と住民との信頼関係が生まれる。職員がそこまでやってくれるのだから、住民もがんばらなくてはと村づくりに励みが出る。住民がそこまでがんばるのであれば、職員も支援しなければと、相乗効果が生まれる。

地域外との交流は集落だけではない。美土里館にも年間四千人の視察者が訪れる。一九九六年にオープンした道の駅もてぎを訪れる人は年間百四十万人、また大正年代に植林した町有林からの地場木材で建設した木造の茂木中学校を訪れる人も多い。

地域内で循環の渦が巻き、その渦の魅力に惹かれて外から異質性が加わる。異質なものを飲み込みながら渦は彩りを増し、新しいコミュニティが形成される。茂木町にそうした循環を今後も期待したい。

(3) 女性が担うコミュニティビジネス――人吉市「ひまわり亭」

女性の活躍の場

女性の参加や登用が求められているのは、地方都市や農山漁村においても同様である。農山漁村においては、永く男性主導が続いてきた。各戸を代表して地域社会の集まりに出かけてものごとを決めるのは、戸主たる男性であった。一戸を代表して一票を投じるのは男であり、永く「一戸一票」制度が維持されてきた。現在でも厳然とこの仕組みは残っているといっていい。

しかし集落が保持してきた財産は相対的に減少している。また農林漁業の仕組みも変化し、かつてのように共同作業が必要とされる部分も少なくなってきている。このように状況が変わってきた現在、この「一戸一票」制度も変化しつつある。その一方で、全国の地方都市、農山漁村において農産物特売所や道の駅などが設置されるようになってきた。そこで販売される農林水産物やその加工品は、多くの場合、女性が関わったものが多い。そのことは地域における女性の地位と役割を大きく向上させることに役立った。

男性によって担われてきたこれまでの、同質で大量の農産物生産に代わって、おもに女性によって生産や加工が担われる、小規模でありながら丁寧で個性のある農産物や特産品を、消費者は求めるようになってきた。そこには苦労して作った農産物について説明があったり、昔ながらの加工の技や現代風にアレンジした努力の道筋が述べられていたりする。

あたかも地域独自の物語（ストーリー）が、農産物や加工品の上に暖簾のように掛けてある風情である。これら地方都市や農山漁村の女性たちの新しい取り組みは、各地で多くの物語を生み、その蓄積は日本の地域社会の新しい歴史（ヒストリー）を画するものともいえる。ここに地方都市や農山漁村の新しいコミュニティ経済の再生の方向を見出すことができる。

人吉市「ひまわり亭」の外観

熊本県人吉市「ひまわり亭」

熊本県人吉市の中心市街地には日本三大急流の球磨川が流れる。その球磨川を見下ろすように、市街地の対岸に立地しているのが農村女性を中心に運営されているレストラン「ひまわり亭」である。主として昼食と弁当の受注で経営されている。一九九八年に有限会社としてスタートした。人吉市内や周辺農山村から集まった農家の主婦一四名と主宰者である本田節さんで運営されている。設立に至った背景には、食を取り巻く環境への危機感と、地方都市や農山村が元気になるためには、小さくとも持続的に展開する多様な経済循環が不可欠だという本田さんの強い思いがあった。

「ひまわり亭」の試みは公民館の生涯学習が発端である。たまたま集まった郷土料理教室メンバーのボランティアグループとして始まった。しかし会社として設立しようと決意したとき、市からの補助金はゼロとし、あえて銀行から資金を借り入れて、会社には参加者全員が出資することとした。始まりはボランティアグループであっても、新しい組織の維持、運営そして経営体として、たんなる仲良しグループではなく全員が自ら責任を持つ体制としたわけである。

スタートするにあたっては女性特有の〝もったいない〟精神も強く働いている。建物は築百二十年の古民家を活用した。食器や鍋、座布団などは各自の家から余ったものを持ち寄った。素材も多くは会員の畑で採れたものを使用し、持ち寄った量に応じて支払いをすることとした。

経験を積んだ女性の雇用

一四人のスタッフの内、半数は六〇歳以上で、七五歳が四名いる。「歳を重ねているからこそできることがある」「地域社会で永く生きてきたからこそ技がある」と、本田さんは彼女たちの料理への経験と取り組みの姿勢を高く評価する。女性たちも「休みが続くと体調が悪くなる」と、ひまわり亭で働くことがリハビリと楽しみにつながっているようである。

年間の来客数は視察、研修者も含めて約五万人、高齢者や幼稚園などへ配達するお弁当が毎日二〇〇～二五〇食、とくに評判がいいのが、月ごとに内容を変えて提供している月替りの〝ひまわり御膳〟である。地域の食材は季節で変わる。地域には固有の行事や祭りがある。一月は新春、三月はひな祭り、四月は花見、六月は紫陽花、八月は向日葵、……、十二月にはあさぎり等々と、人吉の季節や行事をテーマにしている。そこにもしたたかな戦略が見て取れる。一度訪れてくれたお客を次のひまわり御膳へと、再度リピーターとして迎えるためである。

食育からまちづくりへ

働く女性たちは平均して十万円の手取りである。〝待ってました定年〟といって参加してきた女性たちには、年金と合わせてちょうどいい収入でもある。今後は若い女性にも参加してもらうため、現在は子育て中の二十代の女性にもローテーションを組んで、週日で都合のつく時間に働いてもらう仕組みも作っている。

本田さんの視野にはコミュニティにおける〝食育〟の重要性がある。体験型キッチンスタジオを作り、まずは大人の食育に取り組んでいる。それを子供へと展開し、コミュニティづくりを〝食〟から構築し直そうとしている。その一環として生活習慣病対策料理はすでに手掛けられている。これだけ多様な活動を展開している「ひまわり亭」だが、すべてを囲い込もうとしているわけではない。多くの主体による多様な活動こそが地域全体を活き活きとしたものにするという信念があるからだ。

たとえば人吉球磨地域は一市九町村からなるが、その全ての市町村にグリーンツーリズムを楽しむ農家民宿が存在し、その数は三十軒近くになる。この地域では「人吉球磨グリーンツーリズム推進協議会」を二〇〇六年に立ち上げ、ひまわり亭はその中核的メンバーである。グリーンツーリズムセミナーや勉強会を開催し、農家民宿開業の相談、民宿の紹介、農家民泊者への昼食提供などをしている。また地域内の農産物販売所や最近若者の間で盛んになってきた球磨川のラフティング会社の協会など、協議会に参加する各組織との幅広い連携が形成されつつある。

(4) 若者、団塊世代ジュニアが担う地域社会再生

団塊世代ジュニアへの注目

高度成長期に大都市に移動し、それ以降の社会を支えてきた団塊世代はリタイアの時期を迎え、地域社会に戻ろうとしている。大都市周辺部においては、この世代の持ち前の行動力によって担われている都市型コミュニティ再生の動きも多い。また団塊世代が都市から農山漁村に移住し、彼らのもつノウハウやネットワークを活かして、その再生を担う力となることも期待されている。

ただ地方都市や農山村におけるコミュニティ再生で、いま注目に値するのは、この団塊世代の子どもたち、つまり団塊世代ジュニアの目覚ましい活躍であるといっていい。決して数が多いとはいえないが、全国各地で二〇〇〇年前後から地域に入り始め、ユニークな地域社会再生に取り組み、そのリーダーシップを担い始めている。彼らの特徴は、大学院等を卒業した高学歴者も多く、大都市育ちで農山漁村での生活経験はほとんど持ち合わせていない。それぞれが各自の専門分野を持ち、情報機器やSNSを使いこなし、他領域にも関心を持ち、他地域とも幅広い連携を持っている。

彼らの多くは、市町村やNPOが受け入れるインターンシップを経験し、それを契機にした卒論

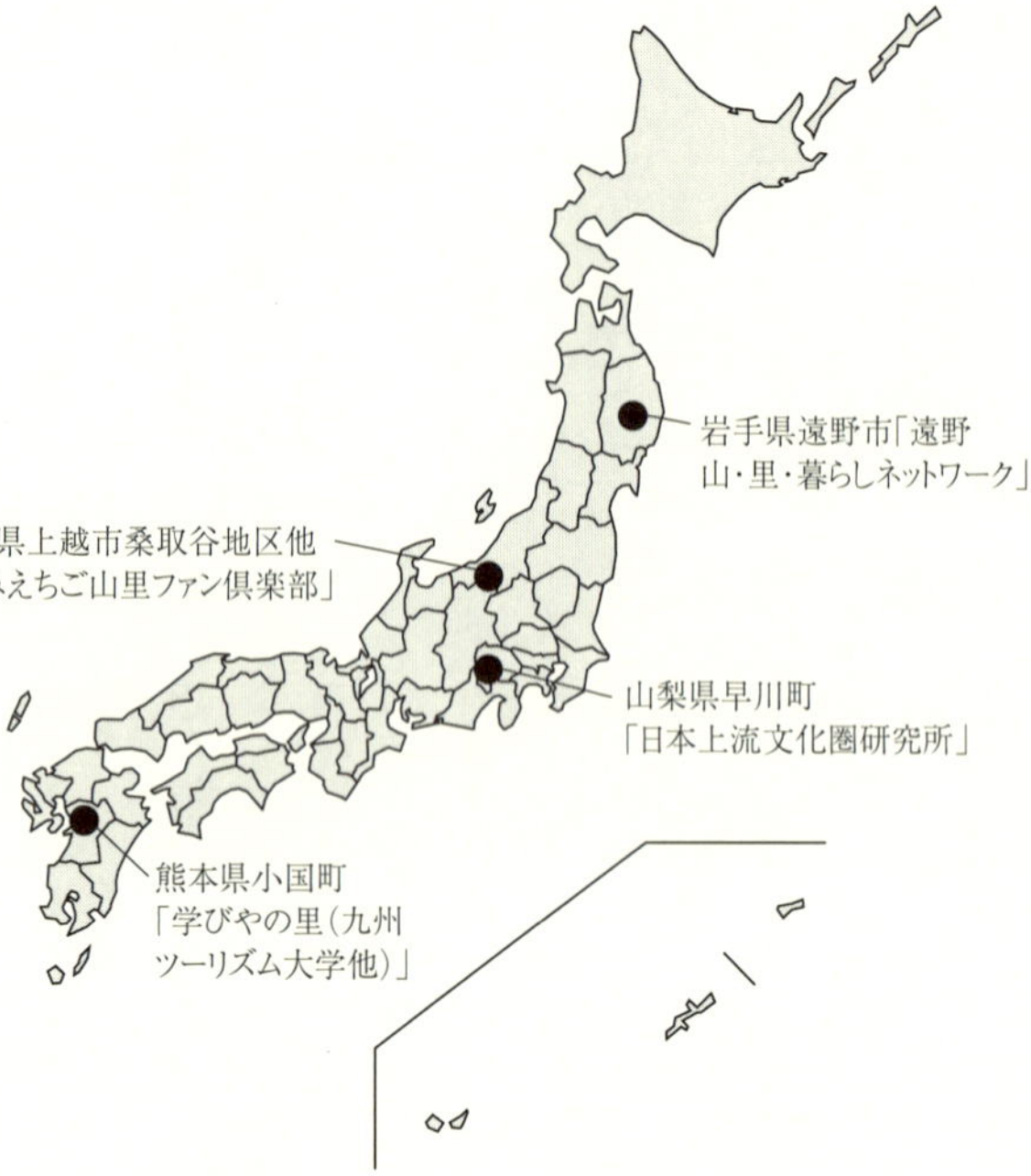

団塊世代ジュニアが取り組む地域社会再生

作成や修士論文の執筆等をきっかけに地域との触れ合いが始まり、関心を高めている。そうした経緯の中で自らのライフスタイルとして、地方都市や農山漁村との連携、移住、そして定住へという段階を経ている。いわば定住型外部専門家といえる。

定住型外部専門家と地元をつなぐ

そこで見落としてならない点は、彼らを支える地元地域社会との連携の仕組みである。まだ若いこれらの定住型外部専門家をうまく受け入れている地域社会をみると、多くの場合、この定住型外部専門家を地元で支援する人材やグループの存在がある。例えば地元出身で人望の厚い元市町村職員、元教員、またそのグループであったりする。

地域再生やまちづくりの専門的知識はあったとしても、地元のしきたりや歴史的な経緯、人間関係については十分な認識が不足している場合が多い彼らに対して、地元と緩やかに結び付ける接着剤の役割を果たしている地元人材の存在は大きい。つまり定住型外部専門家と地元の地縁型定住者の連携が、地域社会再生を進めるうえでも、若い外部専門家の移住や定住を促進していくうえでも重要である。

移住、定住を、自分自身の人生や暮らしを賭して、担おうとするこの若者、団塊世代ジュニアの地域社会再生に取り組む胎動は、今後、全国のまちづくりやコミュニティ形成の将来を模索するうえで、看過することのできない大きな潮流といえる。彼らに影響を受け、その動向を見据えている、より若い世代が、地域おこし協力隊や緑のふるさと協力隊に参画するなどして、地方都市や農山漁村で活躍の場を見い出していることも多い。

こうした各地のコミュニティ再生を先導する幾つかの取り組みを見てみる。

岩手県遠野市「遠野山・里・暮らしネットワーク」

岩手県遠野市は、二〇一一年の東日本大震災において、津波で甚大な被害を受けた三陸沿岸部に対する後方支援拠点都市として大きな役割を果たした地方都市である。自らも災害対策本部であるべき市役所本庁舎が全壊する中で、「遠野には津波は来ない。だからこそ津波被害を受ける三陸沿岸部への支援拠点になるべきだ」（本田敏秋遠野市長）との思いから二〇〇八年、自衛隊や警察、医療機関等と連携して大規模な災害対策訓練「みちのくアラート二〇〇八」を実施している。

その訓練想定とまさに同様の事態が発生したのが、今回の東日本大震災であった。発災とほぼ同時に、遠野市が日頃から熱心な連携を積み重ねていた全国の市町村の支援体制が始動した。東京都武蔵野市、愛知県大府市、熊本県菊池市、宮崎県西米良村等々、全国の四五市町村が直接、支援職員の派遣、救援物資の送付など、遠野市の支援に手を差し伸べている（遠野市［二〇一三］）。

今回の災害時の遠野市の支援活動には大きな特徴があった。それは遠野市役所と民間のＮＰＯ遠野まごころネットが絶妙の連携をしたことであった。市役所は行政レベルで沿岸部の市町村や規模の大きい避難所等へ、水や米等の救援物資をできるだけ大量に、迅速に届けた。一方遠野まごころネットでは、全国からのボランティア受け入れ、小口救援物資の受け入れ、小規模避難所や避難所に入れず親戚等に避難している人たちに、きめ細かく救援物資を届け、対応にあたった。

この遠野まごころネットの重要な一翼を担い、陸前高田市等の三陸沿岸被災地の支援にあたったのがＮＰＯ遠野山・里・暮らしネットワークである。もともとは遠野におけるグリーンツーリズムの展開と東北地方の農山漁村集落の地域づくり支援を目的として、二〇〇三年に設立された。

遠野市職員として、道の駅風の丘の立ち上げや、遠野ふるさと村の再建に中心的役割を果たしてきた菊池新一さんが、定年数年前、少し早めに市を退職してこのＮＰＯ設立に関わり、そこへ団塊世代ジュニアの若者が集まり、さまざまな事業に取り組んでいる。その若者の多くは遠野市以外からの移住者で、農家民泊、民宿の設立や運営支援、東北ツーリズム大学運営、被災地へのボランティア活動支援、市と連携したツーリズム事業等、幅広く活動している。

こうした若者世代が、地域に定着していくためには菊池さんのような地域社会と若者を媒介する人材が重要であることは述べた。菊池さんは地元、遠野市上郷地区の代表者である一方、上郷地区の伝統芸能「平倉神楽」の継承者でもある。移住者の若者にも神楽や舞の練習に参加するよう呼びかけ、地元住民との融和を図っている。市役所とも幅広い連携を保ちつつ、遠野の地元住民とも多様な接点を持つ場を用意することで、若い外部人材を、安心して移住、定住できるような環境作りを担っているといえる。

こうした若者たちと連携し、コミュニティ形成や地方都市再生、農山村問題に関心を持つさらに若い学生たちが、さまざまなプログラムを活用して、遠野や三陸沿岸を訪れ、ボランティア活動や研究に取り組んでいる。コミュニティ形成活動を担う次世代の登場が期待できる。

山梨県早川町「日本上流文化圏研究所」

山梨県早川町は南アルプスの東側に位置し、富士川支流の早川沿いの急峻な谷に三六の集落が沿うようにして町が形成されている。二〇一四年二月の豪雪時には多くの集落が孤立した。古くは鉱山や水力発電で隆盛を見た時期もあったが、現在は高齢化率四八％で、過疎化も進んでいる。水道や道路の管理、葬式、伝統行事などの維持が困難となり、獣害による農作物被害、耕作放棄による景観阻害、山林の荒廃による水源涵養機能の低下など、厳しい山村といえる。

しかし古くから温泉も湧出し、南アルプスの雄大な風景を望むこともできる。上流部では雑穀栽培、狩猟文化も色濃く残っている。町内南部では信仰の聖地である七面山とその宿坊で重要伝統的建造物群保存地区に指定されている赤沢地区もあり、伝統工芸品である雨畑硯も産する。厳しい山村ながら実に多様な地域固有の文化が蓄積されている。

これに着目したのが辻一幸町長である。日本にはたくさんの河川がある、その上流部には固有の文化があるはずだ、と各地の上流域が連携、交流する仕組みづくりと、早川町の地域再生の拠点として、一九九六年に設立したのが日本上流文化圏研究所である。

ここでも地元定住者と外部人材の連携で、活発な集落再生活動が展開している。研究所員五名は全員が町外からの移住者、多くは二十代の若者である。事務局長の鞍打大輔さんは、まさに団塊世代ジュニアで、都内の大学院で都市計画を修めた地域づくりの専門家である。研究対象としていた早川町に移住し、日本上流文化圏研究所の立ち上げに参画し、「山の暮らしを守る」を合言葉に山の集落再生に取り組んでいる。

上流研の若いメンバーの元にも、おもに首都圏からの学生たちがインターンシップやボランティア活動で多く参集している。獣害の調査、住民一人ひとりの暮らしを研究所のＨＰ上に紹介する「二千人のホームページプロジェクト」、「はやかわおもいでアルバム作成事業」などに携わっている。その一方で、研究所では大学生の卒論や研究を支援する事業も展開している。

早川町には〝まんのうがん（万能丸）〟という面白い言葉がある。衣食住に関わることは何でもこなす万能の人のことである。山に入れば猪を獲り、キノコを見つける、川に入れば魚を獲る、そうでなければ山村では暮らしていけない。こうした生活の達人、生活の技、山村でのライフスタイルが、環境問題だけでなく、新しい生活の価値観として、若い人たちを惹きつけている。

上越市「かみえちご山里ファン倶楽部」・熊本県小国町「学びやの里」

新潟県上越市西部の桑取地区、中ノ俣地区といった山間部で活動する、ＮＰＯかみえちご山里ファン倶楽部もある。地元伝統民俗行事の継続支援、山間部の生活文化を高齢者から聞き書きし、それを記録、保存する事業、廃校となった小中学校を活用して市内児童の環境教育を運営するなど、幅広い活動を展開し、地元集落の維持、再生に大きな役割を果たしている。ここでもスタッフの大半は新潟県外からの外部人材の若者で構成されている。

熊本県小国町の一般財団法人「学びやの里」もＵ、Ｉターンした若者を中心に運営されている。一九九七年にスタートした「九州ツーリズム大学」は、「学びやの里」が中心となった、ツーリズムとまちづくりの学びの仕組みである。毎年九月から翌年三月までの間、毎月二泊三日の日程で開催され、地域づくりの専門家や研究者、ツーリズムの実践者、地元住民などが講師となり、基礎的講座、農産品加工、調理、フィールドワーク、ワークショップなど多彩な内容となっている。九州で開業している農家民宿、民泊の多くはこのツーリズム大学の卒業生や関係者である。スタート以来、二千五百人を超える受講者がおり、このメンバーのもつネットワークは強固で、多様でこれからも新しい展開が期待できる。

参考文献

今井照［二〇〇八］『「平成大合併」の政治学』公人舎。

全国町村会・道州制と町村に関する研究会［二〇〇八］『平成の合併をめぐる実態と評価』。

総務省・市町村の合併に関する研究会［二〇〇八］『平成の合併の評価・検証・分析』。

遠野市［二〇一三］「三・一一東日本大震災遠野市後方支援活動検証記録誌」。

コラム　隠岐島前高校魅力化プロジェクト

島根県立隠岐島前高校魅力化プロジェクトの活動について、隠岐諸島の海士《あま》町の高校魅力化コーディネーターの岩本悠さんにお話をうかがいました。島根県沿岸から北へ六〇キロメートル、日本海に浮かぶ隠岐諸島の中の三つの島（西ノ島町、海士町、知夫村）を隠岐島前と呼びます。その島前三島で唯一の高校が、海士町に立地している島根県立隠岐島前高校です。

島の若者の多くは進学・就職のために都市部へ流出し、島前地域は高齢化率が約四〇％の超少子高齢地域となっています。このプロジェクトは、そんな地元三町村と廃校の危機にあった高校が協働して、教育の魅力化から地域の活性化を進める取り組みです。企業での人材育成や学校での開発教育・キャリア教育に取り組んでいた岩本さんが、人づくりによるまちづくりを進めるために、島根県海士町へ移住したのが二〇〇六年。島では少子化が進み、島前高校は統廃合の危機に陥っていました。

こうした学校と地域の危機に対して、「ピンチは変革と飛躍へのチャンス」という考え方に立ち、子どもが「行きたい」、親が「行かせたい」、地域住民が「この学校を活かしていきたい」と思うような魅力ある高校づくりを通して持続可能な地域づくりを目指す島前高校魅力化プロジェクトが始まりました。まず、高校と島前三町村の町村長、議長、教育長、中学校長らによる高校改革の推進母体「島前高校魅力化の会」を発足。この会の下に教員と行政、保護者、住民等による学校のビジョン策定チームを結成しました。そして、島内全地区をまわり、高校の状況やコミュニティにおける学校の存在意義を説明するとともに、学校や教育への期待や要望を聴き、地域内での魅力ある学校づくりへの意識の共有を図っていきました。その後も、産官学連携による推進チームをつくり多様な主体が参画・協働する仕組みを構築し、高校内にも役場職員や小学校教員（社会教育主事）、都市部出身の民間企業経験者等がコーディネーターとして入り、学校と地域を結ぶ体制をつくっています。

人口減少や少子高齢化、そして行政の財政難等、日本の重要課題がまさに凝縮されている地域であることや、社会の縮図として全体観を体感的に捉えやすい小さな離島ということをメリットと考え、この島での課題解決型学習を通し、これからの社会の持続発展を推進するグローカル人材の育成を推進。「島がまるごと未来の学校」というコンセプトのもと、生徒たちが実際のまちづくりを行う授業などを展開しています。

例えば、「地域地球学」では、海外の企業や大学等にも協力を依頼し、エネルギーの自給自足に向けた行政への施策提案や、島の世界ジオパークの認定と合わせた映像作品や無人音声ガイド装置の作成など、さまざまなプロジェクトを生徒主体で進めています。

生徒が発案した〝人とのつながり〟を取り戻す観光企画「ヒトツナギ」は、第一回観光甲子園でグランプリを受賞。生徒たちは地域住民と協働で企画を実現化し、今では世界唯一の部活動として継続的に実施。地域にも波及し、それに類するイベントや商品、ツアーが生まれ、新たなガイドブックの書籍化などにも発展しています。

子ども達への読み聞かせ交流企画の実施

さらに、高校の近くの民家と校舎の一部を利用し、学校－地域連携型公立塾「隠岐國学習センター」を設立。学校の学習と連動した自立学習やプロジェクト学習を行っています。その中でも各自の興味や問題意識から生まれた課題に取り組んでいく「夢ゼミ」では、地域内外の大人も参画し議論するとともに、ＩＣＴ（情報通信技術）も利用し地理的ハンディキャップを克服しながら、国内外の専門家やさまざまな地域の高校生との対話の場をつくっています。

また、今までは「島の高校には刺激・競争がない」「多様な価値観との出逢いがない」「新しい人間関係をつくる機会がない」といった不安があり、島外へ出ていく生徒も多くいました。そこで、全国から意欲・能力の高い生徒を受け入れる「島留学」を開始。今では生徒の約四割が日本各地や海外から入学しており、島の生徒も島外から来た生徒も、互いに異なる価値観に触れ異文化との衝突や葛藤を数多く体験する中で、多文化の中で共生・協働する力を培う学習環境をつくっています。

生徒の中には、「三〇歳で島に戻り、町長になってこの島を世界のモデルとなるような持続可能な町にしていきたい」「将来、西ノ島に島内外の人をつなぐ〝ヒトツナギカフェ〟を開き、町をもっと元気にしていきたい」など自分と地域を結ぶ夢を持つ生徒が増えてきたとのこと。人間力と共に学力も向上し、難関大学への進学者も増えています。二〇〇八年度は卒業生四〇人のうち国公立大学進学者が二人でしたが、二〇一三年度は卒業生三九人中一三人が国公立大学および早、慶、法政など難関大学へ進学。卒業後も、留学や海外経験、被災地や僻地の活性化に取り組むなど、各地で意欲的に活動・学習する卒業生が増加しているそうです。

プロジェクトを開始してから入学希望者数はV字回復を果たし、生徒数は八九名（二〇〇八年）から一五六名（二〇一四年）となり、僻地の高校としては異例の学級増（定員四〇名から八〇名へ）が実現し、教職員数も増え（二〇〇八年一五名から二〇一四年二九名）、部活動も活性化するなど学校の活力が更に高まっています。

島前高校への入学に向けて親子で移り住む教育移住も出てくるなど、六〇年間一貫して減少を続けてきた海士町の人口はこの二年間増加に転じました。

この取り組みは、二〇一二年には文部科学省と経済産業省から、学校としては全国唯一の「第一回キャリア教育推進連携表彰」を、二〇一三年には「第一回プラチナ大賞（総務大臣賞）」を受賞し、全国的にも広がり始めています。

これまで過疎地には、「産業、雇用の場さえあれば人は離れない。若者も戻ってくる」という考えが強く、地域づくりの文脈においても、教育はあまり注目されてきませんでした。しかし、自分の子供にとって、本当にいい教育環境で子育てしたいと願う親が集まることで、教育を起点とした地域の魅力化・持続可能化に今まさにつながりつつあります。

第三章　新しい「コモンズ」を支える組織のデザイン

――エリアマネジメントと地域自治組織を例として

ほしい未来は、つくろう。――社会課題に自ら取り組むソーシャル・デザイナーを支援するｇｒｅｅｎｚのホームページ(1)は、そんな言葉から始まる。ここで取り上げられる事例には、地域コミュニティに関わるものが多数含まれる。「ほしい未来」の意味は、「ほしい地域」のそれと近いようである。与えられるサービスだけでは、課題は解決されない、生活の質は向上しない、地域の成長は期待できない、それ以上に面白い毎日が生まれない。そこで、必要な場やサービスを自分たちで創り出し、新しい地域社会のコミュニティを運営（マネージ）する。

本章の関心は、地域コミュニティの中で、こうした「自分たち」――すなわち、自発的な市民の取り組みがどのように発展してきたのか、誰がどんな仕組みで、こうした取り組みを進めているのかという点にある。

日本の地域社会は、信長がそれを統治の手段と捉えた時代から、行政の補助組織としての色彩が強いと言われてきた(2)。お上に納めるべき税金や労務などを、町組・村組といった、基礎的な地方公共団体である町村より狭い範囲に存在した地縁組織でとりまとめ、調整していたことは、その象徴的な機能だ。明治期になると、基礎自治体の再編が進められる過程の中で、町組・村組の区画が、ほぼ同じような面積、人口規模になるよう整えられた。このように均一化された地縁組織は、日本の地域コミュニティが、政府・行政の主導で整備されてきたことの証と言える。こうした地域コミュニティの統治の末端組織としての機能は戦時中まで続き、周知のように、戦後処理の中で、日本の町内会はＧＨＱの目の敵にされた。一旦は廃止に追い込まれた町内会が解禁された後、その特徴が変わったかといえば、後述するように今日まで共通する部分が多いと言わざるを得ない。

しかし、本章は、こうした地域社会が、同時に、人々の生活に基づく豊かな共同性も育んできたことに注目する。自分たちのために一緒に資産を所有・管理する、一緒に活動する、共に助け合う。こうした自分たちのために行う共同性を、本章では新しい地域社会のシステムを構築する「コモンズ」と呼ぶ。コモンズの形や機能は、時代によって変化し、今日を迎えている。

以下、こうした地域をベースとした「コモンズ」の変遷を整理した上で、関連する政策として、昨今の「新しい公共」と呼ばれる一連の政策の課題や状況について整理する。そののち、都市中心部の「コモンズ」として、エリアマネジメントと呼ばれる地域経営の主体と自治体で進む新しい仕組みづくりを、住民が中心となった「コモンズ」の例として、市町村合併を契機として進んできた地域自治組織の再編と、そこから生まれた新しい地域コミュニティの事例を取り上げる。そうした事例から、今日の地域社会を変える力がどのようなプロセスで生まれているかを整理した上で、その変化をもたらすきっかけを創り出す方法を考えてみたい。

1　限界――しぼむ「コモンズ」と新しい公共政策の限界

(1)　地域コミュニティの発展と衰退

手始めに、かつての地域社会に存在した、「コモンズ」的な機能を見てみよう。近代には、生業と生活が一体化した密な地域社会が形成されていたこともあり、そこには、住民が共同で行うさまざまな活動と、それを支える町組、村組、近隣組、講、檀家、氏子などといった、重層的な地域コミュニティがあった。町組や村組は、しばしば生産や生活に関連する共有物を所有していた。村組は、近世においては、飼料や燃料、屋根材、堆肥の素材を得るための山林を所有することが多く、そこに入るための道は、道普請によって住民たち自らが整備し、維持管理していた。地域で生業を続けていく上で不可欠な活動を、労力を持ち寄って行う方法は、今日でいえば、コミュニティビジネスにも近い、地域に根ざした事業の仕組みである(3)。

近代に入り、徐々に生業と生活の場が分化するに従い、こうした地域コミュニティの機能は、少しずつ変化していく。山林で生活の糧を共に産み出すような、いわば生産に関する共同活動から、祭礼や冠婚葬祭で用いる用具を所有し、葬儀や結婚式といった人生で重要な行事を地域で行う、いわば生活に関する共同活動に重点が移る（佐藤［二〇一四］）。村組では、飲食で用いる膳椀およびそれを収納する椀倉といった施設を共有することが多く、そうした、いわば地域の物置は、今でも時々残っている。

しかし、戦後の高度成長期において、生業の場は、ますます生活の場から遠のいていく。生業に不可欠な「コモンズ」的要素は多くの住民にとって不要物となり、道の整備といった土木分野、相互扶助の中で対応されてきた福祉分野の多くは、行政サービスによって引き継がれた。生活上で必要な「コモンズ」的要素の一部は、市場サービスにとって代わられた。今や、葬式や結婚式は業者に頼むものである。

すなわち、現代社会においては、地域社会の機能の多くが、行政や市場で提供される「サービス」へと変化したのである。これによって、多くの人にとって、地域の人間関係の中で共につくりあげなければならなかったものが、税金やお金の対価として他者から提供されるものになったわけだ。煩わしい地域社会の人間関係は薄れたわけだが、他方、共に活動する中で育まれていた地域独自の文化（特に共同飲食に関わる習慣）が失われていったことも否めない。

農村部の多くが都市化の中でベッドタウン化し、それまで存在した村組等の人間関係を活かした新たな町会が導入されるケースもあったが、そこで行われる地域活動のほとんどが、親睦や行政の末端機能に限られていった。多くの町内会・自治会が、補助金を受けて、自治会館や集会所などの施設を建設したり、回覧板や掲示板の管理を行ったりするなど、行政の末端機能を積極的に請負ってきた。町会長は、市政協力員などと呼ばれる行政と住民のパイプ役としての機能を委託された。

これは、行政が町内会役員を掌握するための制度であるとの指摘もある。(4)

もちろん町内会・自治会の財源は、補助金だけではない。住民の多くが世帯毎の町内会費を支払い、その対価として、さまざまな親睦の機会に参加している。また、重要な機能が、祭礼に関わるものであり、具体的には、氏子や各種の実行委員会と連携した祭りの開催である。かつては生業と直接結びついていた祭礼も、精神的なつながりと次世代に伝統文化を引き継ぐ教育的な機能として残っているのみであるが、しかし、今も祭りに対して愛着を持つ人は多く、今日の自治会・町内会が有する「コモンズ」的要素の象徴になっているところも多い。

さて、地域の「コモンズ」が失われてきた歴史は、地域の空間利用にも見える。代表的事例が、子どもたちの遊び場だ。かろうじて商店街に活気があり、地域の人間関係が豊かであった少なくとも一九七〇年代頃までは、大人たちの緩やかな人間関係の中で、さまざまな「コモンズ」の空間が子どもの遊び場として開放されていた。

まず、街路は、子どもたちの格好の遊び場であった。街路の多くは、公共物として地方公共団体に管理されているが、商店主や住民が遠くから見守る空気があった。何より、町内会や商店会が頻繁にお祭りを行い、今日のように車に占領されていなかった。

私有地も、一部は「コモンズ」の場として開放されていた。ある都市の中心商店街で調査をさせていただいたとき、昔は子どもたちが屋根伝いに移動しながら遊んでいたというお話を聞いた。そのとき、筆者の故郷でも、かつて子どもたちが、路地や裏庭などを結び、秘密通路として利用していたことを思い出した。こうした事象は、地域の大人たちの間に緩やかな信頼関係があったからこそ、黙認されていたのであろう。

今日、街路（道路）は自動車、歩行者などが通行するための空間で、それ以外の利用、例えば、物販、音楽などの諸活動は、想定外の利用方法として自治体、警察、保健所などさまざまな機関からの許可が必要とされる。子どもが遊んでいるくらいで取り締まられることはないが、それを見守る地域の大人たちがいない。結果として、道は「通行」だけの場になっている。私有地はどうだろうか。知らない子どもが立ち入れば、たちまち学校や親に通報されるだろう。

空間もまた、官（公）と私に二分化されており、それぞれの場所が、その一義的な目的だけのために維持管理されるようになっている。その魅力ゆえに、子どもの遊び場となる副次的な効果は見逃され、「コモンズ」の精神で使う緩やかさを失っている。

(2) 新しい公共の担い手たち

日本では公共性というと、お上を指し、政府セクターが担うものと考えられてきた。政府セクターの役割は前述のように拡大し、それまで地域社会が担っていた支え合いの部分まで担うことが期待され、実際にそうなってきた。そうした公共分野の一部を、市民を含む民間セクターに任せ、積極的に、民間が「政府的」＝「公共的」なものを担うことを支援しようとする政策が、二十一世紀に入って増えている。二〇一〇年までの自民党政権では「新たな公」、次の民主党政権では「新しい公共」と呼ばれ、現在の政権では「地方創生」の担い手として、そうした主体への支援が行われている。この中には、自治会・町内会といった地域団体やそこから生まれた取組みも含まれることが多い。

だが、こうした政策で呼ばれる「公」とか「公共」は、何を意味するのか。はたまた、何を意味するべきか。実は、コミュニティを捉えるときに重要な点はここである。

欧米で「公共」といえば、それは市民社会そのものである。「お上」や「官」を指すものではないし、当然、市場経済によって影響を受ける「私」でもない。それは、共通の課題や目的を共有する人たちの集合であり、多数の「共」が一定の民主的なルールと緩やかな互酬性に基づいて集合しているソサエティである。

これに対し、日本の「新しい公共」政策はNew Public Commonsと翻訳される。これを欧米人が読めば、市民社会の新しい役割や機能に注目した政策だと考えるであろう。しかし、この政策でいう「Public」とは、紛れもなく、これまで政府・自治体が担ってきた公共的分野のことを指す。そうした分野を政府・自治体ではなく、市民や団体が担うから、「新しい＝New」なのである。すなわち、日本では、民間セクターが公共的な役割を担うこと自体が、新しいと考えている。「新しい公共」とは、政府セクターの役割を民間に移転したという考えでしかない。

2　萌芽その一——都市中心部で進むエリアマネジメント

(1)　中心市街地問題に対応する担い手の課題

こうして「コモンズ」を失った街の中で、それを再興しようという動きが起きている。その一つの場が、まちの顔となってきた都市の中心部、中心市街地と呼ばれる場所である。中心市街地は、戦後、一貫して衰退が問題視されてきた。その背景には、大規模店舗と中小小売業との競争、商店主の高齢化、事業の後継者不足といった点が指摘されるが、街をもり立てるための地域組織である商店街をベースとした組織の刷新が遅れていたことも指摘できる。

こうした中心市街地の衰退に対する、ごく近年の政策を振り返ってみよう。一九九八年に、最初の中心市街地活性化法が導入された。この法律では、市町村ごとに一か所の中心市街地が認定され、活性化のための基本計画が策定された。このとき、はじめて地域マネジメントの概念が提起され、これまでの商業振興、物理的改善といった縦割りではない、包括的な活性化を進める組織の設立が奨励された。そうした組織は「タウンマネジメントオーガニゼーション（ＴＭＯ）」として認定を受け、国の補助金の受けることが可能となった。ただ、この法律では、ＴＭＯとなりうる機関を、商工会議所、商店会、第三セクターの特定会社、第三セクターの公益法人に限定しており、実際には、商工会議所が中心となってＴＭＯを設立するケースが数多く見られた。矢部・木下［二〇〇九」が指摘するように、ＴＭＯの中には、基本計画に基づいて効果的な事業が展開された青森市や長野市等、成功例として取り上げられる地域もあるが、組織力や人材不足、事業見通しの甘さ、地権者の巻き込み失敗などから計画倒れに終わったものも多い[5]。

こうしたＴＭＯの政策的な失敗[6]から、二〇〇六年に策定された新しい中心市街地活性化法で、ＴＭＯは実質的に廃止され、それに代わる組織として、「中心市街地活性化協議会」が導入された。これは、これまでのＴＭＯと異なり、商業者のみならず、行政や地権者など、地域に利害をもつさまざまなメンバーを参加させるパートナーシップ組織であり、この協議会が中心となって中心市街地活性化基本計画を策定し、メンバーが関わる多様な組織によって活性化のための事業が進められることが期待された。しかし、活性化計画はできても、それをどのように効果的に実施していくかという課題は残った。補助金を用いた公共空間の再開発は進んでも、そこに広がる民間空間に活気が戻るには、人や資金を誘引するための継続的な活動が必要である。しかし、多種多様な利害関係を抱える協議会組織では、その主体にはなり得ない。結局は、効果的に事業を実施する主体の出現を待つしかなかった。

(2) エリアマネジメントの最前線

こうした中、都市間競争やグローバル化への対応に危機感を覚える都市部の商業・業務地区で、地権者や事業者による会員制度に支えられる独立した民間の地域経営組織が生まれ始め、新しい形の都市の「コモンズ」を生み出しつつある。こうした組織が中心となりながら、街の賑わい創出のための継続的な事業が実施されるようになってきた。都市中心部という、もっとも共同性が薄い地域で、新しい共＝コモンの仕組みを創り出す動きが生まれているのも皮肉な話であるが、戦後の高度成長期につくられた建物が更新期を迎え、都市に求められる機能が変化する中で、そうしたものへの投資対効果が認められやすいという背景もあり、これが一つの先導役となっているわけである。その意味で、都心部での「コモンズ」は、共に生活を助け合うというよりは、共に地域に対して投資をしていくというビジネスの色彩が強い。

先陣をきって取り組みを開始したのは、東京駅周辺のオフィス街とその周辺の商業地区を包含する大丸有地区である。大丸有地区のまちづくりは、一九八八年に地権者が中心となって「大手町・丸の内・有楽町地区再開発計画推進協議会」を設立したことから始まっている。これは都心地区の地権者の集まりであり、地権者の立場から、都心部のあるべき姿やそのための政策を提案すると共に、地権者が共同することで一体的な再開発を地区として推進していこうとするものである。当初五九の地権者によって発足したが現在は六九団体まで増加しており、中には、日本を代表する金融・不動産・通信・商社等が含まれる。

一九九四年には地区まちづくりガイドラインを策定し、景観や公共空間のネットワーク化等について一定の合意を形成した。その後も都心居住、公共空間の管理、CO_2削減等についての調査や、関係諸団体と連携してイベントや社会実験等の活動を続けている。近年では、ここから幾つかの関連団体が生まれており、NPO法人大丸有エリアマネジメント協会は、地区内で働くワーカーを巻き込んで、地区内の多様な参加・交流の機会を創る活動を行っている。また、一般社団法人大丸有環境共生型まちづくり推進協会（エコッツェリア協会）は「大丸有環境ビジョン」等に基づき、環境共生型のまちづくりに貢献する事業を推進している。こうした組織によって、大丸有地区では、企業のロビーだった空間を活かした新たな商業プロムナードの創出、季節に応じた各種のイベント実施、コミュニティバスの運行等が進んでおり、現在は、二〇一一年度の大震災の経験をもとに防災と震災対応の仕組みを検討するなど、会員や時代の要請に応じた活動を行うに至る。

このように地権者が主導する都心地区活性化の取組みは、東京に留まらない。二〇〇六年には福岡市の中心である天神地区でＷｅＬｏｖｅ天神協議会が結成され、地元の地権者や事業者が地区会員として拠出する自治活動費によって支えられるエリアマネジメント組織が生まれた。誰でも会費を払えば参加できる一般会員と地権者や管理者などの地区の空間管理に一定の責任を負う地区会員の会員資格を区別しているのは、単に地域活性化を行うまちづくりを行うだけでなく、エリアマネジメントを行う地域の「コモンズ」を確立させようとする取組みだと位置づけられる。

ＷｅＬｏｖｅ天神協議会は、設立以来、歩行者空間の創出によるオープンカフェ実験、清掃活動や防犯パトロール、ベビーカーの貸し出し、街の魅力を伝えるガイドウォーカーの導入、クリスマスなどのイベント実施等、街のホスピタリティを向上させる多様な事業を展開するほか、まちづくりガイドラインの策定等、街のビジョンづくり、タウンセールス事業なども積極的に進めてきた。

同様のエリアマネジメント組織は横浜みなとみらい地区（二〇〇五年）、名古屋駅前地区（二〇〇八年）、札幌（大通り、二〇〇九年、駅前地区二〇一〇年）、浜松中心部（二〇一〇年）、大阪梅田地区（二〇〇九年）など、年々増加しており、美化、治安維持、防災、公共空間の活用、イベント等のプロモーション活動、交流促進事業など、幅広い活動を展開してきた。

(3)　町会、住民、芸術家のトライアングルを実現――千葉県松戸市

千葉県北西部に位置し、東京都や埼玉県との県境に位置する松戸市は、人口は約四十八万人、高齢化率は二〇一〇年の国勢調査時点で、千葉県全体の二一・五%とほぼ同じ二一・四%である。ベッドタウンとしてのイメージが強いが、江戸川や水戸街道に接しており、古くから街道沿いの宿場町として栄えてきた。現在も町会・自治会などの地縁組織を支える人には、何代も松戸市に住んできた世帯も多い。他方、駅に近い地区を中心にマンション建設も進み、新住民が増えるにつれ、ご多分にもれず、町会・自治会の吸引力は低下し、お祭り以外には地域活動に無関心な住民が多いことに、町会の役員は頭を抱えていた。

他方、松戸の歴史と新しさの混在を逆手に取って、新しいエリアのブランディングに向けた動きも出てきた。代表的な取り組みが、松戸駅を中心とした半径五百メートルのエリアを「ＭＡＤ　Ｃｉｔｙ」と名付け（図3-1）、若い世代のクリエイターなど新住民を誘致する事業を始めた若者、寺井元一さんによるものである。寺井さんは、二〇一〇年五月、株式会社まちづクリエイティブを

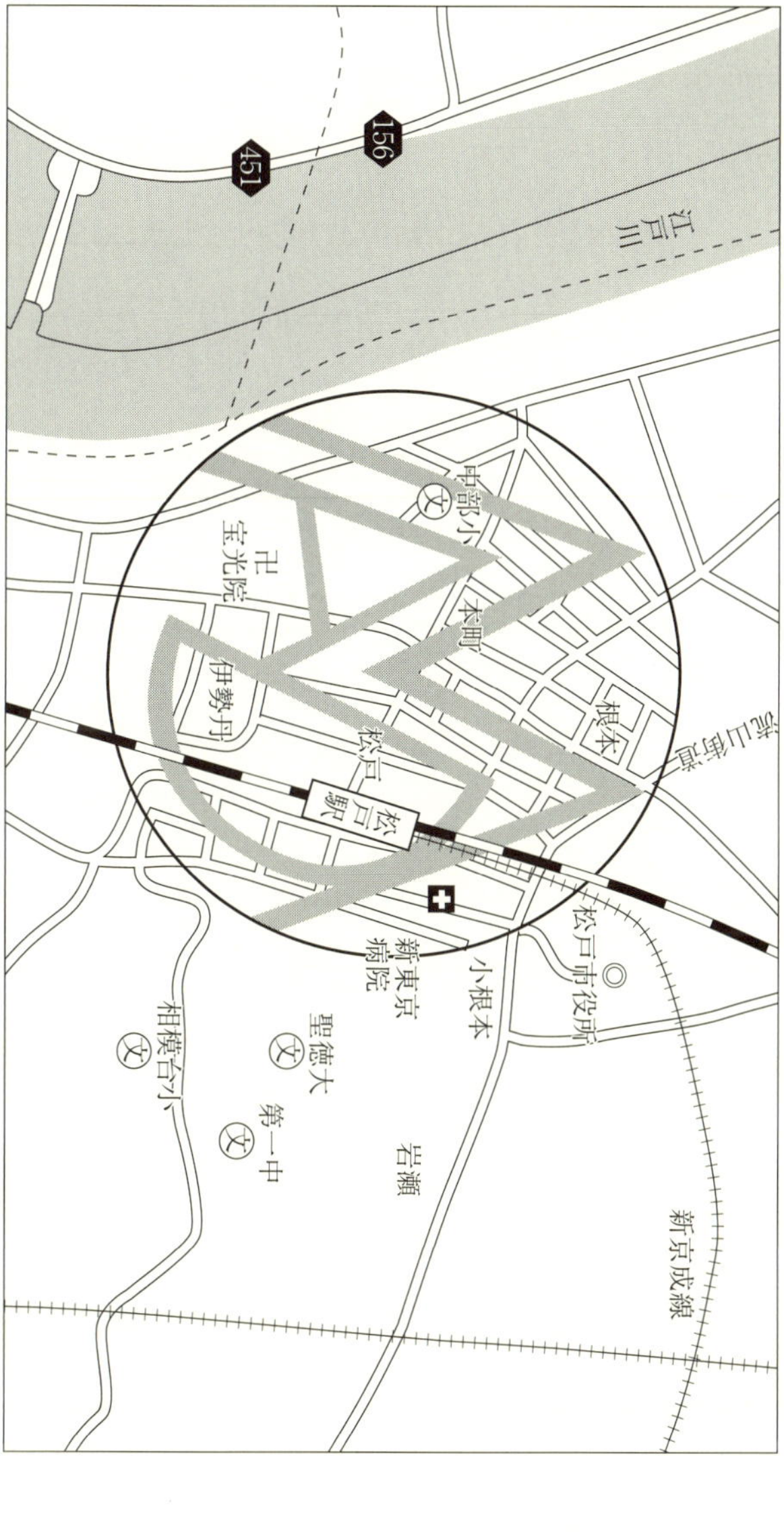

（出所）まちづくりクリエイティブHPより作成（2014.4.1現在）。

図３－１　Mad City の範囲

河川敷でのウェディングパーティ

設立し、松戸駅前エリアの活性化を目指す「ＭＡＤ Ｃｉｔｙプロジェクト」を開始した。

プロジェクトが目指すアーティストや若者がＭＡＤ Ｃｉｔｙに住みたくなるさまざまな仕掛けの中には、長年放置されてきた古民家や空き家、空き建物を自由に改造して住むことができるような新しい家主と住人の関係づくり（個性的な不動産サービス）、入居者間のネットワークを構築するための、入居者による企画の実現支援、地域で何が起きているか、何かを起こそうとしている人がどこにいるか、そんな個性的な地域の情報が集まるウェブサイトの運営等が含まれる。これらの事業の基本となる考え方は、「まちは人でできている」というものである。すなわち、松戸に面白い人を集めることが、面白いまちをつくるために最も重要であるというのだ。

松戸市役所でも、これと並行して新しい事業が始まっていた。アートを媒介としたまちづくりを進めるために、二〇一〇年度に始まった「松戸アートラインプロジェクト」である。市はのちに、

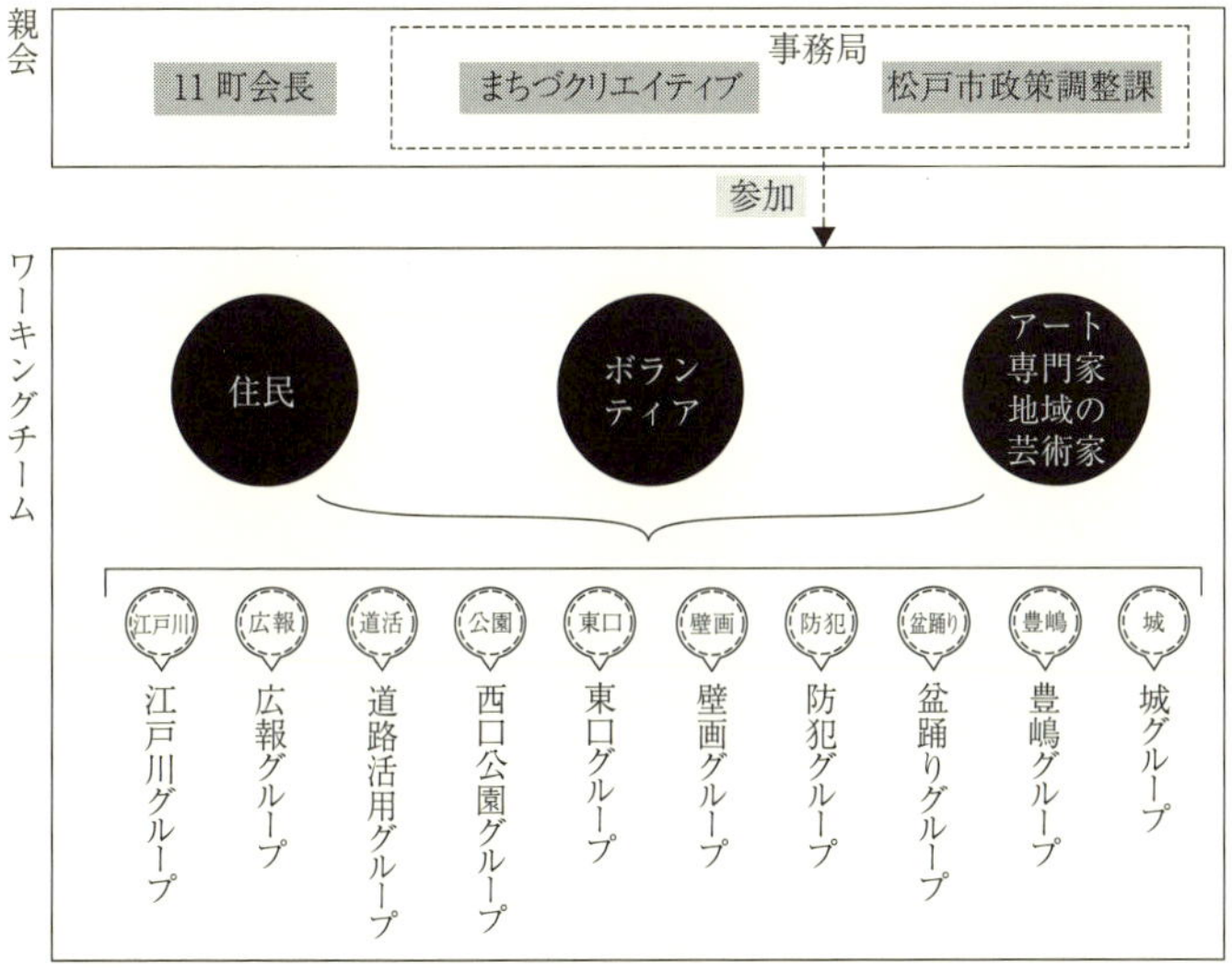

図3-2　松戸まちづくり会議の組織図（松戸まちづくり会議提供）

創造性あふれる松戸駅前エリアの環境形成を目指して、二〇一一年から、その事務局を株式会社まちづクリエイティブに一部委託し、この事業のコンセプトを、日常的な生活の営みと芸術をつなぐ「暮らしの芸術都市」づくりであると位置づけるようになった。同事業の運営組織として、同エリアの一九の町内会・自治会の代表者らが参加する新しい地域経営組織「松戸まちづくり会議」が設立され、その活動を、市役所と株式会社まちづクリエイティブが支える仕組みとした。アートを媒介とした地域経営を、行政、地域団体、社会起業家が連携しながら進めるという、都市部では、希有な取り組みが始まったのである（図3-2）。

「松戸まちづくり会議」は、新旧住民のコミュニティの再構築を図ることを目的に、そ

壁面に描かれたアート

の実践にさまざまなアーティストに関与してもらうことで、地域活動の「古さ」、「入りにくさ」を軽減し、多くの若者やファミリー層による参加を実現している。その中には、江戸川の河川敷をアウトドア・ウェディングに活用する企画、小さな横町系の居酒屋が並ぶ商店街の通りを封鎖して、一体を巨大な宴会場に変える「酔いどれ祭り」という企画、遊び場としては十分に活用されていない街中の公園をアーティストと連携してインスタレーションに変える企画、所有者と交渉し、民間建物の壁面を使って壁画制作展示を行う企画などがあり、新たな公共空間の創出という意味でも、これまでの町内会・自治体の活動とは一線を画すものである。

事務局で一応の企画案を準備するとはいえ、その原案は、新しく松戸に住み始めた住民やアーティストが作成しており、それを、長年、町内会・自治会を運営してきた代表者たちが受け止め、必要に応じて支援も行う。イベントの当日など企画が実際に進む段階になれば、もともと松戸に住んでいた住民と新住民、そしてクリエイターや芸術家た

松戸まちづくり会議のロゴ

道路上で行われる「酔いどれ祭り」の告知

ちが全員参加して、混ざり合いながら活動する。

町内会・自治会の関係者からすれば、懸案だった新住民との関わりが進み、また、松戸の新しい魅力の発見と発信が進む。当初、「松戸まちづくり会議」に参加していたのは自治会・町内会の代表者であったが、徐々に世代交代が進みつつあるのも、こうした新しい動きが参加者を誘引している部分があるからだろう。また、「松戸まちづくり会議」に参加する若者には、ＭＡＤＣｉｔｙプロジェクトの物件の賃借人たちも含まれるが、彼らにしてみれば、他の場所ではできない公共空間を使ったイベントは新鮮であるはずだ。また、地域の資源、歴史、人間関係を熟知した町内会・自治会の代表者たちとの関わりは、松戸に住むことの楽しさを教えてくれるものなのかもしれない。さらに、プロジェクトに参加するクリエイターや芸術家にとっては、地域に根ざしつつ、新たな表現の場を形成する可能性をもたらすものといえる。

現在、「松戸まちづくり会議」は、松戸市のアートラインの予算を基盤としつつ、その他の助成を受けながら、「酔いどれ祭り」などの事業を通じて自主財源の開拓・安定化を進めており、少しずつ軌道に乗り始めている。

実は、先に述べた大丸有地区のように大企業が中心となった地域コミュニティから、松戸市のように住民が中心になるものまで、日本においても、内発的な担い手による「エリアマネジメント」の展開が進みつつあるが、こうした活動を支える組織は盤石とはいいにくい。最大の課題は事業資金の確保であり、その考え方はまだ確立されているとは言えない。こうした取組みの多くが会員制度を有し、会費による組織運営がなされているが、個別の事業に関しては、別途、協賛金などで賄っていることが多く、運営資源が一定の基準で構成員に公平に負担されている組織はほとんどない。また、運営拠点や人材の拠出という点で、地域に多数の不動産を有する企業に依存していることも多く、実質的には、少数の事業者が事業を支えている実態もある。こうした現状においては、運営資源を拠出しないのにその成果を享受してしまう、いわば「フリーライダー」の問題がある他、地区運営を支える企業の経営状況に左右される構造にあり、その如何によってはエリアマネジメント事業が継続困難になることも考えられる。これをいかに持続的にするかが今後の課題である。

(4) 大阪市エリアマネジメント活動促進条例

二〇一四年二月末、大阪市会（市議会）[8]において、「エリアマネジメント活動促進条例」が可決成立し、四月から施行されることとなった。これは、上述のようなさまざまな形態の地域コミュニティが行うまちづくり活動を認定し、その事業費の徴収を制度化した初めてのケースであり、新しい「コモンズ」を都市に創出する点で期待できるものである。

大阪市の同条例のモデルとなったのは、アメリカはじめ諸外国に導入されている「業務改善地区：ＢＩＤ」という制度である。このＢＩＤとは、基本的には都市の業務・商業地区に導入される特別地区であり、地権者や商業者の発意によって、その地区の価値を高めるために必要な事業、それに必要な予算及びそれを確保するための負担の範囲や考え方が記載された実施計画がまとめられ、それを市政府が承認することで、税と同じように強制権をもって徴収事務が行われる、という仕組みである。徴収された負担金は、ほぼそのまま地区の事業を実施する民間団体に戻し入れられ、完全に民間ベースで事業計画が遂行されていく。事業の成果や地区の変化については、定期的に調査が行われ、ホームページなどで全て公開される。実施される事業は美化や治安維持など、公共サービスの上乗せに近いものも多いが、その進め方はスピーディで成果志向が高く、負担金を拠出する地権者や商業者の満足を第一に、その制度を支える市民や行政の評価も考えながら、かなり戦略的に行われているのである(9)。

こうしたＢＩＤが、近年、公園や高架下、橋桁など、うまく活用されていない公共空間を一体的に維持管理し、そこから収益を上げているケースが注目されるようになった。それに関心を寄せたのが、梅田駅近くにオープンしたグランフロント大阪や西梅田地区、ＯＢＰ地区など、既に地元で会費や協賛金を用いて地域管理を行っていた民間組織であり、そこから提案を受けた市役所および県庁が、トップ自ら二〇一三年六月にアメリカ調査にも出向き、条例化を決定したのである。二〇一三年夏に設立された検討委員会には筆者も参加させていただき、年度中に条例策定までこぎ着けるため、集中的な作業と議論が行われた。国の法令との整合性や相乗効果を狙い、条例で認定される「エリアマネジメント団体」は、都市再生特別措置法に基づく都市再生推進法人とし、同法に定められる都市利便増進協定に基づいて、地区内の道路、ベンチ、公共空間などの「都市利便施設」を一体的に管理運営することとなる。また、「エリアマネジメント団体」は、五年間の「地区運営計画」を策定し、その管理運営の費用を、地方自治法第二百二十四条、二百二十八条に基づく分担金で徴収することを可能にしている。

同条例が施行されたのは二〇一四年四月一日で、実績が出るかどうかは未知数である。しかし、これは地権者、商業者、住民といった私人が、地域で何をすべきかを話し合い、事業計画にする。それが市議会で認められれば、分担金という強制権のある費用徴収が可能になるという、日本で初めての仕組みである。かつてのように、地域社会の結束が強く、全員一致して共有物の所有・管理が可能ではないからこそ、地域に対して全員が責任を果たす大阪市のエリアマネジメント活動促進条例のような仕組みが、今後必要になる可能性は高い。

3　萌芽その二――動き出す地域自治組織

(1)　市町村合併と地域自治組織の再編

もう一つ、地域に新しい「コモンズ」を取り戻そうとする動きが、地方公共団体のコミュニティ政策に見られる。求心力を失いつつある町内会・自治会を再編し、小学校区またはそれに近い生活圏レベルで、まちづくり委員会や協議会といった組織をつくり、そこに一定の予算や権限を与えて、住民が生活課題に対応する事業を行うようにする取組みである。こうした組織は「地域自治組織」と呼ばれ、二〇〇三年に出された地方制度調査会の答申で、「基礎自治体（市町村）内の一定の区域を単位とし、住民自治の強化や行政と住民との協働の推進などを目的とする組織」と定義された頃から注目されるようになった。地域住民が共に地域の現状や課題を捉え、それにどう立ち向かっていくかを意思決定し、アクションを起こすことができる、いわゆる住民自治の仕組みが期待されている。

こうした動きを推し進めた要因の一つに、平成の市町村合併がある。一九九九年に三二三二あった自治体が、二〇一〇年に一七三〇になったわけであるが、合併した市町村の中には都市から中山間地まで多様な地域を抱えるようになった自治体も多く、地域課題の多様性や今後の財政運営を考えると、全て一律に行政が対応することは不可能であった。その結果、生活に身近な課題は行政に頼らず、地域自らで責任を持って対応できるようにするという考え方が、市町村合併を契機として、より顕在化したのである。

二〇〇四年のいわゆる合併三法には、「地域自治区」や「合併特例区」が制度化され、合併により広域化した自治体において、合併後のまちづくりをスムーズに進めるため、旧の自治体区域または小地域を設定して、地域自治組織の設置を行うことができるようになった。そのほかにも、地方自治法に定められる「地域自治区」も含め、国の法律を用いながら、小地域レベルで、住民らの自己決定に基づく自主的な地域運営の仕組みを取り入れる自治体がでてきた（表3-1）。とはいえ、自治体の数を考えると多いとは言えない。

表3-1　地域自治区，合併特例区の状況

区分	団体数
地域自治区（一般制度）	17団体（156自治区）
地域自治区（合併特例）	30団体（65自治区）
合併特例区	2団体（4特例区）

（注）総務省ホームページ（http: //www.soumu.go.jp/gapei/sechijyo-kyo01.html）より2014年4月1日転載。

こうした国の法律によらず、自治基本条例、まちづくり条例といった自治体の条例または要綱等に基づいて設立される地域自治組織もある。二〇一一年に（財）地域活性化センターによって行われた調査（一七五〇の自治体が対象、うち一一四九自治体が回答）によれば、回答団体の一〇％弱にあたる一〇八の自治体で、従来の自治体・町内会といった地縁組織でも、上記のような国の法律に基づく自治区・特例区でもない、独自の地域自治組織を構築している。また、その多くが二〇〇六年をピークに前後数年の間に導入されたもので、やはり市町村合併の流れが契機になっている可能性が高い。こうした取組みとしては、自治基本条例に地域自治組織を位置づけた三重県伊賀市や名張市が、代表的事例として取り上げられてきた[10]。

(2) 地域自治組織によるコミュニティ活性化——滋賀県長浜市田根地区

長浜市の「地域づくり協議会」制度

滋賀県長浜市は、琵琶湖の東北部に位置し、琵琶湖にそそぐ姉川、高時川、余呉川によって形成された豊かな湖北平野に市街地が形成される人口一二万三〇八五人（二〇一三年八月一日現在）の自治体である。京阪神、中京、北陸の経済圏の結節点に位置し、経済面でもこれらの地域とのつながりが強い。歴史的には、戦国時代末期、羽柴秀吉がこの地に築城し、当時「今浜」と呼ばれていた琵琶湖湖畔の地名を「長浜」に改めた。秀吉及び豊臣家の滅亡後は彦根藩領として栄えてきた。今も、中心市街地には、碁盤の目に区画された城下町の面影の残る地区があり、その活性化のために、国内初のガラス産業を目指して民間出資によって設立された（株）黒壁は、全国的に知られる。

二〇〇六年二月、長浜市は浅井町、びわ町と合併、さらに、二〇一〇年一月一日には、虎姫町、湖北町、高月町、木之本町、旧余呉町、西浅井町の六町を編入合併し、現在の長浜市域が形成された。

この最初の合併協議会の報告書に、「小学校区等を構成単位とし、地域の自主的な取り組みとつながる仕組みづくりやその活動の拠点づくりなど、小さな自治を目指した取り組みを促進する」ことが提案され、二〇〇六年に策定された「長浜市地域づくり指針」に、具体的な自治体内分権の仕組みとなる「地域づくり協議会」が定義された。そこでは、「地域内の意見や課題を幅広く収集し、地域内をまとめ、身近な生活課題を解決しながら、地域住民の連帯感を育成し、住みやすい魅力ある地域の実現に向けて主体的に取り組む団体」とされ、小地域ベースで課題把握と解決に向けた活動ができる団体として構想されていたことが分かる。なお、二〇一二年に長浜市によって作成された「地域づくりハンドブック」には、「地域づくり協議会」は、「地域の課題について、地域住民が中心となってその課題を解決し、行政では行き届かないサービス、地域に即したサービスを提供するために、行政・自治会・各種団体との連携を図りながら活動していく組織です。」と定義されており、より実践に重点が置かれると共に、行政とのパートナーシップの受け皿としての機能に期待が集まっていることが窺える(11)。

長浜市で最初に「地域づくり協議会」が設立されたのは二〇〇七年であり、後述する田根地区であった。その後、二〇一〇年の合併までに田根地区を含めて一四か所で設立された。当初より、「地域づくり協議会」の検討が、長浜市と連合自治会の間での議論を通じて進められたこともあり、同協議会の組成は連合自治会区を基本とし、公民館区域や小・中学校区域なども考慮しながら進めることとされた。ただし、連合自治会との関係は、①同協議会と連合自治会が対等に連携、②同協議会が地区連合自治会を包括、③地区連合自治会の下部組織として同協議会を設置などのバリエーションをもたせ、それぞれの地区が検討できるようになっていた。

地域の中には、すでに各種団体が活動しているのに、なぜまた新しくつくる必要があるのかという意見も出たそうである。しかし、自治会は、代表が短期間で交代するので継続性がないこと、単位自治会やPTAなど個々のテーマで活動する団体は、活動が小規模であったり、縦割りであったりすることを考えると、「地域づくり協議会」で構想されたような団体間の連携や相乗効果をもたらす役割が必要であった。そこで市は、連合会長や単位自治会長などが集まる会を何度も設定して話し合いを重ねた。また、地域に強制して行政主導で導入するのではなく、あくまで地域の発意で導入されることを重視し、まちづくり協議会の代表候補者になりそうな人に向けた研修などを行いながらエンパワーメントに重点を置き、実際の地区運営は、住民主導で進むようにした。

その後、二〇一〇年の合併を経て、「長浜市地域づくり指針」が二〇一一年七月に改定された後も、当初の指針に沿って、連合町会を割らないような形での地域づくり協議会の創設が推進されたが、旧高月町、旧余呉町、旧西浅井町は旧町全域を一つとして行いたいという地域の意向があった。その結果、二〇一一年には、旧高月町域全域で一つの地域づくり協議会として創設された。二〇一三年九月現在、長浜市では二四地区で「地域づくり協議会」が設立されている。同協議会が公民館単位を基本としていることもあり、市としては、できるだけ多くの「地域づくり協議会」が公民館の指定管理者になり、会館管理を自主的に進めてほしいと考えているが、まだその事例は限られている。

田根の田園風景

田根地区地域づくり協議会

筆者は、二〇一三年八月に、長浜市の田根地区地域づくり協議会の拠点となる公民館で、同協議会の代表理事である川西章則さんのお話を伺う機会を得た。川西さんは、二〇〇七年三月まで滋賀県の職員をされていた。田根地区に協議会が設立されたのは二〇〇七年であったから、導入に向けて話し合っている時は現役の公務員で、休日や仕事を終えた後が協議会に向けての実働時間だったわけである。

田根地区は、一四の集落に約五百六十世帯、二千人が住む集落である。その中でも池奥町と呼ばれる集落には、十世帯しか住んでおらず、川西さんがその自治会長を頼まれた二〇〇六年には、これを受けられる人が五人しかいなかったという。言い換えれば、五年に一回は自治会長が回ってくる、そんな状況の集落であった。この年、川西さんは自治会長と共に連合自治会長も引き受けた。任期開始直前に長浜市で園児が殺害されるという痛ましい事件が起きたこともあり、川西さんは、任期開始早々に「こども見守り隊」を組織し、そのボランティアを募集した。すると、地域には九七名しか子どもがいないのに対して、一四〇人の住民が手を挙げたのである。このことが、田根地区の潜在的な住民力に期待を寄せるきっかけとなる。

同年、市民活動グループの「タネから花咲か塾」を立ち上げ、子育て支援事業を進めると同時に、地域福祉の拠点づくりについての検討も開始し、滋賀県社会福祉事業団など多くの組織と連携して、地域づくり協議会が主導してデイサービス拠点「さくら番場」が開設された。そのほか、地区内で開業した「五先賢の館」という施設の指定管理を引き受けるなど、地域の財産を住民がうまく使っていく取組みを進めるなかで、川西さんは、住民力を高め、つながりを深めていくことに自信を深めていった。

空屋を用いた学生の滞在拠点の一つ

ところで、田根地区の特徴の一つは、大学生・大学院生たちとの交流をうまく地域づくりに活かしていることである。

田根地区は交通アクセスが悪いわけではないが、少子高齢化による空き家、空き地の問題が顕著になっていた。川西さんがこの課題を何とかしたいと考えていた頃、移築する古民家を探していた慶応義塾大学の小林博人先生と出会い、同じ二〇〇七年の夏に、慶応大学の他、米国のマサチューセッツ工科大学（ＭＩＴ）の学生たちが田根地区を訪れることとなった。初年度は池奥町で受け入れたが、人口二九人の集落に三十人以上の学生が来るというのだから、集落にとっては一大事であった。ＢＢＱをやるので手伝ってほしいと臨時の自治会総会を召集したら最初は反対意見が噴出したそうだが、実際に始まると、住民はどんどん協力してくれるようになったという。ＭＩＴの教授は田根地区を気に入り、継続的に訪ねてくれるようになった。最初は池奥町で受け入れていたが、自治会の体制の問題などもあり、三年目からは田根地区全体で受け入れるようにした。

こうして地区外からの訪問者を受け入れることは、勇気がいるし、食事の確保など大変なことも多いが、成果も大きい。学生たちは地域社会に入り込み、民家を回ってヒアリングするようになり、住民の思いが集約されるようになった。何より、空き家の活用が始まった。図3-3に示す五か所は、すでに学生を始め、地区外からの訪問者の滞在拠点となっている。「谷口ハウス」は、自治会が買い取った空き家である。「大島ハウス」は個人所有で、夏だけ貸してもらって活用している。「中川ハウス」は池奥町にあり、移住体験のための場所として大家さんに提供してもらっている。「田根ラボ」も大家さんの厚意で学生に限って貸し出しできるようにしてもらっており、夏になると学生が大勢集まる。家屋の改修作業も、慶応大学の学生たちが自ら行ったものである。「中島ハウス」も、大家さんから無償で借りており、比較的設備がしっかりしているので、現在は、有料で

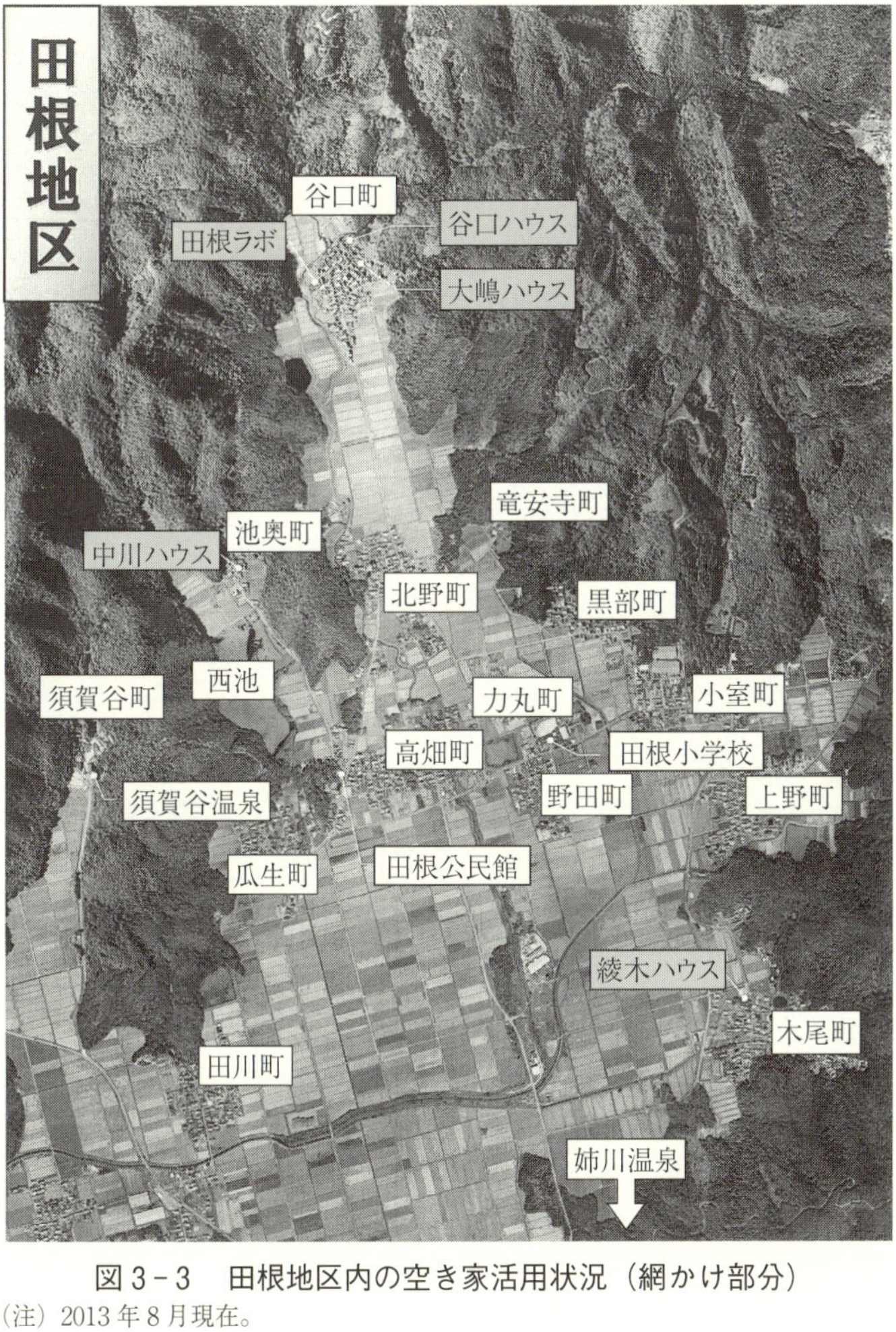

図3-3　田根地区内の空き家活用状況（網かけ部分）

（注）2013年8月現在。

地域づくり協議会の議論を経て開所したデイサービスセンター

貸すようにしている。田根地区においては、空き家活用は、まだまだ可能性があると考えられている。

　さらに、田根地区地域づくり協議会は、学生たちと農業の六次産業化にも取り組んでいる。五百万石という酒米を京都・伏見の酒屋と提携して商品化を進めており、ＭＩＴの学生と地域の子どもたちがラベルのデザインをつくった「ＭＩＴＡＮＥ 美田根」という生酒純米吟醸は、二〇一三年十二月に五〇〇本限定で発売したところ早々に完売した。そのほか、国際ワークショップの運営資金をクラウドファンディング（インターネットを用いた寄付金の募集）で調達する試みを行うなど、新しい活動が次々に進んでいる。

　川西さんは、地域づくり協議会とこれらの活動の関係について、次のように語っている（一部、筆者が編集）。

　こうしたさまざまなチャレンジは、地域づくり協議会ができたからというわけではないが、タイミングよく、協議会という地域づくりの受け皿ができたことが活動につながったと言うことはできる。結果として、田根地区は、モデル地区として先に進んできたと考えられている。地元に住む者としては、他の地区の前に進んでいるとは思っておらず、常に、足踏みをしながらやっている。ただ、確信がもてるのは、地域は、補助金をつぎ込めば活性化できるわけではない。物は豊かになっても、心はそうはならない。地域に愛着をもたなくなった人が多いのが、何より大きな課題である。多くの人が誇り、愛着、希望をもって、地域に関わらなければ活性化は進まない。そして、地域のよさを気付かせてくれるのは、往々にして外部の人、訪れてくる若者である。よって、外部の人をどんどん受け入れて、その力を受けてまちおこしをしていくことは、大きな効果を生み出す可能性がある。

(3) 地域自治組織への期待と課題

田根地区の事例で見られるように、行政が自治体内分権を進め、そのための組織と支援体制をつくっても、住民主導のまちづくりが進むわけではない。田根地区で地域づくり協議会が中心になりながら、数多くのチャレンジが進んでいるのは、そこで始まった取組みに、多くの人が期待感を覚え、引きつけられているからであり、その結果として、人が集まり、複数の取組みが連鎖反応を起こし、地域に変化をもたらしているのである。

こうした取組みを、ほかの地域はどのように始めることができるのだろうか。外部人材に来てもらうことはもちろん、一度来た人を二回目に引き寄せられるかは、鍵となりうる。近年、リピーター観光客を引き寄せるためのキーワードとして、「もてなし」が取り上げられ、おもてなしの地域づくりを進める地域が増えているが、継続的な地域づくりのプロセスが進むためには、それだけでは足りない。地域づくりにおいて、外部からの訪問者は、地域づくりのパートナーになりうる人たちである。そうした人たちが、二度、三度と訪問したくなるには、地域の関係者と共に継続的な取組みができる環境が重要である。

次に訪問したときは、どこで誰と何をどこまで進めるのかが想像できなければ、貴重な時間を使って何度も訪問することはない。田根地区の優れているところは、大学生や外部の応援者を決して個人で受け入れず、常に、自治会や地域づくり協議会に働きかけ、地域全体で受け入れる体制をつくり、幅広い交流が生まれるような仕掛けをつくっていったことである。その結果、学生たちは地域コミュニティに入り込んで調査を行ったり、空き家を貸してもらう信頼関係を構築したりすることができた。継続的な取組みが生まれれば、次のつながりを創り出し、人や資源の流入も連鎖的に進む。田根地区を介して、学生と醸造所がつながり、商品開発につながる、ワークショップ運営のために、クラウドファンディングを行う若者たちが出現する、などは、その例だ。助成金に頼らず、クラウドファンディングで資金調達を行って事業を行う地域自治組織は、全国広しといえども、まだそう多くはない。

長浜市の地域自治組織についての研究論文(12)では、田根地区地域づくり協議会の最大の課題として、事業の継続性を挙げ、個人に依存した体制の改善と後継者の確保が必要であると述べる。確かに、地域づくり協議会の検討が始まって今日まで、トップの行動力、そして地域の人たちをまとめるリーダーシップが、まちづくりを軌道に乗せる上で重要ではあった。しかし、協議会の設立から既に七年が経過し、徐々に取り組みは属人的なレベルから地域づくりの仕組みとしてビルトインされてきている。地域づくり協議会が議論を主導しながらも、事業の柱となる介護事業については外部団体に委ねている「さくら番場」が好例であるが、個人は、活動の火付け役にはなっても、決して事業の運営役を全て担えるわけではない。地域住民もまた、全てを担う必要は必ずしもないのである。田根地区の場合、活動者の受け入れは行うが、事業運営を行うのはむしろ外部の人たちであった。小さな集落においては、こうして、外部の活動者と連携しながら、取組みが継続的に回り続ける仕組みを確保していくことが重要である。

4　「ほしい地域」をつくる「コモンズ」をいかに生み出すか

本章では、新しい地域の共同性を生み出す「コモンズ」の例として、主に都市の中心部で進む民間主導のエリアマネジメントの取組みと、都市部のみならず中山間地でも進む地域自治組織の取組みを取り上げた。これらを並列して述べる意義は、何であろうか。それは、地域の中の住民、地権者、事業者といった「ある層」が中心になり、決して一人や一つの団体ではなく多くの個人や団体が一緒に（「集合的」に）課題解決に取組み、地域に「コレクティブ・インパクト」、いってみれば集合的な価値を生み出している点である。面白いのは、図3-5に示すように、「ある層」、つまり特定の主体が中心となりながらも、外部への扉は常に開けて、多様な主体との有機的な連携の中で活動を進めていることである。これらについて、もう少し考えてみよう。

(1) アソシエーション型組織の再生

この「ある層」とは、近年、非営利活動の担い手として注目されてきたコミュニティ型の組織、すなわち、問題意識を共有する人によって自然に形成される集まりではなく、自治会や商店会のような、同じ境遇にある人たちが、目的を同じくして全員参加型で集まる組合や協議会、英語で言うとアソシエーションに近いものである。社会学者のマッキーバーは、社会の発展と共に自然に生まれるコミュニティに対して、共同の関心や追求する目的のために人為的につくられた組織をアソシエーションと呼び、区別したが、これまでの定義の中では、アソシエーション型の組織は、どちらかというと体質が古く、非効率な旧型モデルと扱われてきた[13]。

しかし、本章で取り上げた地域の新たなまちづくり主体は、かなり様相が異なる。すなわち、自治会や地権者の協議会といった旧来からあるアソシエーション型組織がベースとなりつつも、常に外部のコミュニティを受け入れて、事業を行う開かれた構造を有している。地域福祉を進めるために、田根地区でつくられたデイサービスに見られるように、事業を進めるための別働隊を創設するなど、その動きは軽やかで変化に強い。しかし、きちんと住民や地権者など、地域づくりに責任と利害を有する階層が、ほぼ全員参加する母体がベースになっていることで、個別の事業であっても、住民に認知されやすく、また行政との連携相手に育ちやすく、結果として、地域に大きなインパクトを与えることができている。

かつて、地域コミュニティが担ってきた共有物の所有・管理が行政サービスに依存するようになったことは冒頭で述べたが、本章で取り上げたエリアマネジメントや地域自治の取り組みの制度化は、こうした流れへの反動であり、再び地域コミュニティでの自立的な地域運営を取り戻すための流れであると捉えることもできる。大阪市のエリアマネジメント活動促進条例のモデルとなったBIDは、地権者や事業者など地域管理の主体になるべき層を定め、負担金を拠出させて組織を構築させる代わりに、一定の裁量を与えて、主体的に地域管理を行うことを可能にする。こうした制度が米国のみならず世界の多くの国で制度化されていることを考えても、このように、アソシエーション型の組織が母体になり、幅広い官民の連携による地域経営は、日本のみならず世界的な流れになっているといっても過言ではない。

(2) コレクティブ・インパクト

個人や個別の企業・団体ではなく、多くの個人・団体が参加してさまざまな活動が展開された結果、本章で述べてきたように多くの成果が得られた。エリアマネジメントの現場では、道路や河川敷などの公共空間、壁面や空き家などの民間空間で、これまで想定されていなかったような空間利用が可能になり、新しい賑わいの場が生まれるとともに、まちづくりの財源創出にもつながっている。松戸市で見られた、公共空間を活用した地域交流事業は回を重ねるごとに参加者が増え、企画も充実してきた。田根地区においては、空き家が交流の場となり、商品開発などの事業へとつながっている。こうした集合的な取り組みによる成果を、本章では「コレクティブ・インパクト」と呼ぶ。新たなコモンズは、協議や陳情というよりは事業志向であり、地域の課題に対してできることから取り組んでいこうとする志向が強い。その点で、従前の地縁組織に比べ、かなり成果主義的な取組みといって構わないだろう。

海外のエリアマネジメントの現場では、「コレクティブ・インパクト」すなわち、地権者や事業者が拠出した財源をもとに行われた事業の成果を定量化して示す取組みが進んでいる。例えば、米国ニューヨーク市市中央部のタイムズスクエア地区にあるＢＩＤは、毎年の報告書で、事業の成果を示している。日本においても、新たなコモンズが地域の現状と取り組みによる変化や成果を把握し、それを共有する取り組みを行うことが期待されていくだろう。

(3) どこから始めるか

本章で見てきたエリアマネジメントや地域自治組織の仕組みが制度としてビルトインされている自治体は、まだほんの少数である。しかし、こうした仕組みの必要性を感じている人は、他にもい

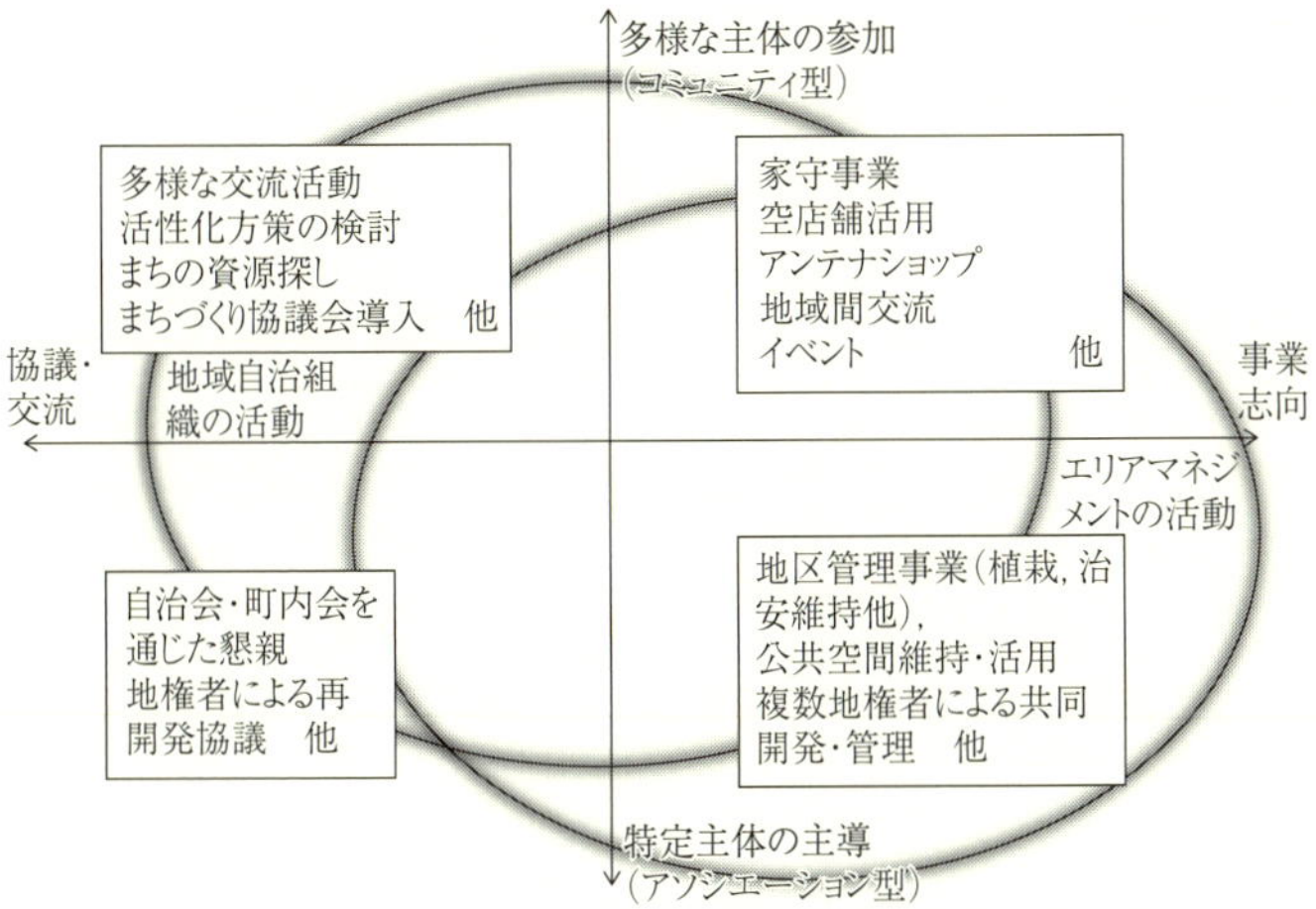

図3-5　コミュニティマネジメントのさまざまな側面

るかもしれない。そこで最後に、海外のＢＩＤのプロセスや国内の地域自治組織の導入プロセスなどを参考に、こうした仕組みに向けての動きをどのように始めるとよいかを検討する。

米国のＢＩＤは州法に基づく制度であり、市役所及びそのホームページには、設立マニュアル等が整備されている。個別の地区では、こうした制度を活用して、地域運営を始めたい人が準備委員会をつくるところから始まる。そうした仕掛人は主要な地権者、事業者のほか、地区選出の議員やコンサルタントなどの専門家のようである。設立プロセスには、専門家派遣や若干の資金支援等が得られることもある。準備委員会の中では、地域の何が課題なのか、どう取り組んだらよいのか、幾らお金がかかるのか、目指す成果は何かといった事業計画に取り入れるべき項目が整理されていく。こうした協議の傍ら、準備委員会は、地区内のアウトリーチも進める。制度上、最終的には全ての地権者・事業者等に協議や計画内容の告知が行われていることが求められる。市役所にＢＩＤの設立申請を出すまでに、事業計画には過半数（州によって、三分の二や八〇％など違いがある）の賛同を得なければならないなど、一定の民主的プロセスが制度化されていることも、大きな特徴である。このような過程を経て出された設立申請が市役所の各部署で検討され、議会で承認されて、初めて具体的事業が始まるのである。

日本に目を転じ、本章で事例として取り上げた地域を見てみよう。まず、松戸まちづくり会議の設立プロセスは、どうであったか。こちらも、市の事業がきっかけとなって生まれたものであったが、少し異なるのは、最初に行われたのは事務局の確立であったことだ。既に松戸市中心部で事業を展開していたまちづくりクリエイティブと市役所の間で運営方針が検討され、並行して、地域主体の意思決定のサイクルを確保するために重要な自治会長に説明を行って、まちづくり会議の運営方針と活動の青写真が描かれていった。その上で親会が設立され、事務局で考えた活動案を親会で承認した上で、まちづクリエイティブや自治会の関係者が個別の活動を進めていく。そうして、前述したような具体的活動が始まっていった。その後、地域における世代交代の議論を加えながら、町会組織のより幅広い人材を巻き込む体制へと発展している。

長浜市田根地区は、どうか。こちらの地域づくり協議会も、市の制度が導入されたことをきっかけに検討が始まったものであるが、ここで最初に行われたのは、誰がリーダーになるかの検討であった。田根地区の場合は、当時、県の職員でもあり、単位自治会の会長をされていた人に白羽の矢が立った。リーダーは、まず子どもの見守りという、気軽に始められそうな事業から始め、賛同者を集めていく中で、徐々に地区運営の仕組みを構築していく。すなわち、最初から中長期の計画をたてることはしなかったのである。

右記のことからも分かるように、米国のＢＩＤなどでは、地域の課題整理や事業計画の策定から始まっているが、日本においては、最初から大きな青写真を描くのではなく、何かできる事業を行うことから始めている。その中で賛同者を増やし、活動への求心力を高めていくことで、活動基盤を固め、計画づくりや活動評価へと高めていくことが目指されていく場合もあろう。

このように順番が異なる背景には、新しいタイプのアソシエーションへの理解が十分ではなく、また、そうしたものを組織化する十分な法制度も整っていないことが大きい。市民活動に対する社会制度は、公益法人改革の一連の流れをみても分かるように、かなり後追いであり、まずは十分な実績があり、必要性が認識されなければならないというのが、日本の現状である。筆者は、こうした小地域レベルのコモンズが、社会制度としてビルトインされることが、これからの社会を構築する上で重要であると考えているが、とりあえず今、地域でできるのは、その必要性を見せつけることなのかもしれない。

よって、まずは、何か地域で自分にできることを始めてみる。そして仲間を集める。そこから始めるのはどうだろうか。並行して、そうした市民の力が最大限に発揮されるような地域社会の新たなコモンズが確立される上で必要な仕組みについて検討し、継続して提案を行っていく必要がある。

（脚注）

（1）http://greenz.jp（二〇一四年四月一日現在）。
（2）岩崎［一九八九］。
（3）前掲、岩崎［一九八九］。
（4）佐藤［二〇一四］、三二～四頁。
（5）矢部・木下［二〇〇九］、四八頁。
（6）前掲、矢部・木下［二〇〇九］、四九頁。
（7）中心市街地活性化協議会支援センターのＨＰによる。http://machi.smrj.go.jp
（8）大阪市のウェブサイトを参照。
（9）ＢＩＤについては、保井美樹［一九九九］、［二〇〇九］等のほか、ネット上でも情報提供しているので参照願いたい。例として、二〇一三年の大阪市立大学での講義記録を示しておく。http: //www.gscc-upp.jp/workshop/doc/workshop_2013_21.pdf#search =、保井美樹＋BID。
（10）財団法人自治研修協会［二〇一三］。
（11）前掲、自治研修協会［二〇一三］。
（12）藤井他［二〇一三］。
（13）R. M. MacIver［二〇〇九］。

参考文献

石原武政［一九九八］「出店調整政策の転換と地域商業の今後」、『都市問題』一〇月号。

伊藤修一郎［二〇〇七］「自治会・町内会と住民自治」、『論叢現代文化・公共政策』Vol. 5, 八六-一一六頁。

岩崎信彦他編［一九八九］『町内会の研究』御茶の水書房。

宇沢弘文・茂木愛一郎［一九九四］『社会的共通資本〜コモンズと都市』東京大学出版会。

財団法人自治研修協会［二〇一三］『地域自治組織等における人材の活用に関する研究会報告書（平成24年度）』三月。

佐藤広［二〇一四］『村組の持続と終焉からみた地域コミュニティの変容』法政大学修士論文（人間社会研究科）。

中川幾郎編著［二〇一一］『コミュニティ再生のための地域自治のしくみと実践』学芸出版社。

長浜市［二〇一一］『地域づくりハンドブック』六月。

長浜市［二〇一一］『長浜市地域づくり指針』七月改定。

藤井誠一郎、加藤洋平、大空正弘［二〇一一］「「住民自治組織」の実践と今後の展望──滋賀県長浜市の「地域づくり協議会」を事例として」、『自治総研』通巻四〇六号、pp. 61-81.

マッキーヴァー、R・M著、中 久郎、松本 通晴（訳）［二〇〇九］『コミュニティ──社会学的研究：社会生活の性質と基本法則に関する一試論』、ミネルヴァ書房。

保井美樹［一九九八］「アメリカにおけるBusiness Improvement District」『都市問題』第八九巻第一〇号。

保井美樹「米国における都市マネジメントの考え方──制度面からの整理」『新都市』第六三巻第一号、一月。

矢部拓也・木下斉［二〇〇九］「中心市街地活性化法と地区経営事業会社──熊本城東マネジメントによる地区経営の試み」『徳島大学 社会科学研究』第二二号、四七〜六八頁。

コラム　NPOフュージョン長池

京王線南大沢駅から京王堀の内駅行きのバスに乗り「長池小学校入口」で下車すると、右手に緑に包まれた大きな公園が見えてきます。ここが「長池公園自然館」のある八王子市「長池公園」です。この公園を、八王子市の指定管理者として管理している代表団体「NPO法人フュージョン長池」の富永一夫さんにお話しをうかがいました。

この長池公園の成り立ちは、多摩地域における日本最大規模のニュータウン計画からはじまります。戦後の高度経済成長期に東京で働く人々の住宅難を解消するために、計画されたのが一九六五年のことです。町田市、八王子市、多摩市、稲城市の四市にまたがる広大な計画として、多摩丘陵を切り開き多摩ニュータウンの建設が始まりました。諏訪永山地域から始まった開発が長池地域まで至るには、なんと約二〇年かかったそうです。この開発により、失われゆく多摩丘陵の原風景を保全することを目的として、一九九四年から「八王子市長池公園」の整備が始まり、二〇〇〇年に完成しました。

この「NPOフュージョン長池」を立ち上げたのが、理事長である富永一夫さんです。富永さんが一九九四年に多摩ニュータウン長池地域に転居してきたのがきっかけだそうです。この年に団地管理組合の理事として活動を開始したものの、誰も知り合いのいない町に越してきた富永さんは、まずはみんなと仲良くしようと思い、団地の中にコミュニティをつくることにしたそうです。

昔懐かしい田園風景を作る長池里山クラブの活動

まずは、翌九五年に団地内にコミュニティ委員会を結成し、「平成狸合戦ぽんぽこ」のアニメ上映会を開催しました。この上映会をきっかけにコミュニティが形成されていったそうです。この時期に長池公園ができはじめ、田んぼや畑などの昔懐かしい田園風景をつくる手伝いを募集し、やりたいという住人たちで里山活動を開始しました。これが現在の「長池里山クラブ」に引き継がれています。

その後、団地だけでなく北側八〇〇世帯ぐらいまで広げた大きなコミュニティをつくろうということになり、情報交換会と称して、「見附ヶ丘連絡協議会」を結成。まずは、お互いに顔がわかることが大切だと、各団地を訪問し、挨拶からはじめたそうです。そのうち、みんなでお祭りをやろうということになり「第一回長池ぽんぽこ祭り」を開催しました。この祭りをきっかけに少なくとも年に一度は、地域の人たちが集まる「場」ができたといいます。

そして、コミュニティとしての勢いが出てきた一九九八年十二月に「NPO団体フュージョン長池」を設立しました。二〇〇〇年四月に完成予定であった長池公園の管理者に「フュージョン長池」も入れてもらえるようにと、公団（UR）職員の後押しもいただき、八王子市に働きかけたそうです。翌九九年十二月に法人格を取り「NPO法人フュージョン長池」を設立しました。その後、高速インターネット（ADSL）普及支援やマンションの自主管理の支援など地域に根ざした活動を行ってきています。

UR都市機構とも良好な関係を保ち、「コーポラティブ住宅支援事業」を推進しました。これは、戸建て住宅を建てるには広大すぎ、マンションを建てるには小さすぎるとの理由からなかなか売れない土地に、コーポラティブ住宅をコーディネートするプロジェクトでした。この地域には、一級建築士、二級建築士、マンション管理士という人たちが住んでいたことから、プロジェクトチームとして活動を開始したそうです。第一号プロジェクトで各戸自由設計の家が一四戸完成しました。ところが、いざ設計してみると、隣家の風呂場が丸見えの位置に窓がレイアウトされていたりと、揉め事が発生。そのたびに仲裁に駆り出されることとなり、NPOとして困難な活動になってしまったようです。しかし、この経験から、NPOの旗のもとにみんなで協力すれば仕事になることを学び、徐々に人間関係が広がっていったそうです。

二〇〇五年には、隣の多摩市から「多摩NPOセンター」の業務を受託、その翌二〇〇六年に長池公園の八王子市指定管理者となりました。「NPO法人フュージョン長池」が代表団体となり、「㈱富士植木」には社歴一六〇年の企業としてのノウハウと実務で協力を仰ぎ、「㈱プレイス」には里山コンサルタントとしての協力を得て、長池公園の活動を持続可能なものとしました。

小学校総合学習と中学校職場体験の模様

この活動には、「八王子市公園課の理解と協力」、「東京都公園協会や国土交通省公園緑地・景観課の協力などの行政人の協力」、「幼稚園・保育園、小学校・中学校、大学などとの体験授業と協働研究として教育人の協力」、「長池公園自然館での協働物販として、八王子市、町田市、多摩市の福祉作業所等の福祉人の協力」をいただいているそうです。そして、何より年間延べ三千人の地域ボランティアの協力を得て、持続可能な活動として今日まで続いています。

富永さんは、二〇一三年四月には、長池公園自然館の館長、副館長の職を三十代の若者に託しました。「自分が死んだ後もこれで何とかなる。きっと、彼らがなんとかしてくれるだろう」という思いを持つようになったといいます。そんな「ＮＰＯ法人フュージョン長池」は、民間企業や行政がやりきれない活動をいまでも力強く支えています。

第四章　農山漁村における地域マネジメントシステム

昨今、わが国の将来を覆う社会的問題として「人口減少」が取り沙汰されるようになってきた。本章では、「人口減少社会」のフロンティアとも言える農山漁村――特に中山間地域における地域社会の維持存続に関して、いかなる事態が起こりつつあるのか、社会構造的な側面からその実態と要因を明らかにし、対応策を検討してみたい。

1　地域社会における「三つの空洞化」

(1)　地域社会を構成する三つのシステム

財政学者の神野直彦氏の説明によれば、社会全体は「社会」・「経済」・「政治」の三つのシステムから構成されているとされる[1]（図4-1）。

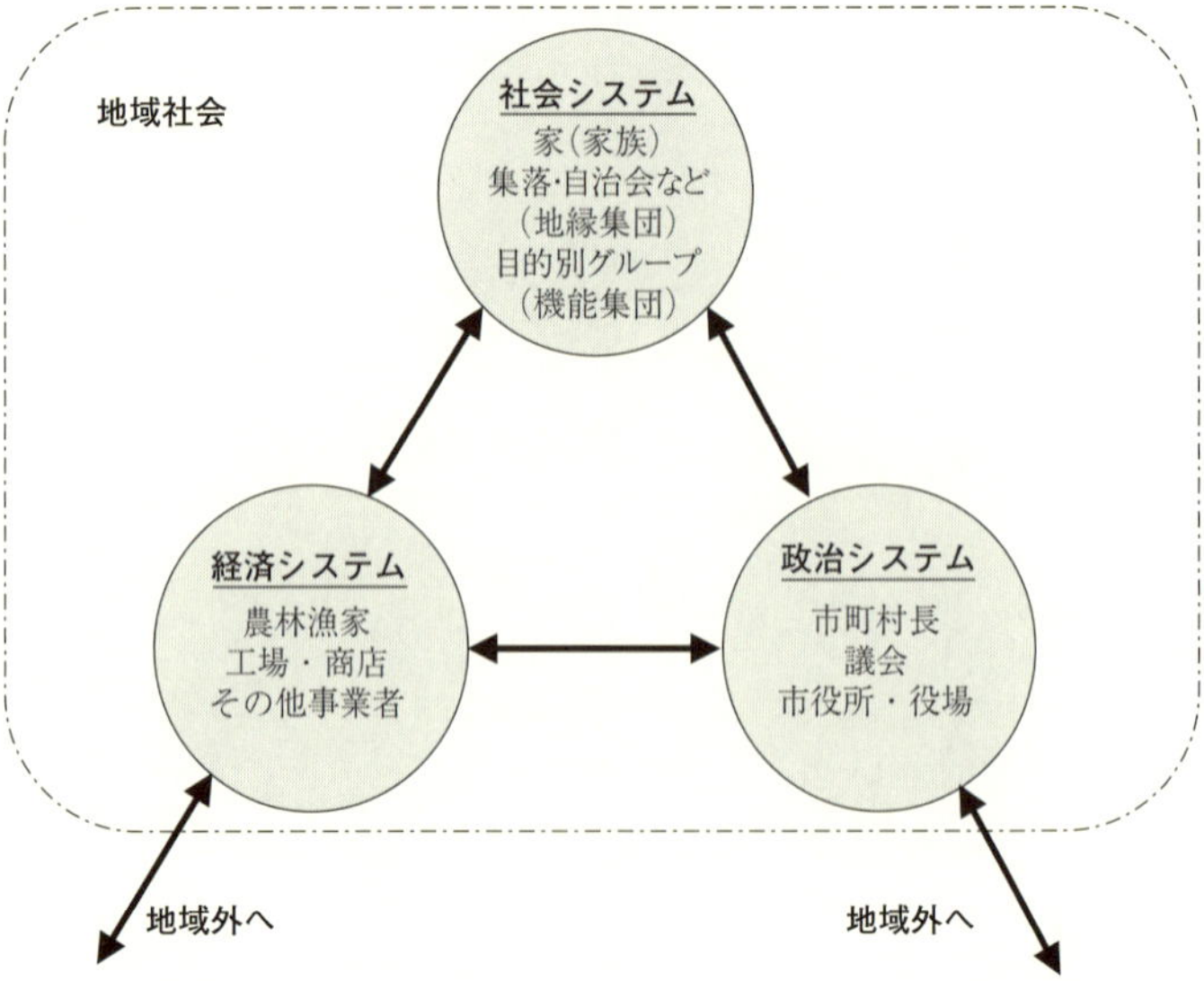

図４－１　地域社会を構成する３つのシステムの模式図

○社会システム
　人々が互いの生活を支え合うためのシステムである。地域社会に置き換えれば、家族、集落や自治会、自発的に有志が集まって組織された目的・機能別のグループによって営まれている。
○政治システム
　権力の行使や公共サービスの提供を通じて社会を支えていくシステムである。地域社会に置き換えれば、住民自身が主権者として関わりながら、首長や議会、そして市役所や役場が営むシステムのことである。
○経済システム
　人間が自然に働きかけ、生活に必要な財を生産して分配するシステムである。地域社会に置き換えれば、一次産品を生産する農林漁家、加工・販売を行う工場や商店、その他さまざまなサービスを提供する事業者などが営み、支えているシステムのことである。

以上三つのシステムが、相互に連携しながら地域社会を支え、その上に私たちのくらしが成立している。

ところが現在、これら三つのシステムが揃って空洞化の一途をたどっており、とりわけ農山漁村、なかでも中山間地域において深刻な状況をもたらしつつある。

(2) 社会システムにおける空洞化の連鎖現象

まず、社会システムの空洞化はいかなるプロセスで起こりつつあるのか、観察してみよう。

社会システムの内部構造

社会システムは、図4-2のように、「家（家族）」をコアとする三層から構成されている。コアとなる「家（家族）」は、人間どうしが集まって共同生活を営む基礎の中の基礎とも言える原生的な共同体である。

次に、同じ地域に住んでいるという地縁的なつながりを拠り所に「家（家族）」が寄り集まって、「基礎的集団（地縁集団）」が形成される。一般に、「集落」「自治会」「町内会」などと称されるも

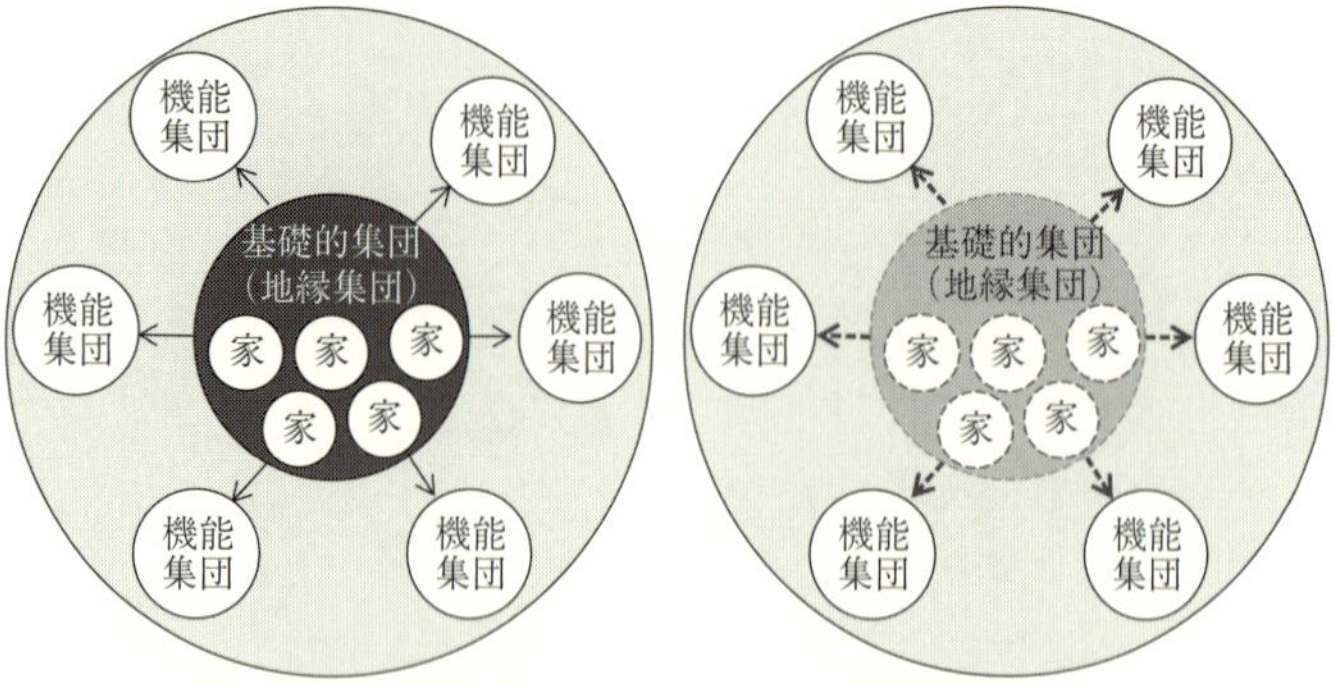

図４－２　社会システムの内部の構成

のがそれである。「基礎的集団（地縁集団）」は、原則として対象地域にある世帯がすべて参加していること、ならびにその歴史的蓄積から、地域に定住する誰もが、多少の差こそあれメンバーシップとしての意識を有している存在である。

そして最も外縁に存在するのが「機能集団」である。地域における特定の活動を行うために有志を募って集まったグループであり、福祉活動、農産物の直売や加工、集落営農を行うグループなどが該当する。

空洞化の連鎖現象

これら三層を成す「家（家族）」「基礎的集団（地縁集団）」「機能集団」は、いずれも地域社会を支える不可欠な存在である。ところが、現在、そのコアな部分である「家（家族）」を発端として、連鎖的に空洞化が進みつつある。

先に書いたように、それは農山漁村、とりわけ中山間地域において顕著である。その端緒となるのは、当該地域において深刻な人口減少や少子高齢化による「人」の空洞化(2)である。

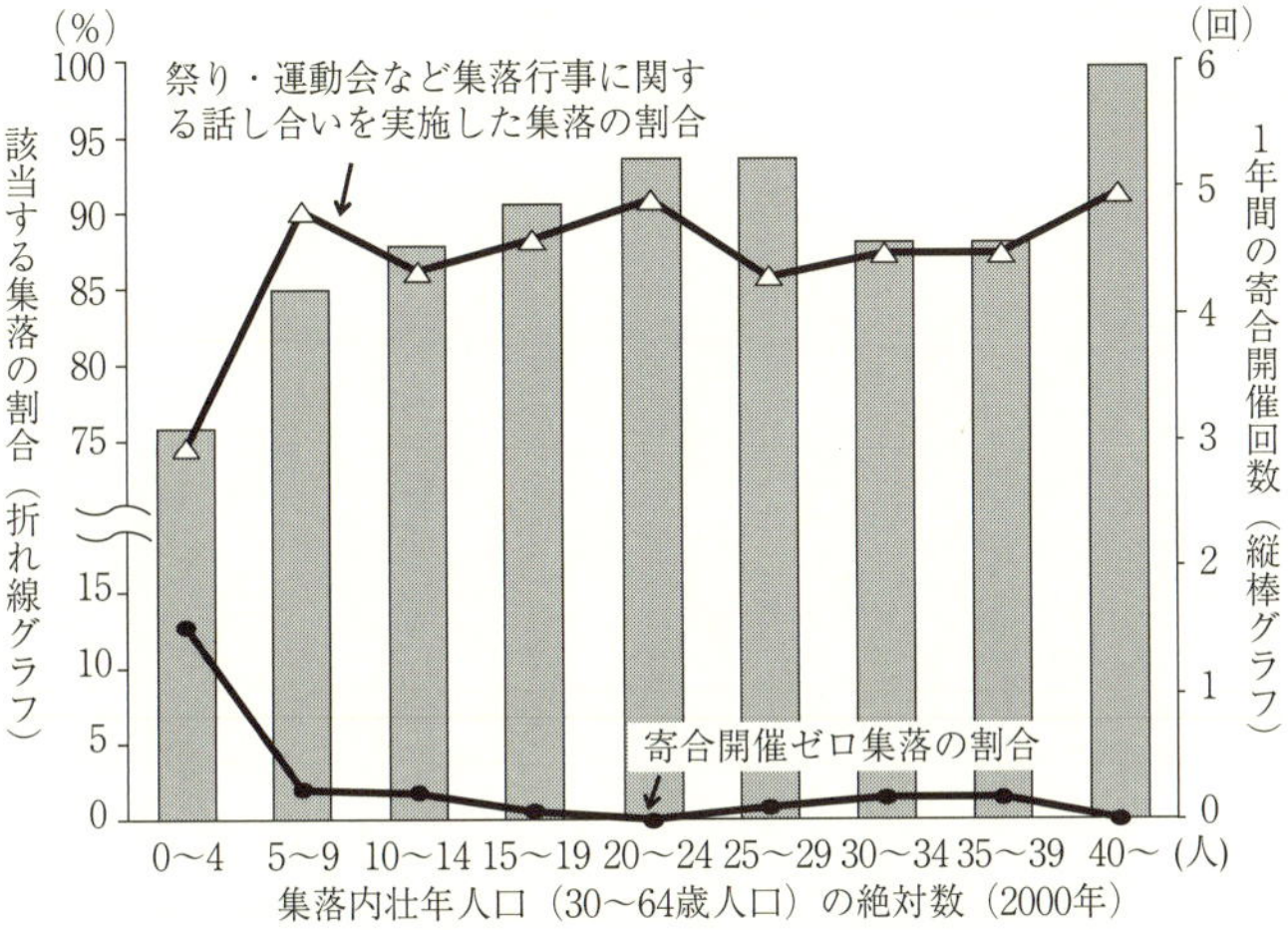

（出所）農林業センサス（2000年）。

図4-3　人の空洞化とむらの空洞化（高知県中山間地域集落）

【「人の空洞化」から「家の空洞化」へ】

まず、「人」の空洞化は「家（家族）」の空洞化」をもたらす。「家（家族）」の数――すなわち世帯数の減少もさることながら、世帯そのものの構成も痩せ細りつつある。一昔前は三世代家族が当たり前だったが、最近では後継ぎが同居している世帯（二世代家族）すら珍しくなり、高齢者の独居世帯や高齢者夫婦のみの世帯が急増している。

【「家の空洞化」から「基礎的集団（地縁集団）の空洞化」へ】

次いで、「家（家族）」の空洞化は、「家（家族）」の集合体である「基礎的集団（地縁集団）」の空洞化をもたらす。

図4-3は、人口減・少子高齢化が全国で最

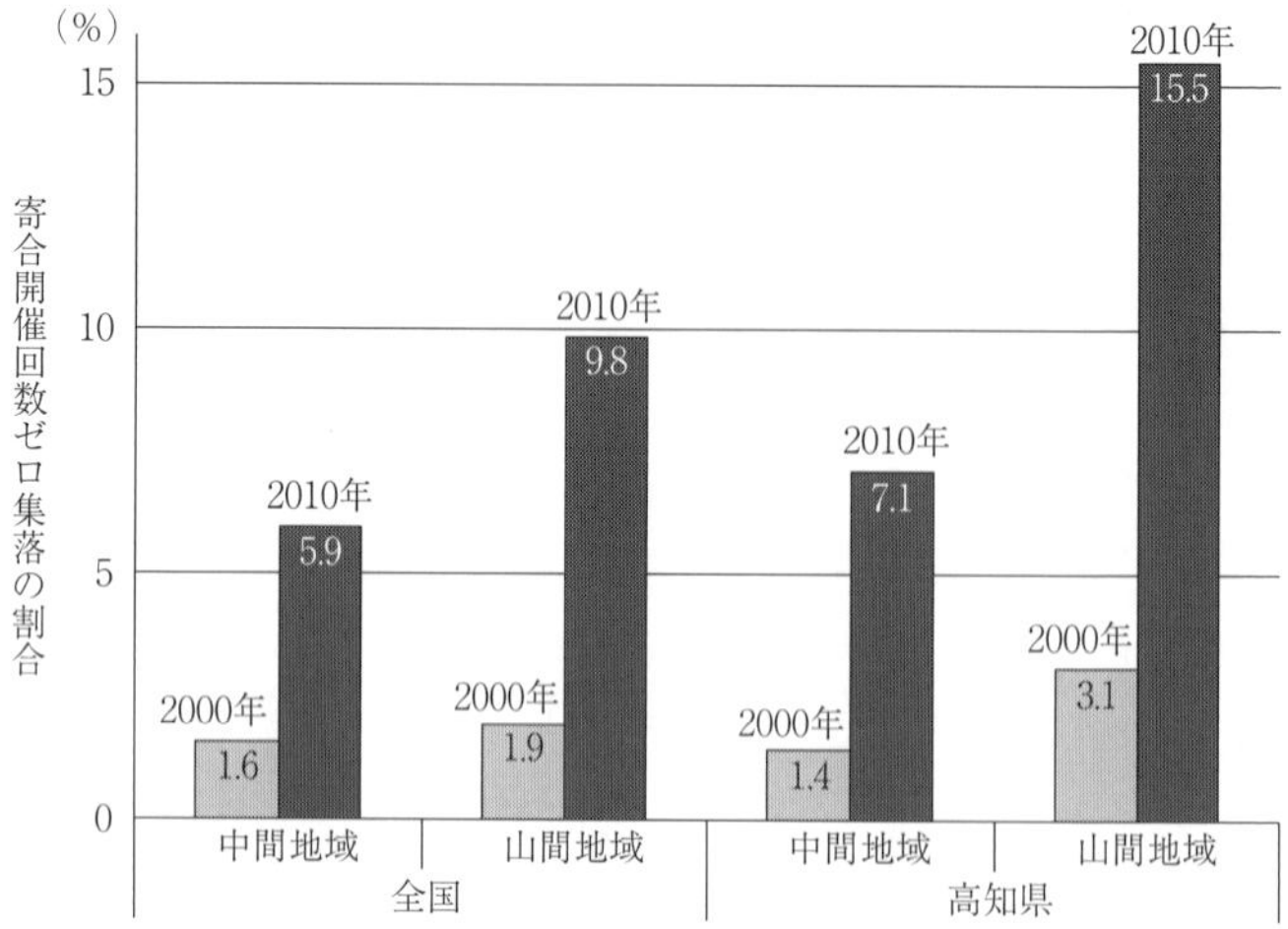

（出所）農林業センサス（各年）。

図4－4　寄合開催回数ゼロ集落の割合の変化（2000-2010年）

も進んでいる地域の一つとされる高知県の中山間地域において、壮年人口（三〇～六四歳の人口）の数と集落の寄合開催状況を比較したものである。三〇～六四歳といえば、集落の長となるには若いかもしれないが、地域活動の担い手として大いに期待される年齢層である。その壮年人口が五人を下回ると、寄合の回数が急減し、寄合を開催しない集落が一割を超えている。祭りなど集落行事は、集落内の社会的統合を図る上で重要なツールとされるが、それに関する話し合い率も壮年人口数五人を境に急減している。

以上は二〇〇〇年時点の数字だが、直近（二〇一〇年）の調査結果（図4-4）を見ると、こうした「集うことのない集落」はさらに増えている。高知県の中山間地域だけでなく、全国の傾向を見ても、「集うことのない集落」がこの十年間で四～五倍という勢いで増加している。

【「基礎的集団の空洞化」から「社会システムの空洞化」へ】

さらに、「基礎的集団（地縁集団）」の空洞化は、「機能集団」の活動に大きな影響を与える。

読者の周りでこういうことはないだろうか。「地区内に加工グループ、営農グループ、福祉グループなど団体はいくつかあるが、互いの連携がうまくいかず、ぎくしゃくしている」「地域のために意欲的に活動しているグループはあるが、地域から浮いた存在になっている」……。

先に書いたように、「基礎的集団（地縁集団）」は、原則として対象地域にある全世帯が参加しており、地域に定住する誰もが多かれ少なかれ帰属意識をもつ存在――すなわち地域のオーソリティ的存在である。「基礎的集団（地縁集団）」は、こうした地域のオーソリティとしての存在を根拠に、「機能集団」に対して地域における社会的認知を与えることができる。言い換えれば、その「機能集団」の存在や活動は決して私的利益のみを追求したものではなく、地域社会全体の利益を考慮して行われているものであり、地域住民にとって良い影響を与えるものであることを地域社会として認めたうえで、そうした評価を地域内で共有する役割をもっている。

図4-5に示したように、「基礎的集団（地縁集団）」が空洞化してこうした役割を果たせなくなると、「機能集団」に対して、「あれは○○が勝手にやっていることだ」という無関心や「○○は良からぬことを企てているらしい」などという誤解にもとづく噂などが蔓延し、相互不信や疑心暗鬼を生じてしまう。結果として、各々の「機能集団」が孤立化し、意欲の低下や活動の停滞を招いて

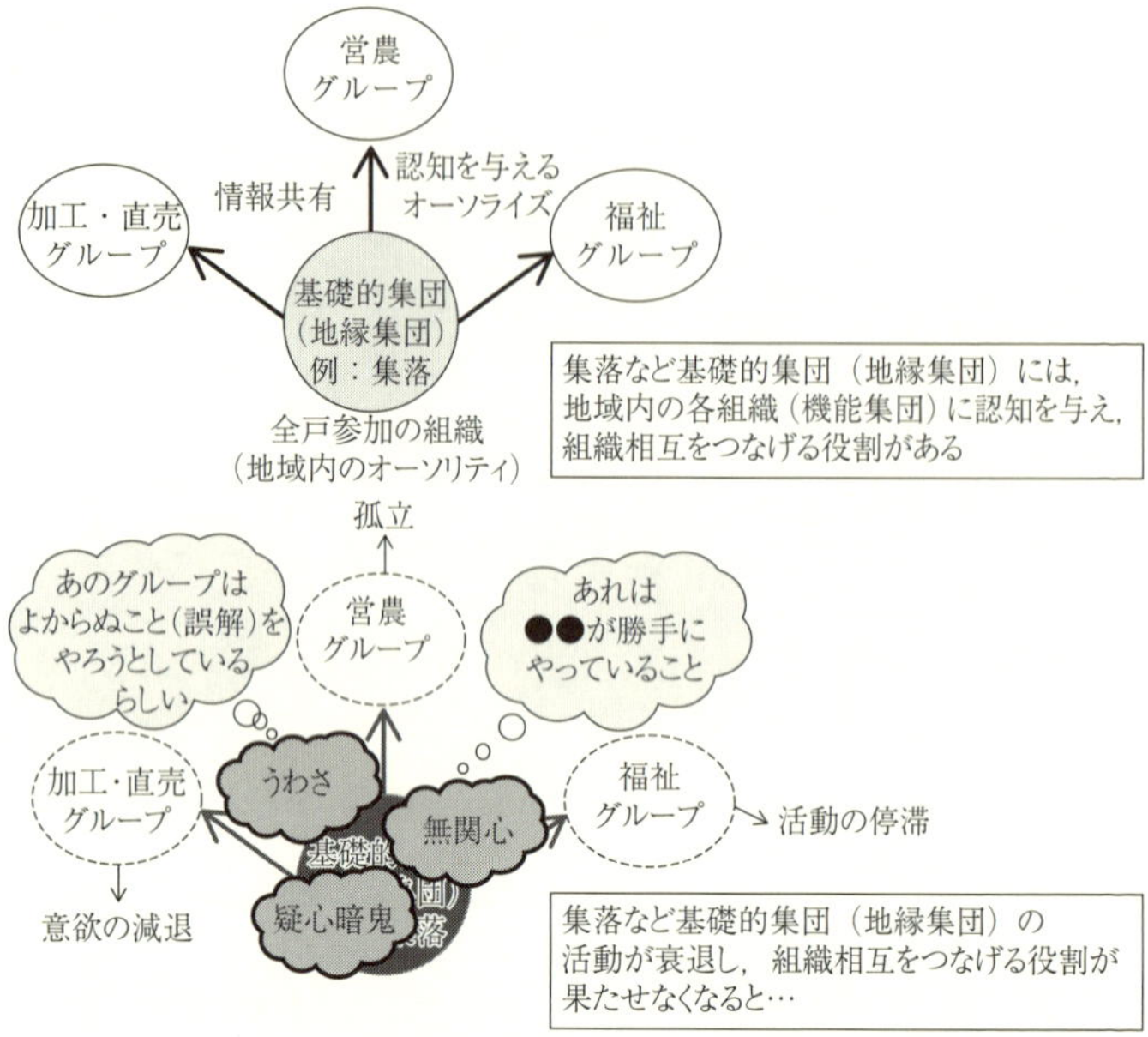

図４－５　地縁集団の脆弱化は機能集団の活動にも影響を及ぼす

しまう。

こうして「人の空洞化」が「家の空洞化」を生じ、やがて図4-2の右側の模式図のように、地域内の社会システム全体の空洞化にまで及んでしまうのである。

(3) 政治・経済システムの空洞化

政治・経済システムの担い手

従来、地域社会における政治システムは、市町村（市役所・役場やそれを司る市町村長、そして市町村議会）によって運営されてきた。市町村は、地域内の社会的統合を図る存在であると同時に、地域外（たとえば国や都道府県）と掛け合いながら行財政に必要な資源（財源、情報、技術など）を獲得し、地域内に投入していく役割を担ってきた。

経済システムについて言えば、農林漁家や各種事業者などシステムのコアに位置する担い手どうしが募ってＪＡ・漁協・森林組合など協同組合や商工会議所・商工会などを組織し、地域社会における経済システムを運営してきた。これらの組織は、農林漁家や各種事業者相互の連携を通じて地域内の経済的循環の活性化を図ったり、地域外とのさまざまな取引や交渉をマネジメントもしくはサポートするなどして、地域経済の持続発展に貢献してきた。

市町村・農協の統合再編

ところが現在、そのいずれもが地域社会の現場から縮小撤退を始めている。それを如実に示すのが、図4-6に示した市町村数と総合農協数の推移である。

市町村数は戦後一万以上を数えていたが、一九五〇年代に「昭和の大合併」と称される大きな統合再編があり、三分の一に減少した。その後約四〇年間は大きな動向は見られなかったが、二〇〇〇年代に入ると再び統合再編の波が起こり（「平成の大合併」）、十年足らずで市町村数は半減した。

総合農協数も一九六〇年頃までは一万以上組織されており、平均して「昭和の大合併」前の市町村に一つ以上総合農協が置かれていたが、一九六一年の「農業協同組合合併助成法」の施行を受けて「昭和の大合併」を追いかけるように統合再編が進み、一九九〇年頃には再び市町村数と総合農協数が並んだ。その後も総合農協の統合再編はとどまるどころか勢いを増し、現在では「平成の大

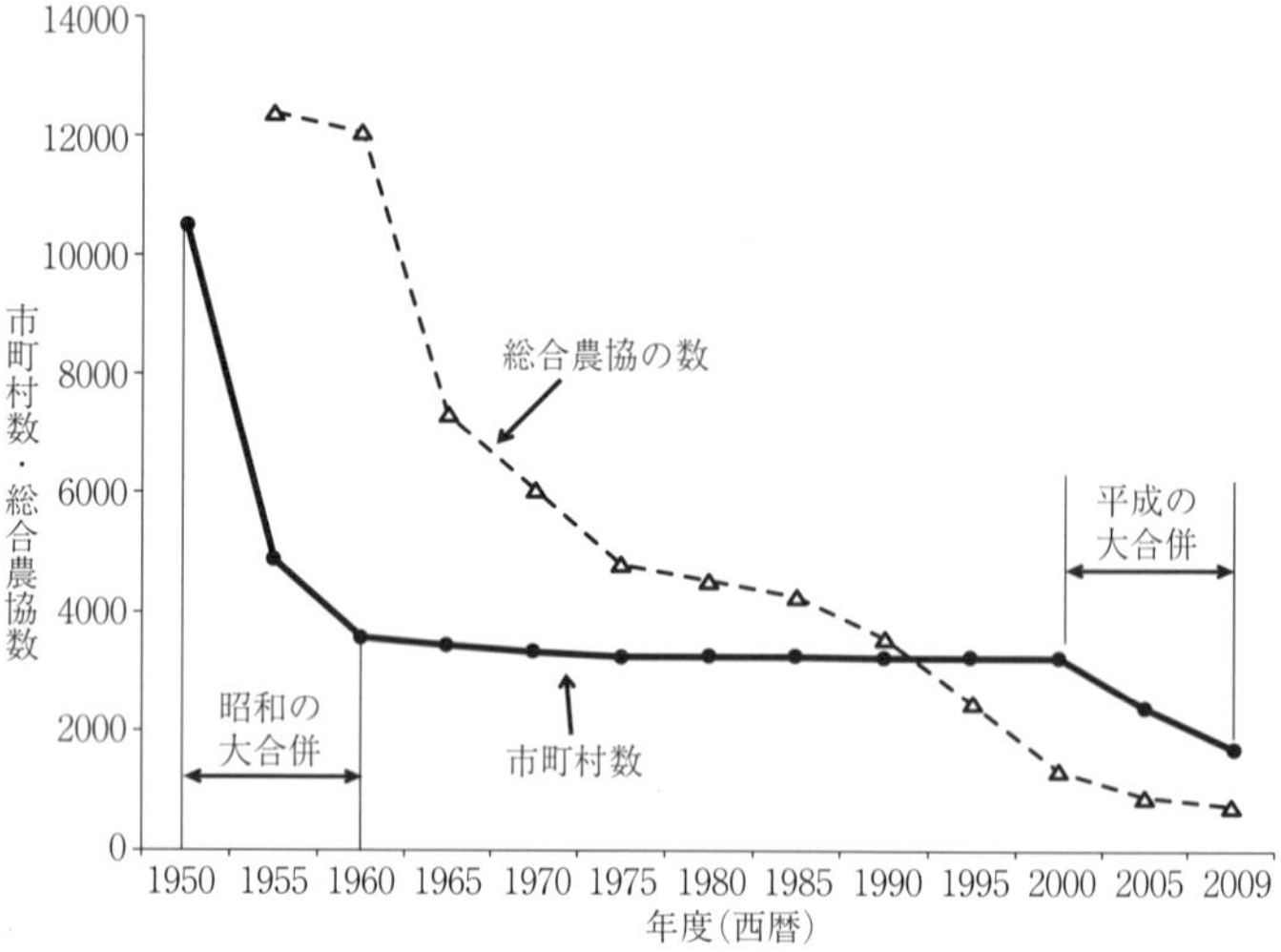

(注) ＪＣ総研 小林元研究員による作表をもとに加工。
(資料) 総務省国勢調査及び総合農協統計表,「農業・経済・金融・ＪＡグループ歴史と現況」農業情報調査会, 2011年。

図4－6 市町村数と総合農協数の推移

合併」で減少した市町村数の半分にも満たない。

このように、市町村は行財政基盤の強化や効率化を理由として、総合農協は信用・共済事業をはじめとした事業基盤の強化を目的として統合再編されていったのである。

市町村・農協の統合再編がもたらす影響：空洞化の連鎖現象

そして、こうした統合再編の影響は、都市部ではなく特に農山漁村において顕著である。統合再編後の本庁や本所は都市部に置かれることが多いため、農山漁村においては、市町村や総合農協の再編は政治・経済システムの中枢部が地域から縮小撤退することを意味する。また、市町村や総合農協の再編によって、市町村と総合農協の範域にズレを生じ、両者のヨコの連携が難しくなっているとの声も聞かれる。かくして、農山漁村における政治・経済システムの空洞化が進行している。

都市部に比べて自前の財政力や資本力が乏しく、政治・経済システムの渉外力に強く依存している農山漁村では、政治・経済システムの空洞化の及ぼす影響は大きい。

表4-1は、二〇〇〇年時点で人口五千人未満の過疎指定町村について、二〇〇〇年から一〇年にかけての人口の社会的増減を年齢層別に把握したものである。人間誰しも一年で一つずつ齢を重ねるので、たとえば二〇〇〇年時点で一〇~一四歳だった人は、二〇一〇年には二〇~二四歳となる。両者の人数を比較して、人数が増えていれば人口の流入があったこと、人数が減っていれば人口が流出したと解釈される。もちろん死亡による減少も考慮しなければならないが、若壮年層においてはその影響は限定的と考えられる。

全体を見ると、一〇~二〇代にかけて大規模な人口流出が発生している。進学・就職に伴うものと見られる。大学や専門学校など高等教育機関の確保が難しく、若年層の多様なニーズに対応した雇用機会が不足する農山漁村では、ある意味避けようのない現象である。

ただ、こうして他出した層も、三〇代に差し掛かるとUターンを考える者が増えてくる。また近年では、若年層の一部に、農山漁村に自らの新たな可能性を求めてIターンする動きがある。こうした層の受け皿となれるかが農山漁村の町村の持続可能性を左右すると言える。

表４－１　過疎地域の各町村の年齢層別人口増減率（2000 年→ 10 年：コーホート）

（単位：%）

年齢層 2000 年→ 2010 年	全体	（2000 年時点で）人口 5000 人未満の過疎指定町村						
		「平成の大合併」への対応						
		合併せず	合併して旧町村に	合併後の新市町村に占める人口の割合				
				5 %未満	5 %以上 10%未満	10%以上 20%未満	20%以上 30%未満	30%以上
該当町村数	601 町村	163 町村	438 町村	193 町村	92 町村	81 町村	32 町村	40 町村
0～4 歳 → 10～14 歳	▲2.7	▲5.4	▲1.7	▲4.0	▲0.6	0.7	▲3.1	0.4
5～9 歳 → 15～19 歳	▲29.1	▲30.0	▲28.8	▲31.7	▲30.7	▲28.1	▲30.0	▲14.4
10～14 歳→ 20～24 歳	▲58.5	▲53.8	▲60.2	▲60.0	▲59.5	▲62.5	▲60.1	▲57.5
15～19 歳→ 25～29 歳	▲41.2	▲31.1	▲44.5	▲44.0	▲43.3	▲45.8	▲48.3	▲43.8
20～24 歳→ 30～34 歳	▲4.5	3.6	▲7.6	▲14.5	▲2.2	▲3.7	▲7.4	▲0.5
25～29 歳→ 35～39 歳	▲9.8	▲8.5	▲10.4	▲14.9	▲5.8	▲8.4	▲15.0	▲3.1
30～34 歳→ 40～44 歳	▲6.4	▲7.5	▲5.9	▲9.1	▲1.6	▲4.4	▲8.1	▲4.5
35～39 歳→ 45～49 歳	▲5.5	▲6.2	▲5.3	▲7.4	▲2.9	▲4.1	▲4.9	▲5.0
40～44 歳→ 50～54 歳	▲3.9	▲3.8	▲4.0	▲5.4	▲1.7	▲4.2	▲4.5	▲2.8
45～49 歳→ 55～59 歳	▲2.7	▲3.0	▲2.6	▲3.8	▲0.6	▲2.0	▲4.1	▲2.5
50～54 歳→ 60～64 歳	▲3.0	▲5.7	▲2.0	▲3.4	▲0.7	▲0.5	▲3.8	▲1.4
55～59 歳→ 65～69 歳	▲5.3	▲9.2	▲3.9	▲5.1	▲2.6	▲2.9	▲5.3	▲3.6

（出所）国勢調査。

この点、「平成の大合併」期に合併をせずに単独で残った町村では、三〇代前半（二〇一〇年時点）で若干なりともプラスに転じている。一方で、「平成の大合併」期に合併を行って新しい市町村の一部となった（旧）町村では、「平成の合併」を行わなかった町村に比べて回復力が弱く、いずれの年齢層でもプラスに転じることはない。

都市部の自治体も含めて大型合併をした（旧）町村ほど事態は深刻である。合併後の新市町村に占める人口の割合が五％未満の（旧）町村では三〇代（二〇一〇年時点）ですら一四～五％の減少を見せており、若者のU・Iターンの受け皿になるどころか、さらなる若者の流出を招いている。

こうした人口動態に「平成の合併」がどの程度影響を及ぼしたかについては、今後、実態調査を含めて詳細な検討作業が必要だが、市町村の統合再編による「政治システムの空洞化」が「人の空洞化」をもたらしていることが強く示唆される分析結果である。前項で解説したように、「人の空洞化」は「家（家族）の空洞化」、「基礎的集団（地縁集団）の空洞化」、最終的には「社会システムの空洞化」をもたらす。「空洞化」の連鎖現象である。

(4) 地域社会の「三つの空洞化」に立ち向かうために

このように農山漁村では、まず、地域住民相互の社会的関係を支えてきた集落（基礎的な地縁集団）が人口減・高齢化による担い手の減少に伴って脆弱化し、つづいて地域の政治・経済システムを支えてきた市町村（市役所・町村役場など）や協同組合が、合併・再編に伴って次々と地域の最前線から撤退した。

地域社会を構成する各々のシステムは、地域社会におけるさまざまな主体を総合し、それによって生まれた総合力をもとに地域の外へと働きかける役割を担ってきた。しかし、地域社会における三つのシステムの空洞化は、地域社会の総合力を確実に低下させる。ただでさえ担い手の減少により地域の各種事業や活動の維持存続が厳しくなる中で、それらを総合する力すら失えば、地域社会そのものの維持存続が危うくなる。

空洞化した社会・政治・経済の各システムを元通りに復旧できれば良いのだが、それはきわめて困難である。人口減・高齢化をいますぐに止めることは難しいし、市町村や協同組合の合併をご破算にして、役場や協同組合の体制を元に戻すことも、現実問題として難しい。

しかし現場レベルでは、単に元あった組織を原状回復するのではなく新たな形で空洞化した社会・政治・経済システムの再構築を図るための実践が始まっている。次節では、現場での実践例から、空洞化した三つのシステムを再構築するためのヒントを抽出してみたい。

2　社会・政治・経済システムの再構築に向けた対応策

⑴　新たな広域的地域マネジメント組織の設立による対応——広島県安芸高田市川根地区

活動の経緯

広島県北部の中山間地域に位置する安芸高田市。その北端にある川根地区（二三二世帯・人口五三一名：二〇一二年時点）は、昭和合併前の旧村（川根村）であり、かつては地区を単位とした農協（川根農協）もあったが、現在は市町村合併や農協の統合再編によっていずれも存在しない。ただ、旧村・小学校区の単位として住民の川根地区への帰属意識は高く、集落へのそれと拮抗する（図4-7）。

険しい山間にあり市街地へも遠いことから人口減・高齢化が急激に進行し、二〇一二年三月末時点で高齢化率は四五・二%となっている。地区は一九集落に分かれているが、なかには人口が二〇名を下回る小規模集落も少なくない。高齢化率が八〇%以上に達した集落も三つあり、三世帯五名という集落もある。こうした集落では、葬儀に係る互助すら単独ではままならない状況にある。

振興協議会の歴史は四十年以上前に遡る。一九七二年二月、地区の有志が集まって「川根振興協議会」が設立されたが、その半年後、川根地区一帯を襲った集中豪雨は江の川を氾濫させ、地区全体が長期間にわたって陸の孤島として取り残された。このとき、「役場はなにもしなかった。自分でなんとかしなければ地域は守れない」という思いが地域住民の心に強く刻まれたという。これがきっかけとなり、一九七七年にはそれまでの有志参加による組織から地区内全戸参加の組織への移行を果たし、現在の振興協議会の原型が整った。

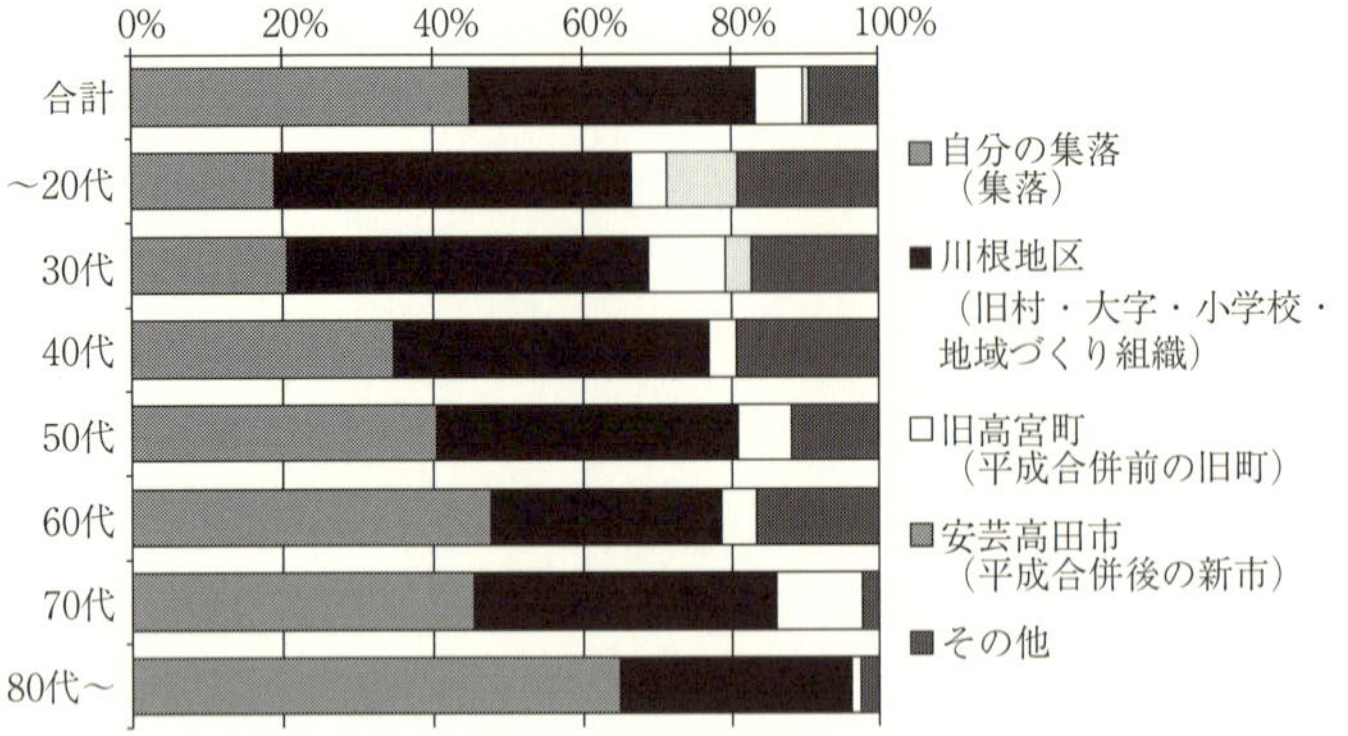

（注）18歳以上の全住民を対象に設問文「以下の地域の単位のうち、自分にとって、もっとも親しみを感じるのはどこですか」として、集落・旧村・大字・小学校・地域づくり組織の単位・平成合併までの旧町・平成合併以降の新市等を選択肢として提示し、択一式で回答を求めた。2007年9～10月に実施。

図4－7　住民の地区・集落に対する帰属意識
（広島県安芸高田市川根地区）

振興協議会の体制

現在の振興協議会は、図4-8のように、三役会、部会の部長・副部長が加わった役員会、地区内の集落（行政区）代表や各種団体から構成される委員総会、さらに総務部・農林水産部など八部会から構成されている。部会は集落（行政区）からの推薦者などで構成されており、非高齢者や女性の積極的な参加も見られる。運営資金は、会費（一世帯あたり年間一五〇〇円）のほか、行政からの財政支援（年間百万円程度）、その他住民からの寄附等で賄われている。

活動内容

八つに分かれた部会の名称を見てもわかるように、振興協議会は多岐にわたる活動を行っている。

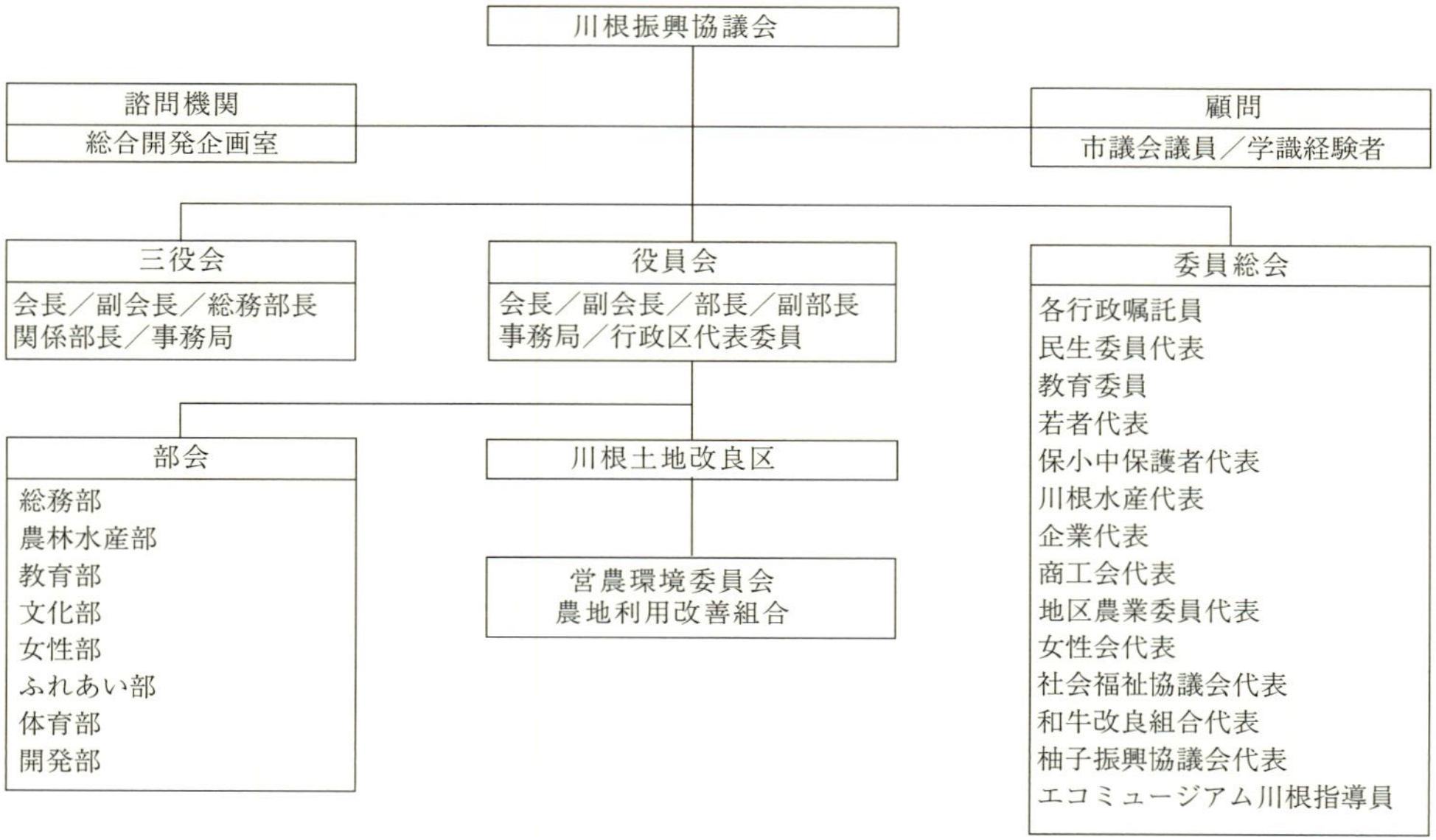

（注）安芸高田市提供資料による。

図４－８　川根振興協議会の組織構成

ふれあい部は地域福祉活動を担当し、給食サービス、サテライト型デイサービスを、特別養護老人ホームと協力して毎週行っているほか、一日一円募金、小学生と高齢者との交流活動なども行っている。現在は、放課後児童保育や過疎地有償運送も行っている。

文化部は、地域に古くから伝わる「はやし田植え」の継承活動を行っている。「はやし田植え」はその年の豊作を祈願して行われる田植え行事であり、以前は集落ごとで行われていたというが、担い手の減少で続けられなくなったため、振興協議会が引き継いだ。ポイントは、地区の中心集落で開催するのではなく、毎年、端々も含めて地区内の集落を巡回しながら開催している点である。上述の三世帯五名の集落など極度に零細化した集落でも、振興協議会の呼びかけで地区ぐるみで支援することで開催につなげており、集落住民の誇りや安心感の醸成につながっている。

振興協議会は地区としての対行政窓口ともなっている。

一九九二年、廃校となった川根中学校の跡地に宿泊交流施設「エコミュージアム川根」がオープンした。振興協議会は施設整備の企画段階から関わり、十年に及ぶ地区住民どうしでの話し合い、行政との協議を経て、整備計画をまとめあげた。

また、義務教育終了までの子供がいる家族を対象にした公営住宅「お好み住宅」は、地区の定住者確保、小学校の維持存続に向けた施策として振興協議会が提案し、実現に至った事業である。入居者が自由に間取りを設計できるうえに、二〇年間居住するとほぼ無償で払い下げを受けることができる制度であり、これまでに二三戸が完成し、約七十人が居住している。

次に紹介する活動も、主として振興協議会が関わるなかで行われている。

一つは、生活施設の運営など地域インフラの維持である。地区にあった農協の購買店舗・ガソリンスタンドが廃止されることになった。このまま廃止されれば、住民は遠く離れた市街地に買い物や給油に行かねばならず、特に高齢者など交通弱者にとっては死活問題となる。そこで振興協議会が主導して、住民から一世帯あたり一〇〇〇円の出資金を集め、地域で施設を引き継いだ。

二つは、地域農業への関わりである。組織図（図4-8）において役員会の下に土地改良区が記されているように、振興協議会と土地改良区が密接に連携をとりながら地区の圃場整備を進めてきた。圃場整備が完了した後は集落営農の法人化に取り組み、二〇〇八年に「農事組合法人かわね」を設立。さらに、中山間地域等直接支払制度への対応では、振興協議会が調整役となって地区で協定を一本化し、交付金全額を地区共同活動に充てている。

三つは、地域経済の活性化である。地区内の柚子加工場にて、地域特産の柚子を活用した特産品を加工販売しているほか、上述の「エコミュージアム川根」も、振興協議会などが出資する運営協議会が指定管理者として運営管理を行っている。

紙幅の関係で割愛するが、振興協議会はこのほかにも、敬老会、運動会、地域学習会、沿道の景観保全活動など、多種多様の活動を展開している。

地域社会の空洞化への対応

では、振興協議会の取り組みは、空洞化した社会・政治・経済システムの再構築に向けてどのような役割を果たしているのだろうか、整理してみよう。

【社会システムの空洞化への対応】

振興協議会は、集落、地域内の諸組織、地域内の多様な人材どうしを接続し、支えるプラットフォーム（土台）として社会システムの再構築を図っている。

○地域のオーソリティ的存在として地域の基軸的役割を担う

振興協議会には地区内の全世帯が参加しており、地区に定住する誰もが多かれ少なかれ帰属意識をもつ対象となっている。振興協議会は地域のオーソリティ的性格を有し、脆弱化しつつある集落に代わって、地域内を統合し、地域の基軸的役割を果たす新たな主体となっている。

○集落どうしをつないで支える

零細かつ高齢化した集落が多く、集落単位では従来の活動を維持するだけで手一杯のところ、一九集落が連携して振興協議会を設立することにより、後述のような生活保全・農地保全に関する活動など、多岐に渡る活動を新たに展開している。

こうした旧村・小学校区単位の新たな組織の設立は集落の統合を図るものとして誤解されがちだが、振興協議会設立後も、葬式の互助など既存の集落単位の活動はそのまま維持されており、統合消滅したわけではない。

また、地区の中心部への集約を図るための取り組みでもないことに注意されたい。「はやし田植え」の開催方法などを見ても分かるように、振興協議会はむしろ末端の零細かつ高齢化した集落を支えようと努めている。また、圃場整備に際しても、あえて末端の集落を最初の工区に設定するなど配慮している。

○地域内の諸組織をつなぐ

振興協議会の委員総会には、集落（行政区）を含め地区内の各種団体が含まれている（図4-8）。振興協議会を結節点として地区内の諸組織どうしの情報の共有、事業の連携が可能となっている。さらに言えば、振興協議会は、前述の地域のオーソリティ的性格を根拠に、「機能集団」に対して地域における社会的認知を与えることができる。

○地域内の多様な人材を引き出す～女性や若者の主体的参画

振興協議会は地区内の全集落（行政区）が関わってはいるが、決して単なる集落連合組織ではない。集落の連合組織であれば集落の代表が役員を務めるところだが、役員は集落の代表とは別途選出されており、部会には女性や若者の主体的な参画も見られる。

一般的に集落は世帯単位で構成されており、意思決定に携わるのは世帯主であることがほとんどである。よって、世帯主の属性（男子・高齢者）から遠い女性や若者は、集落としての意思決定には関わりづらい。ただでさえ人口が減少する中で、男性高齢者だけでは行動力・発想力ともに限界があり、女性や若者の力を引き出すことが地域の維持存続には不可欠である。

【政治システムの空洞化への対応】

振興協議会は、昭和合併前の旧村ないし学校区単位の「小さな役場」として政治システムを再構築する役割を担っている。

○活動の総合性

総務部・農林水産部など部会の構成は役場の組織構成に近く、産業振興から教育文化、社会福祉など幅広い分野をカバーしている。役場に比べて対応能力や権限の差こそあれ、地域の課題への総合的な対応が可能な組織となっている。

○相互扶助組織としての公共性

振興協議会は、地域福祉活動を担当するふれあい部を中心に、地域内の相互扶助組織として公共性の高い活動を数多く行っている。振興協議会の会長を務める辻駒健二氏は、「おかげさま」「お互いさま」精神、すなわち地域内の互酬性が活動の根底にあると強調する。

○行政との協働的な関係構築

振興協議会は地域の対行政窓口として、地域を代表して行政との「パイプ役」を担っている。その背景には、第一に旧村・小学校区として住民の帰属意識の対象である地区を単位に設立された組織であること、第二に地区内の全世帯が参加する組織として地域のオーソリティ的性格を有していることが挙げられる。

また、「エコミュージアム川根」や「お好み住宅」の例を見てもわかるように、行政の手足となって動くのではなく、地区側で施策をまとめて行政に提案し、地域の施策につなげている点が特徴的である。すなわち、「パイプ役」といっても、行政から住民へ一方向に情報や意向を流すのではなく、住民側から行政に向けて情報や意向を発信する役割も担っている。


【経済システムの空洞化への対応】

振興協議会は「小さな農協」としての性格をもち、経済システムを再構築する役割を担っている。
○農業における協同活動への対応
この点は、第一に圃場整備や集落営農など地域農業への積極的な関与に象徴される。圃場整備や圃場整備完了後に実施した集落営農の法人化では、実質的に振興協議会が旗振り役となった。振興協議会は実質的に地域農業のマネジメント主体としての役割を担っていると言える。
○JAの店舗を継承
第二に、農協が運営していた購買店舗・ガソリンスタンドを継承した点が指摘される。店舗単体で採算を考えれば割に合わないが、それでもあえて引き継いだのは、高齢者など交通弱者が地区内で生活していくうえで欠かせない生活インフラとしての価値を評価してのことであろう。こうした地域住民の生活をふまえた総合的な経営判断を下せるのは、振興協議会が地区内

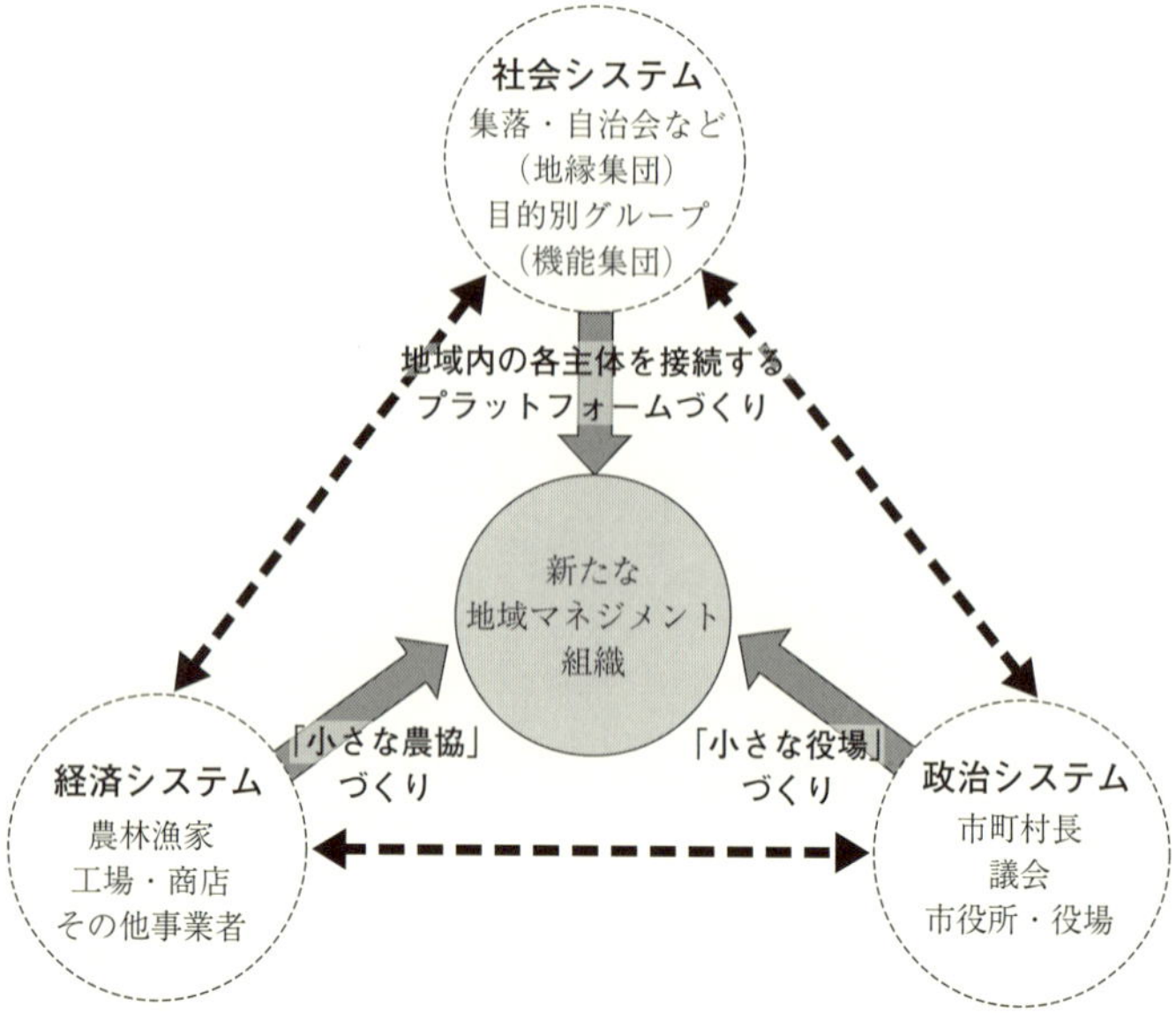

図４−９　新たな広域的地域マネジメント組織の位置づけ

の経済システムのマネジメント主体としての役割を担っているからだと言える。

先に書いたように、市町村や協同組合の合併をご破算にして、役場や協同組合の体制を元に戻すことは難しい。そこで川根地区ではそれに代えて、旧村・小学校区を単位に、基礎的集団である地縁集団（集落）をベースにした新たな広域的地域マネジメント組織（川根振興協議会）を設立し、①社会システムの再構築（新たな広域的地域マネジメント組織＝地域内のさまざまな主体を接続するプラットフォーム）、②政治システムの再構築（同＝昭和合併前の旧村ないし学校区単位の「小さな役場」）、③経済システムの再構築（同＝「小さな農協」）を図っている。

こうした広域的地域マネジメント組織の地域社会システムにおける位置づけを図に示すと、図4-9のようになる。たしかに規模や能力は従来の役場や協同組合にかなわないが、旧村・小学校区という、住民の手の届く範囲であり、かつ住民の帰属意識の対象となっている地域単位において、住民自身の力で、従来のシステムを代替補完する新たな仕組みが作られつつある。

かつて川根地区を単位に役場や農協があったことを考えれば、当時の地域社会システムを再構築する取り組みと評価することもできよう。ただし、女性や若者の主体的参画、行政との協働的な関係構築、集落営農など新たな政策への対応などを見てもわかるように、単なる復古主義でないことに注意を払う必要がある。

(2) 新たな広域的地域マネジメント組織設立の全国的展開

川根振興協議会は約四十年来の取り組みだが、近年、川根振興協議会と同様に、旧村・小学校区等を拠り所に「小さな役場」「小さな農協」としての性格をもつ新たな広域的地域マネジメント組織を設立し、社会・政治・経済システムを再構築しようとする動きが広がりつつある。

他地域の取り組みから

【山口県周南市大潮地区（旧村・旧小学校区の七集落・九九世帯・人口一九一名：二〇〇八年時点）】

著しい人口減・高齢化（二〇〇六年時点で高齢化率・六九・六％）により、二〇〇二年に筆者が調査した際には七集落中五集落で寄合が開催されておらず、集落単位の「基礎的集団（地縁集団）の空洞化」が進行していた。一方で大潮地区を単位とした有志組織が農産物の加工直売や体験農園の開設など地域づくり活動を展開していたが、地域活動としての位置づけが曖昧であるために地区住民からの認知が十分得られず、参加の輪はなかなか広がらなかった。そのため、メンバーの負担感が強まり、活動の行き詰まり感も見られた。

そこで二〇一〇年に、集落も含めた地区内諸組織の結節組織として「大潮の里をまもる会」（図4-10）を設立（小さな役場）。中山間地域等直接支払制度の集落協定を地区単位に一本化して交付金の一部を「まもる会」の活動経費に充当したほか、地域内の農地を守るしくみとして、二〇一一年に農事組合法人「ファーム大潮」を設立した（小さな農協）。

二〇〇二年時点では、七集落中五集落で寄合が開催されていなかったが、「大潮の里をまもる会」設立後の調査では、このうち二集落で寄合が復活するなど、集落単位の「基礎的集団（地縁集団）の空洞化」も改善の兆しを見せつつある。

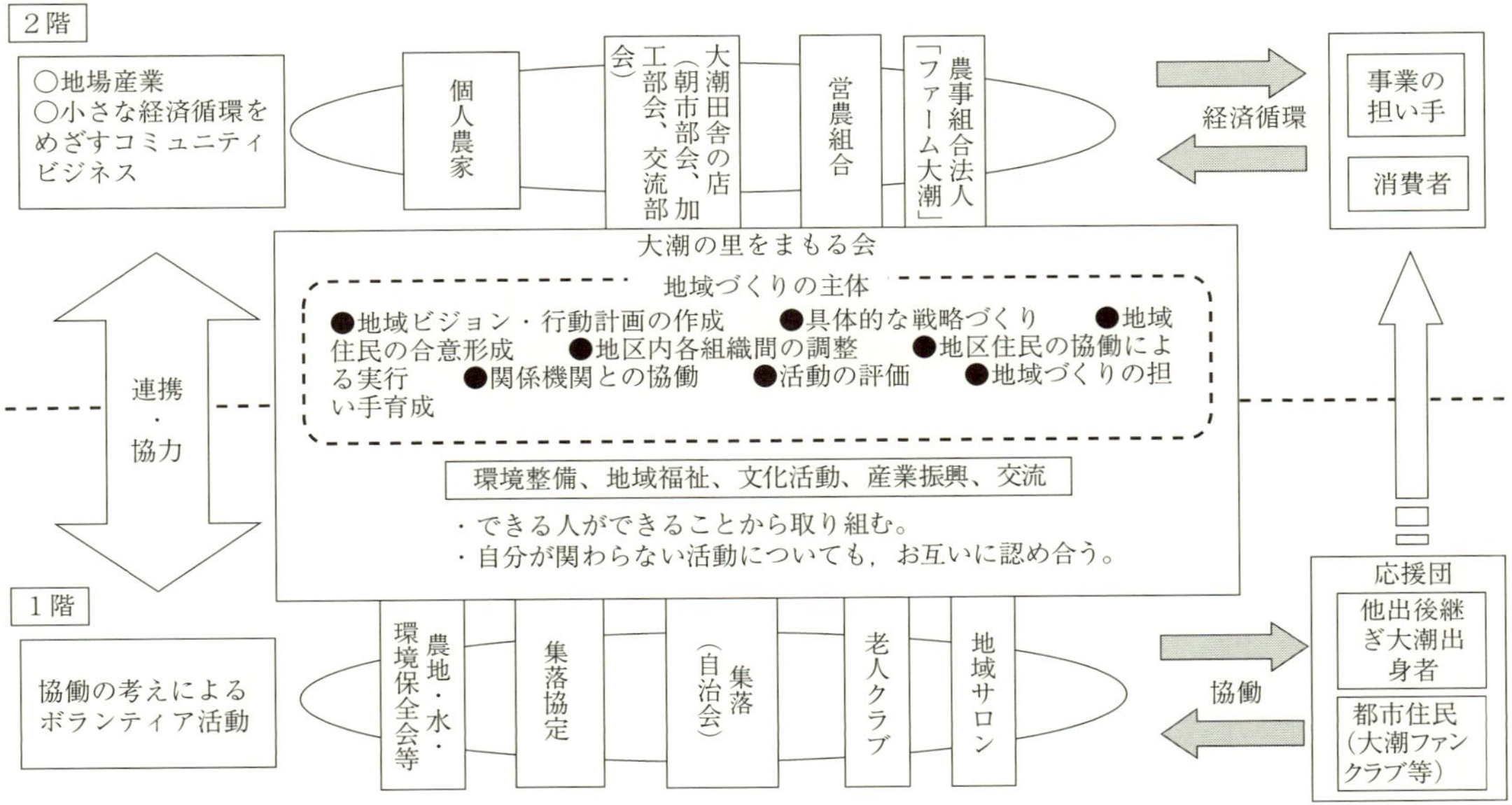

（出所）「大潮の里をまもる会」提供資料をもとに加工。

図４−10　大潮地域の組織関連図

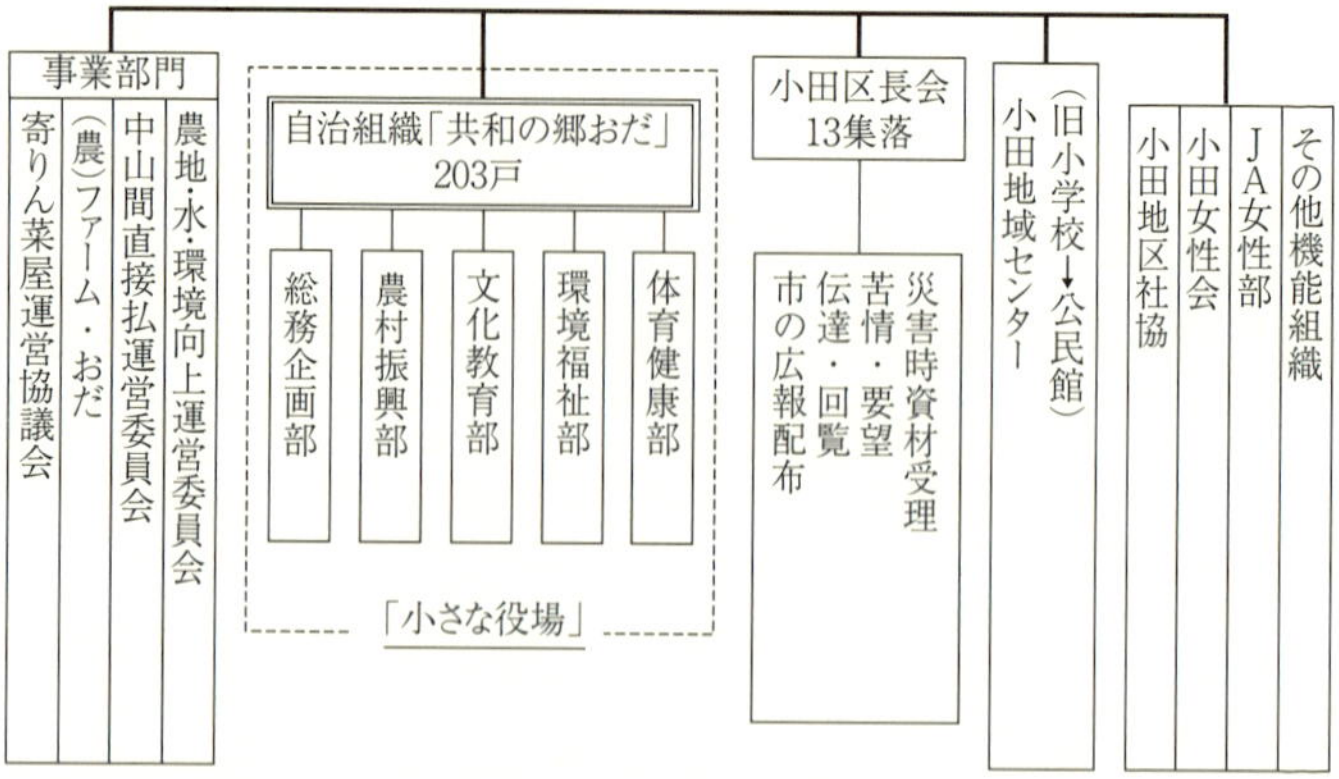

（出所）自治組織「共和の郷おだ」と他組織の関係図（吉弘昌昭氏作成）より加工転載。

図4-11　2011年現在の地域自治組織「共和の郷おだ」の組織図

【広島県東広島市小田地区（旧村・旧小学校区の一三集落・二三七世帯・人口五九八名：二〇一一年時点）】

市町村合併（合併前は河内町）や小学校の統廃合計画に伴う地域の空洞化への危機感から、地区内の一三集落を巻き込んで全戸加入の自治組織として「共和の郷おだ」を設立（小さな役場）。川根振興協議会と同様、総務企画部・農村振興部・文化教育部・環境福祉部・体育健康部に分かれて総合的な地域活動を展開している（図4-11）。

さらには集落営農法人「農事組合法人ファームおだ」を設立（小さな農協）。「共和の郷おだ」の後ろ盾があることで、地区内の大半の農地をスムーズに集積（地区内の九割近い農家が参加、地区内全耕地の約七割にあたる八二ヘクタールを集積）、耕畜連携のほか、野菜部門への展開による複合化、加工部門（餅・味噌・米粉パン）への展開による多角化などに取り組んでいる。このうち、米粉パンの製造販売には二〇代女性三人が携わるなど、後継世代の雇用確保も図っている。

【高知県四万十市大宮地区（旧村・旧小学校区の三集落・一三五世帯・二八五名／二〇一四年時点）】

川根地区と同様、二〇〇四年に農協直営の店舗・ガソリンスタンドの廃止計画が明らかとなった。地区住民総出の反対運動もかなわず、翌年には廃止が決定した。そこで地区は、住民出資の「株式会社大宮産業」（小さな農協）を設立し、店舗とガソリンスタンドの経営を引き継いだ。さらに、地区産の米の集荷・販売（昨年度実績で約三十トン）、野菜の集出荷（市内の直売所に出荷）などを行っている。店を切り盛りするのは二〇代の若者二人（うち一人は正社員）と六〇代のパート職員一人。住民出資の株式会社は、若者の雇用の場にもなりつつある。

その後、活動の総合的展開を目指して、集落や地域内諸組織との接続に注意を払いながら一年間かけて周到に準備を重ねた後、二〇一三年に「大宮地域振興協議会」を設立（小さな役場：図4-12）。現在は農産物の加工、集落営農、都市農村交流、高齢者支援などの事業化に向けて準備を進めている。若者の参画を図るために設けた若者部会では、二〇〜四〇代の若者一一名がピザ窯づくりなど地域の活性化に向けて取り組んでいる（五〇〜五五ページ参照）。

以上のように、大潮地区・小田地区・大宮地区ともに、順序の差こそあれ、①人口減・高齢化による集落の脆弱化（地域の社会システムの空洞化）、②協同組合の地域からの撤退（経済システム

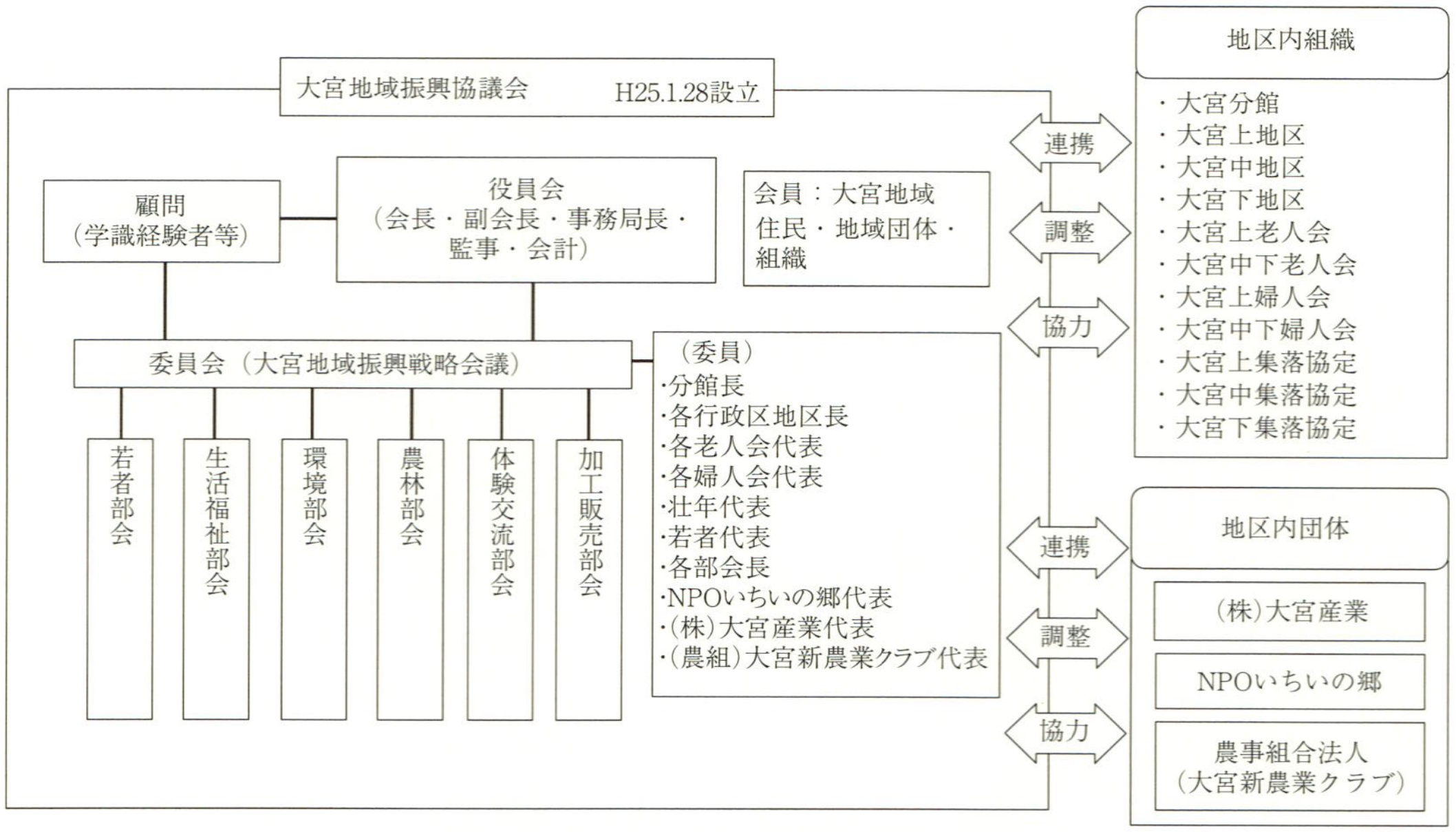

大宮地域振興協議会
H25.1.28設立
顧問
（学識経験者等）
役員会
（会長・副会長・事務局長・
監事・会計）
会員：大宮地域
住民・地域団体・
組織
委員会（大宮地域振興戦略会議）
若者部会
生活福祉部会
環境部会
農林部会
体験交流部会
加工販売部会
（委員）
·分館長
·各行政区地区長
·各老人会代表
·各婦人会代表
·壮年代表
·若者代表
·各部会長
·NPOいちいの郷代表
·（株）大宮産業代表
·（農組）大宮新農業クラブ代表
連携
調整
協力
地区内組織
・大宮分館
・大宮上地区
・大宮中地区
・大宮下地区
・大宮上老人会
・大宮中下老人会
・大宮上婦人会
・大宮中下婦人会
・大宮上集落協定
・大宮中集落協定
・大宮下集落協定
連携
調整
協力
地区内団体
（株）大宮産業
NPOいちいの郷
農事組合法人
（大宮新農業クラブ）

図4-12　大宮地域振興協議会の組織図

の空洞化）③市町村合併（政治システムの空洞化）への危機感から、(i)旧村・旧小学校区など既存の地域単位をベースに、(ii)若者や女性も含め多様な主体の参画を図りながら、(iii)地区内の集落（地縁集団）や各種組織（機能集団）を包摂する受け皿として、新たに広域的地域マネジメント組織（「小さな役場」「小さな農協」）を設立している点で共通している。

全国的動向に関する調査結果

では、こうした取り組みは全国でどの程度広がっているのだろうか。二〇一二年から一三年にかけて、筆者らは全市区町村を対象にアンケートを実施し、旧町村や学校区など一定の区域に設置された新たな広域的地域マネジメント組織(3)の設置状況を調査した(4)。

その結果、回答のあった一二九〇市区町村のうち三七二市区町村にて、新たな広域的地域マネジメント組織が設置されていることがわかった。

全国的な分布を見ると（図4-13）、首都圏や近畿南部および北海道や沖縄県ではあまり設置が進んでいないが、それ以外の地方では広く設置が進んでおり、特に中国地方のほか、東北・九州地方の各県で盛んである。

さらに組織の設置時期について見ると（図4-14）、二〇〇〇年代に入ってから設置が急速に進んだことがわかった。特に、この期間に市町村合併を行った市町村において設置が進んでいる。ちょうどこの時期は、市町村合併（平成の大合併）や農協の統廃合が進み、さらには人口減・高齢化に

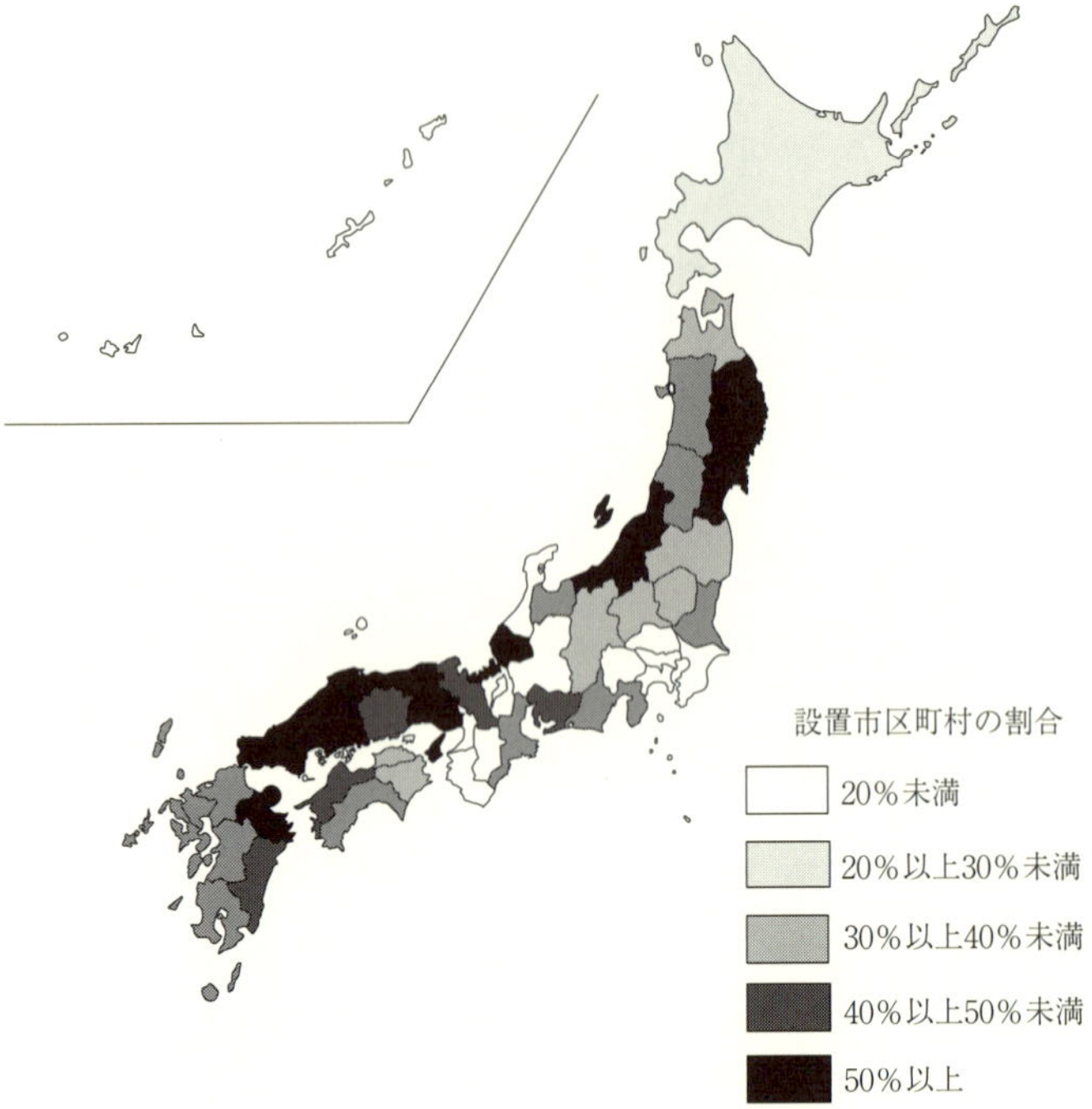

図 4 -13　組織の設置市区町村の割合

伴う集落の脆弱化が進んだ時期でもある。地域における社会・政治・経済システムの空洞化への危機感から、こうした取り組みが急速に広がったと考えられる。

※　　※

日本全体の人口が減少局面に入った現在、農山漁村の人口減少を食い止めることはきわめて困難である。しかし、地域の力は人口だけで決まるものではない。重要なのは、地域内の人、家、および集落など基礎的集団（地縁集団）、ならびに機能集団と呼ばれる各種団体やグループが、それぞれどれだけ力を発揮

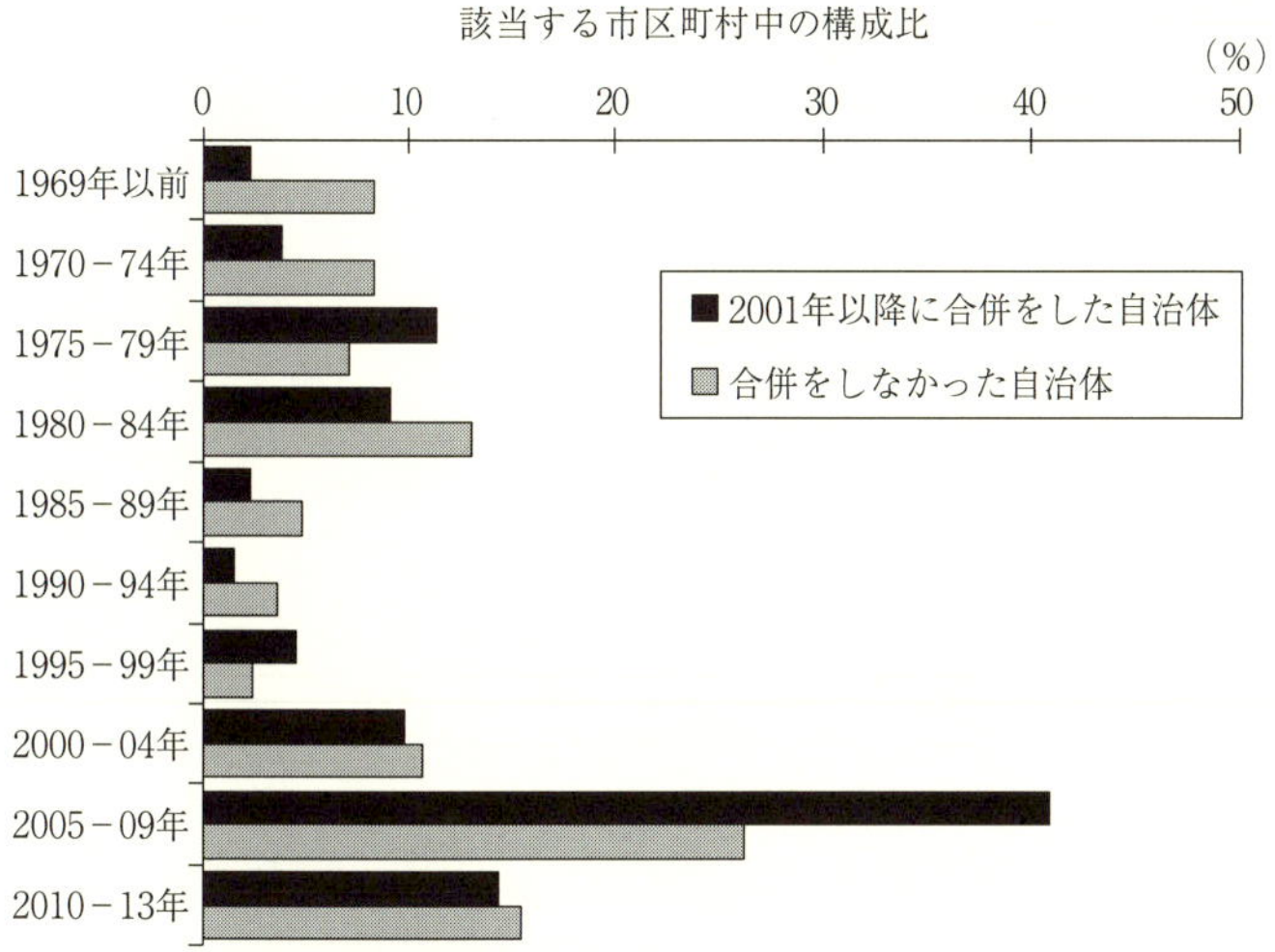

図4-14　組織の設置時期
（市区町村で新たな広域的地域マネジメント組織が最初に設置された年合併の有無別）

し、相互に連携協力し合えるかではないだろうか。

その意味で、地域社会における「三つの空洞化」への対応として、「小さな役場」「小さな農協」など広域的な地域マネジメントの枠組みをつくり、社会システムを再構築しようとする取り組みは、疲弊する農山漁村の取り得る新たな一手として期待される。

(注)

（1）神野直彦・澤井安勇編［二〇〇四］『ソーシャル・ガバナンス』東洋経済新報社、二～一六頁。

（2）小田切徳美［二〇〇九］『農山村再生』岩波書店、三頁。

（3）アンケートの設問では、新たなマネジメント組織のことを「校区あるいは旧町村などの一定の区域に設置された、地域課題の解決やまちづくりなどを行っているほぼ全世帯を構成員とする組織」と定義した。さらに「地方自治法もしくは合併特例法にもとづいて設置された地域自治区・合併特例区」も調査対象に加えた。

（4） 調査結果の詳細は、坂本誠・小林元・筒井一伸［二〇一三］『全市区町村アンケートによる地域運営組織の設置・運営状況に関する全国的傾向の把握』ＪＣ総研ＲＥＰＯＲＴ、vol.27、二八～三三頁を参照されたい。

コラム　雲の上の町　ゆすはら

自然を活かしたまちおこしに取り組み、全国的にも注目を集めている高知県梼原町《ゆすはら》を訪ねました。梼原町は、四万十川の源流域に位置し、町面積の九一％を森林が占めているため、夏でも朝晩は大変清々しい空気に包まれています。町行く人も、気軽に挨拶を交わしてくれて、大変親しみやすいところです。まずは、梼原町中心部に位置する梼原町総合庁舎を訪ね、まちおこしの取り組みについて話をうかがいました。

「梼原町は、森林に囲まれ隔離されている土地柄だけに、町の中でどう生きていくかに力点を置き、住民とともに森林と水（もりとみず）の文化構想をつくり、環境、教育、健康への取り組みを行っています」と梼原町役場企画財政課の立道さん。

環境対策の取り組みとして、太陽光や風力などの自然エネルギーを利用した施設が町内各所に設置され、町内で使う電気の二八・五％（二〇一二年三月現在）をこの自然エネルギーで賄っているそうです。「風力は、四国カルストの風況を利用した二基の風車が最大で一時間に六〇〇ＫＷの電力をつくり、地域の電力を賄うとともに四国電力に売電し、それを環境資金に当てるなどしている。また、町内の梼原川の勢いや高低差を利用した小水力発電により、中学校

四国カルストの風況を利用したデンマーク製の風車

棟の約九〇％や町の中心部の街灯八二基に電力を供給している」と梼原町役場環境モデル推進室の那須俊男さんが話してくれました。

　豊かな森から生まれるエネルギー循環型社会への取り組みを町ぐるみで行い、「安全・安心」な農作物を生産するためにバイオマス資源による堆肥の製造（土づくりセンター）や、製材端材や間伐時に出る未利用資源（端材）を原料にした木質ペレットの製造（ゆすはらペレット）など、環境循環型の町づくりに取り組んでいます。また、環境と健康に配慮した「CO_2を出さない家」もあり、体験型木造モデル住宅の取り組みも行っています。「CO_2を出さない家」では、太陽光発電により電気をつくり、太陽熱温水パネルで水を温めお湯をつくっています。しかも、住宅は全て町産材で建てられているそうです。次世代省エネルギー基準による高気密・高断熱を採用し、木質ペレットによるペレットストーブを使用するなど、生活全般にわたり二酸化炭素の排出削減に取り組んでいます。

この住宅は、国土交通省が推進している「地域木造住宅普及推進事業」、「ライフサイクルカーボンマイナス住宅研究開発事業」、「健康維持増進住宅研究開発事業」の支援を受けています。このモデル住宅は、実際に泊まって体験できる住宅として、県内外の方が利用されているそうです。

町に電力を供給している小水力発電

また、失われつつある里山の風景のなかで、人々がいかに住み続けていくかという課題に取り組むために、友好交流都市である西宮市から市民レベルでの交流を図ろうと「ゆすはら応援隊」の募集を行っています。里山に住み、地域住民と協力しながら地域づくりを進めていくことが「ゆすはら応援隊」の仕事です。現在（二〇一三年八月）三名の若者が「ゆすはら応援隊」として活動しています。参加の動機は、「深く考えずに来た」「当初の動機は明確ではなかった」という彼らですが、参加してみての感想は「それぞれの地域でいろいろなイベントをやってきて刺激になった」「町おこしというより、人づくりと感じている。

山間の傾斜を利用した棚田

梼原に住む人をもっと育てていきたいと、意識が変わってきた」「悩み事は、役場の方が親身になって相談にのってくれる。話ができる関係がいい」「梼原をよくするためには、特産品をつくりたい」など、積極的に梼原を元気にしようという気概が溢れています。また、彼らを見守る町役場の方々の暖かい眼差しが印象的でした。

　梼原の「地域づくり」としては、一九九二年に日本で初めての棚田オーナー制度を開始しました。梼原町の標高は二二〇～一四五五メートルとかなりの高低差があり、しかも平地が少ないことから山間の傾斜を利用した棚田が発達したそうです。その中でも神在居《かんざいこ》にある棚田は数多く田んぼを有することから千枚田《せんまいだ》と呼ばれています。この地域の過疎化をきっかけに、千枚田オーナー制度を開始しました。まずは、農家が募集をかけ、応募してきた都会の方と農家で契約を締結します。四万十川の名前にちなみ、四万十円で一〇〇平方メートルの田んぼのオーナーになれるそうです。「開始当初は、役場のサポートが必要でしたが、徐々に農家も慣れてきて、現在では役場のサポートもなくなってきています。開始当初は、東北や関東からも応募がありましたが、最近では四国のオーナーが増えてきています」と語る町役場・産業振興課の増田尚一さん。

「毎年、三月中旬に応募者の抽選会を実施し、千枚田オーナーと農家の顔合わせをします。十一月の収穫祭では、オーナー家族の子どもたちが目を輝かせて一所懸命収穫する姿が大変微笑ましいですね」と増田さんは話してくれました。募集方法は、新聞やＨＰ掲載ですが、いままで来られたオーナーの方への誘致がいまでは中心となっているそうです。しかし、オーナー制度開始当時は四〇代だった農家の方も、すでに開始から二〇年が経っているため、農家の高齢化が進んでいることが現在の悩みだと言います。

第五章　地域の担い手の発見と地域型ＮＰＯにみる場づくり

本章は担い手の立場に立ち地域コミュニティとの関わりのあり方をとらえようとするものである。具体的には、活動範囲を特定地域に限定した地域型ＮＰＯとよばれる主体によるまちづくり活動を中心に、どのようなポイントがあるのかの「見取り図」を示したい。

1　地域コミュニティにおける課題

(1)　総合的な領域の必要性

私たちの暮らしをどう支えていくか、身の回りの環境の中で私たちの身体という存在をどう自然環境の変化から守り、次の世代に継承できるように支えていくかが、都市計画・まちづくりをはじめとする空間を手がかりに活動する領域の課題といえるのではないだろうか。一九九五年の阪神大震災、二〇一一年の東日本大震災と大きな災害のあと、改めて問い直されている。身体の安全、安心な社会基盤、社会システムも含めた防災、医療・介護、食を支える農、身体の回りの環境を調整する衣服、身体を休めるための建築物……というように、身体を中心にさまざまな領域が総合的に広がっている。

また、身体を支える主体として家、社会、両者の間の地域コミュニティの三つの主体が想定される。地域コミュニティで営まれている人々の暮らしや生活は、それぞれの人々自身や家族の身体をどう支えていくかが原点である。身体は総合的なものであり、対象とする地域における身近な生活に関する課題は、住民の立場に近ければ近い程、扱われる領域は結果として総合的になる。そうした観点にたち地域コミュニティのありようを理解しようとすると、住宅、環境というハードの領域、健康、教育、育児、食、消費、ゴミという身体を支える領域、広報、情報、コミュニティという人々をつなぐ総合的領域が必要になる。

こうした総合的な枠組みの設定については、これまでにもいくつかの試みがある。たとえば、労働のみならず、生活を総体として扱う「生活学」(川添［一九七四］)、人間が定住する活動空間を捉える際、文化学、経済学、社会学、政治科学と行政学、技術学といった人間の生活を支える諸科学との結合が提唱されている「エキスティクス(人間定居の科学、都市計画学)」(ドクシアディス［一九六五］)などがある。また、本研究会でもインタビューさせていただいた東京都八王子市のNPO　FUSION長池や、本章で取り上げる堺市東区のNPOさかいヒル・フロント・フォーラムといった活動範囲を地域に限定する「地域型NPO」も総合的な活動領域を図式として描いている（図5-1）。

卯月・饗庭らによれば、「一般にNPOは地域を限定せずに特定テーマを中心に活動することが多いが、地域型NPOとは、活動地域を限定し複数のテーマを総合的に扱うNPOのことをさす。テーマ型のNPOと町内会などの地縁組織を結びつける役割が期待されている」（卯月・饗庭［一九九九］）としている。こうした地域型NPOに見るように身体を中心に置く、総合的な領域において各専門分野に細分化された諸課題を捉え直す必要がある。

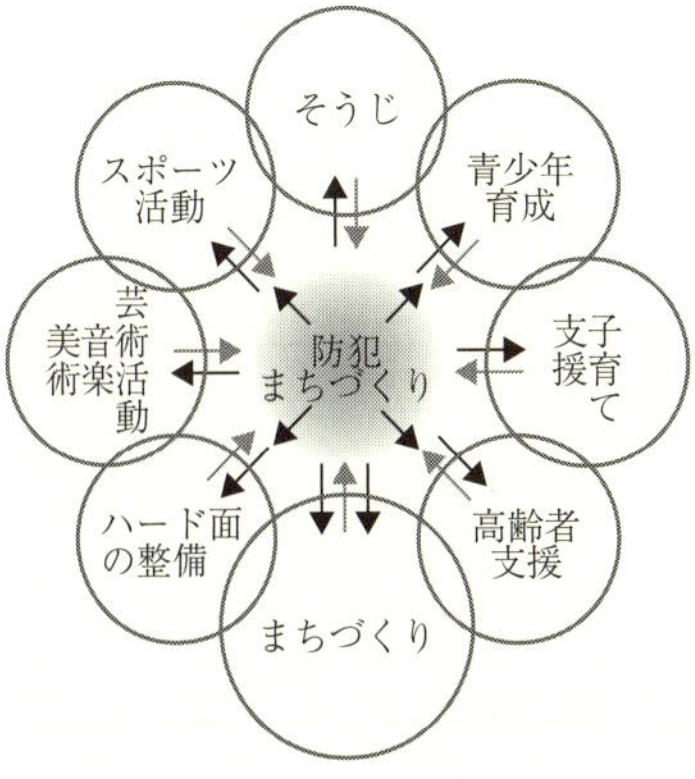

防犯まちづくりからスタートして，人がつながり，その人の種々の活動によって防犯まちづくりが進む

図5-1　さかい・ヒル・フロント・フォーラムの活動領域図

(2) 新たな担い手のために必要な「きっかけ」

しかしながら、こうした総合的な領域に、地域コミュニティの担い手が新たに関わっていくきっかけを見つけるのは難しい。

二〇〇八年ごろを契機に人口減少社会に入ったといわれている[1]。労働力人口も限られ、税収もかつてのように潤沢にあるわけではない。社会的な資源が限られるなか、地域コミュニティにおいても、担い手の固定化、高齢化が問題となり新しい担い手が必要とされている。その一方で、地域コミュニティの担い手として期待されていた団塊の世代も七〇歳前後にさしかかっている。担い手となり地域社会で活躍している人たちもいる一方で、関わりを得ようとするも戸惑いを抱えたままの人たちもいる。団塊の世代にかぎらず、若い世代や現役世代でも、地域社会とのつながりは求められている。以前、東京都心部で実施した地域コミュニティとの関わりに関する調査[2]において、若い世代でもきっかけがあれば地域社会に関わっていきたいとする回答が多く得られた。

しかし、総合的な領域にわたる地域社会の構成原理は、誰にとってもわかりやすいものではない。また「きっかけ」が公平に開かれているわけでもない。さらに、地域コミュニティは、人々の好き嫌い、理念、怨念といった感情的なものも構成要素の一つである。新たな担い手への呼びかけは継続的に行われているが、紹介してくれる人の存在や、地域コミュニティにおける関わりを生む場などの「きっかけ」がないと、すでに形成されている人の輪に入るのは難しい。企業や組織における論理的な構成原理、いわば「肩書き」でのコミュニケーションに慣れていると、こうした当たり前のことをつい忘れてしまう。担い手として新たに地域コミュニティに関わりたいとの思いはあるが、その一方で面倒くさいとの思いもまたある。相反する思いを超えて、「きっかけ」を生む具体の行動により、担い手が発見されていくことが求められている。人と人とのつながりを構築していく「きっかけ」となる、具体の行動と実践が必要である。

以上のように、地域コミュニティの総合的な活動領域は体系的な整理が難しく、またそこに関わる担い手への「きっかけ」が求められている。本章では、地域コミュニティに関わる「きっかけ」を生む具体の行動に際して、行動の手がかりとなるような見取り図を描くことを試みたい。

次節では、担い手が発見されていったプロセスの事例として千葉県浦安市の「うらやす景観まちづくりフォーラム」の活動と、地域型NPOの事例として大阪府堺市東区登美丘地区で活動しているNPO法人「さかいヒル・フロント・フォーラム」の活動を紹介する。

2　担い手を発見し、場づくりに挑戦する

(1)　うらやす景観まちづくりフォーラムの取り組み

まちづくりの担い手はどのように見いだし得るのか。千葉県浦安市での景観まちづくりを事例に、まちづくりの担い手と出会うまでのプロセスを紹介する。

①千葉県・浦安市の概要

千葉県浦安市は千葉県の西部に位置し、東京都江戸川区と接している。市域には首都高速湾岸線、東京メトロ東西線、JR京葉線が走り、東京と千葉を東西に結ぶ場所にある（図5-2）。一九五〇年代までは、東京に隣接しながら三方を海と川に囲まれた「陸の孤島」であったため、大きな開発はなく漁業と農業を中心とした町であった。一九六二年（昭和三七）に漁業権の一部を放棄し、第

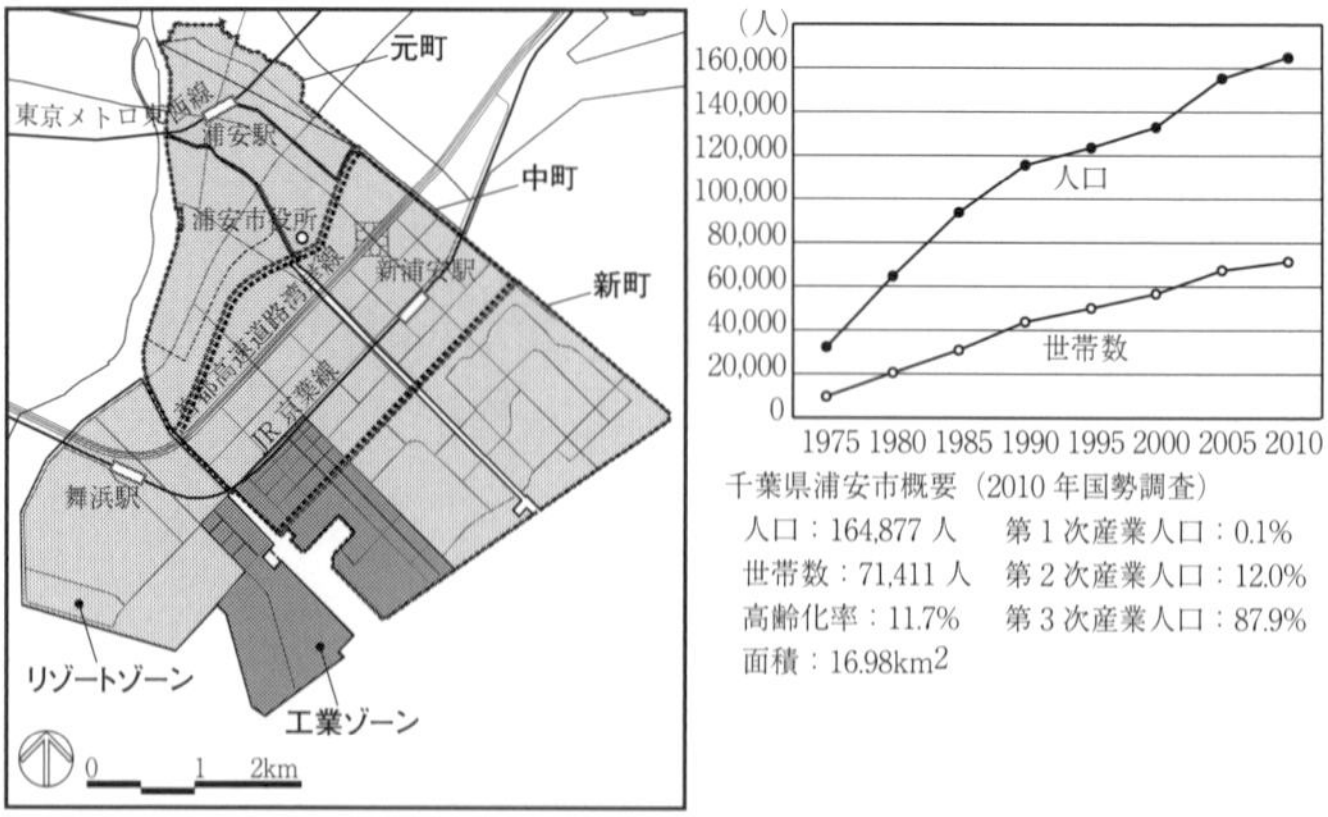

千葉県浦安市概要（2010年国勢調査）
人口：164,877人　第1次産業人口：0.1%
世帯数：71,411人　第2次産業人口：12.0%
高齢化率：11.7%　第3次産業人口：87.9%
面積：16.98km2

図5-2　浦安市の概要

一期埋め立て事業がはじまり、一九七一年には漁業権が全面放棄され、第二期埋め立て事業がはじめられた。市域の約三分の二がこの二つの埋め立て事業で占められており、埋め立て地を中心に計画的な都市基盤が整備され、住宅地を中心とする開発が進められてきた。

市域は漁業・農業を中心とした埋め立て事業前からの区域である「元町」、第一期埋め立て事業区域を中心とした「中町」、第二期の事業区域を中心とした「新町」に区分されている（図5-2）。市域の多くが住宅地であるが、東京ディズニーリゾートを中心とする商業地は第1期埋め立て事業区域に、鉄鋼業の流通基地が集積している工業地も第二期事業区域にある。人口は一六万四八七七人（二〇一〇年国勢調査）であり、新町ではほぼ開発が完了する一方、一九七〇年代に開発が始まった中町では、開発後四〇年が経過しようとしており、住宅ストックの更新、少子高齢化への対応が課題となっている。

②浦安市・景観まちづくりの取り組み

二〇〇四年、景観法が公布され、自主条例で担保されていた全国の景観まちづくりを下支えする基盤が整い、景観まちづくりに取り組む機運が広がった。

浦安市でも、二〇〇六年六月に景観マスタープランの策定、同年六月、景観行政団体、二〇〇八年十二月景観条例の制定、そして二〇〇九年六月に景観計画の策定と、景観まちづくりの取り組みが始まった（図5-3）。景観計画は、二〇〇六年六月から景観計画等策定協議会によって学識経験者、市内の関連団体、公募市民による話し合いのもと策定された。策定のプロセスは、話し合うべき論点を整理し、論点に沿った景観まちづくりのアイディアを出し合い、アイディアに基づいた景観計画・景観条例の案を作成した。当初は市域の建築物の規制・誘導のあり方が主要な論点であったが、次第にあるべき景観の実現にむけた、行政と事業者・市民との協働のあり方が論点となった（浦安市［二〇〇九］）。

一般に、当該地域の景観をよりよくしていくには行政・市民・事業者のそれぞれの主体がそれぞれでできることを果たしていくことが欠かせない。行政は景観まちづくりにおいて重要な担い手のひとつである。景観法に位置づけられた景観計画・景観条例により、建築物・工作物の形態意匠等に関するルールづくりをすることができる。また公共施設の整備を通じた公共空間の景観向上を図ったり、優良事例を表彰したりすることができる。当該地域の市民・事業者が所有する建築物・工作物に関しては、建築時、または大規模修繕時の確認申請の際に、事前に定めたルールを逸脱する

年度	【景観まちづくりの流れ】	【市民会議にはじまる流れ】
2005	7・景観マスタープラン策定協議会	
2006	6・景観マスタープラン策定 6・景観行政団体 6・景観計画等策定協議会（全12回）	6・市民会議準備会（全3回） 8・第2期基本計画市民会議（全体会4回、分科会12回）
2007		11・基本計画審議会（全7回）
2008	9・パブリックコメント 9・シンポジウム 12・景観条例一部施行	7・第2期基本計画策定 10・（仮称）うらやす市民大学運営準備会（全7回）
2009	6・景観計画・景観条例施行 8・景観まちづくり基礎講座 8・景観資源リストづくり	6・市民大学開校 2009年度授業開講（11講座）
2010	8・景観まちづくり基礎講座 8・景観資源リストづくり 3・東日本大震災	2010年度前期授業開講（16講座） 2010年度後期授業開講（12講座）
2011	4・有志の会合 7・フォーラム*市民活動C登録 12・合同発表会	講座「街づくりを考える」 2011度授業開講（12講座）
2012	フォーラム活動：打合せ15回，事例視察1回，まちあるき3回	2012年度授業開講（17講座）
2013	2・まちづくりシンポジウム フォーラム活動：打合せ21回，事例視察3回，まちあるき5回	2013年度授業開講（17講座）
2014（予定）	5・浦安市景観啓発事業（市とフォーラム協働事業）	2014年度授業開講（17講座）

*フォーラム：うらやす景観まちづくりフォーラム。2011年7月，市民活動センターに団体登録された。

図５－３　浦安市におけるまちづくりの流れ

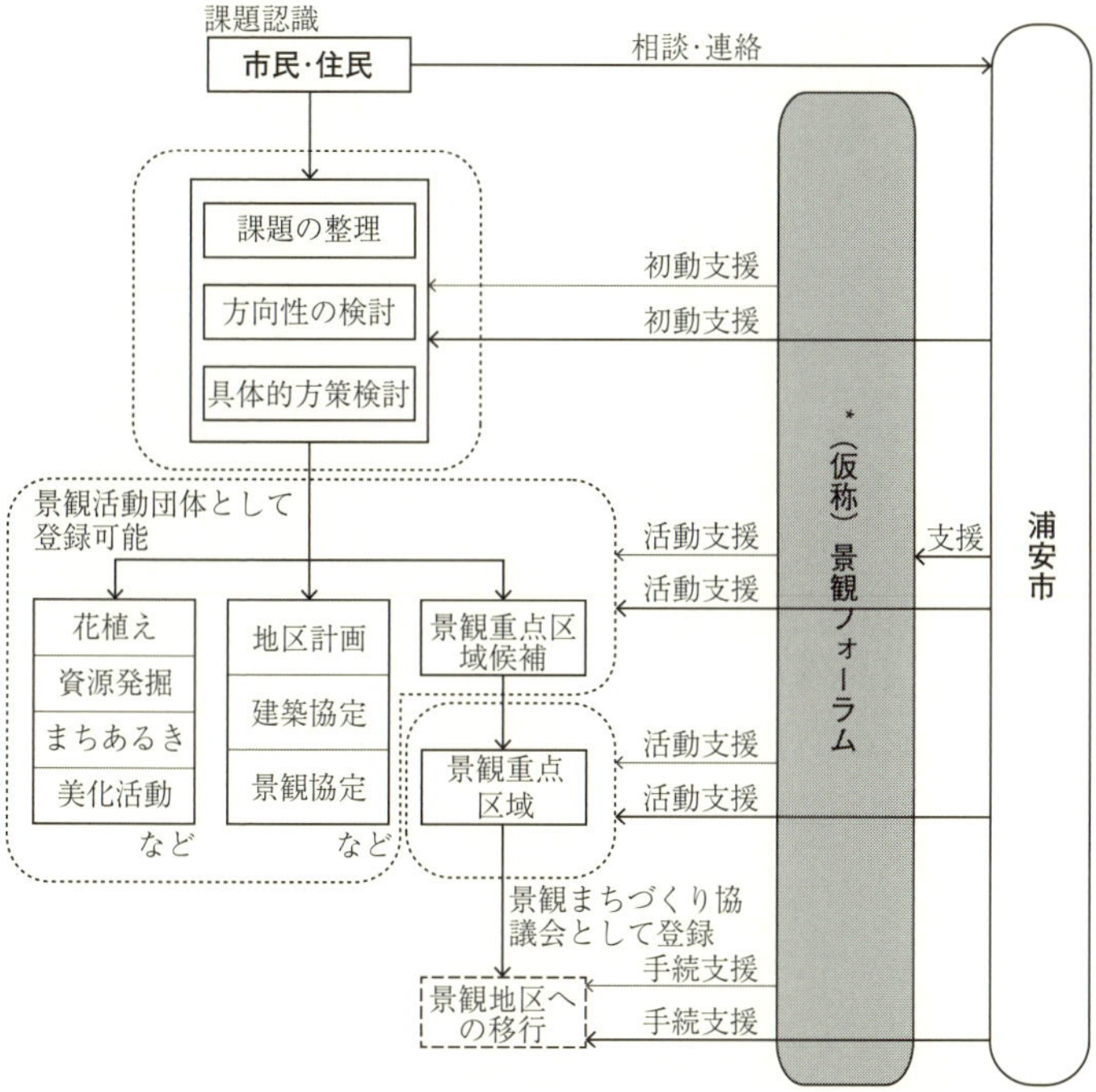

＊ここでの「（仮称）景観フォーラム」は団体としての「うらやす景観まちづくりフォーラム」ではなく，行政と市民をつなぐ場としての「フォーラム」を意味する。

（出所）浦安市景観計画掲載資料を筆者編集。

図5－4　景観まちづくりの活動イメージ

ことがないように規制・誘導することができる。一方でルールを逸脱するような「おかしなこと」が起きないようにすることにとどまるともいえる。ルールを超えたよりよい景観づくりのためには、市民・事業者による主体的な取り組みが必要となるのである。

浦安市においても、景観計画・景観条例の策定により、行政で可能なルールづくりは実現できたが、翌日から

景観資源リストづくりの話し合いの様子

市内の景観がよくなるわけではない。景観まちづくりの担い手になりうる市民と出会い、行政・市民・事業者での適切な連携、役割分担のもと「共に創り、共に育てる」取り組みが必要である。策定された景観計画においても「市民が主役となった景観まちづくりの活動イメージ」（図5-4）として、景観まちづくりにおける市民の関わりと、市民の取り組みを支援する施策の必要性がうたわれている。二〇〇六年六月からはじまった景観計画等策定協議会においても最終年度にあたる二〇〇八年度において、最終案の検討と平行して、市民への情報提供・意見表明の機会としてパブリックコメント、景観まちづくりシンポジウムや、市民への啓発事業として景観まちづくり講座を実施した。特に、景観まちづくり講座は、景観まちづくりの担い手と出会うことを念頭に企画された。

景観まちづくり講座は二〇〇八年度には二九名の参加を得て一定の成果を収めたが、具体の景観まちづくりへの展開のために、二〇〇九年度、二〇一〇年度には、景観まちづくり基礎講座、景観

表5-1　景観資源リストづくりのプログラム

		景観資源リストづくり	基礎講座
2009年度	8月	ガイダンス・発見作戦会議	まちの成り立ち・景観計画
	9月	まちあるき・資源発見（新町地域）	—
	10月	まちあるき・資源発見（中町地域）	景観まちづくり活動に触れる・学ぶ
	11月	まちあるき・資源発見（新町地域）	—
	12月	—	まちあるき
	1月	景観資源の整理と中間まとめ	—
	3月	景観資源リストの公開中間発表	美しいまち並を守り育てるルール
2010年度	8月	景観資源リストづくり WS・ガイダンス	浦安の歴史・文化・風俗
	9月	WS・2010年度のゴールの確認	緑がつくる風景
	10月	WS・景観資源リストの整理	浦安の水辺空間
	12月	WS・景観資源リストの仕分けと点検	浦安の景観と色彩
	1月	WS・景観資源リストの選定基準	
	2月	WS・景観資源リストの確認	
	3月	景観資源発表会・シンポジウム（中止）	

資源リストづくりを実施した（表5-1）。景観まちづくり基礎講座によって、市内の景観づくりに関する基礎知識を市民と共有し、景観資源リストづくりにより市民と共に市内の景観の現状を評価し、景観資源を確認収集することで景観施策の基礎資料とした。二〇〇九年度は二六名の参加者が六グループに分かれて三回のまちあるきを実施し

浦安市液状化被害の様子（撮影：2011 年 3 月 12 日）

た。二〇一〇年度は一九名の参加者が、「歴史」、「水・緑」、「ネットワーク」の三つのグループに分かれて、「浦安らしい」景観、風景をみる「視点場」、「古い浦安の雰囲気」が伝わるものといった選定基準により、約一三〇の景観資源をまとめることができた。二〇一一年三月十三日に予定されていたシンポジウムでの発表に向けて準備を進めてきたが、三月十一日の東日本大震災が発災したのである。

③底流にあった市民会議・市民大学

こうしたまちづくりに市民が関わりを増やしていく流れの中には、市内のもうひとつの流れがあった。浦安市第二期基本計画の策定のための市民会議にはじまり、市民大学に続く一連の取り組みである（図5-3）。

基本計画とは、市町村が定める計画のひとつで、基本構想に基づき実施される具体的な施策を示したものである。基本的な理念や方向性、目標を定める基本構想と基本計画（おおむね五年程度）と実施計画（おおむね三年程度）とあわせた総合計画を定めることによって、総合的で計画的な行政の運営を図るためのものとされている。浦安市第二期基本計画とは、二〇〇一年（平成十三年）に定められた総合計画（基本構想：目標年次二〇二〇年、基本計画：目標年次二〇一〇年）のうち、「二〇〇八年で計画期間の八割を過ぎることや、この間、地方分権や三位一体の改革の進展、新町地域（市内の新しい埋め立て地）の開発の終息が間近に迫ることなど、浦安市のまちづくりを取り巻く状況が大きく変化していることから」、基本構想に掲げた目標に向けて新たに定められた基本計画（第二期基本計画）のことである（浦安市市長公室企画政策課［二〇〇八］）。

二〇〇六年五月、庁内での策定本部会議、六月、第一回浦安市市民会議準備会（三回実施）などを経て、策定に向けた準備が始まった。策定にあたっては、市民会議を設け、公募市民を中心に計画案をとりまとめることが企図された。当初は一〇〇名程度の公募市民を想定していたが、実際は想定を超える二〇六名の応募があった。結果、学識経験者、市職員をあわせて、のべ二四六名の構成員により、同年八月、第一回浦安市民会議全体会が開かれた。

「街づくり」「暮らし・環境」「健康・福祉」「教育・生涯学習」「市民活動・交流」「都市経営」の六つの分科会による話し合い、一回の中間報告会と、三回の全体会を経て、二〇〇七年九月市民会議での提言書が市長に手渡された。その後、七回の審議会、パブリックコメント、庁内での策定本部会議等での検討を経て、二〇〇八年七月、第二期基本計画が決定した。

こうした市民会議による行政と市民との協働のプロセスは、他都市でいくつかの先行事例がすでにあったが、浦安市内においてこの規模の取り組みは初めてであり、市内のまちづくりにおいて大

市民会議報告会

きな契機となった。それまで行政にとって市民は苦情や要望をぶつけてくるやっかいな主体であり、市民にとって行政は生活に必要な策を施してくれる便利な主体であった。市域の三分の二を占める埋め立て地の開発もほぼ終焉が見え、第一期埋め立て事業の計画的な住宅地が少子高齢化（いわゆるオールドニュータウン問題）に直面するなかで、市のまちづくりも大きな転機を迎えていたのである。行政は行政だけでこうした諸問題を解決することはできず、市民も市民だけでは局面を突破する力はない中、基本計画は「市民と行政が課題や方向性を共有し協働して取り組みを進めるための指針」、「市民と行政の協働で実行していく計画」であり、市民会議の策定プロセスがそうであったように「市民と行政の協働による自治体経営の方針を明確にする計画」であることが策定方針であり基本認識として掲げられている。

さらに、計画策定後の行政と市民の協働の取り組みの仕組みとして、「うらやす市民大学」の設置が第二期基本計画のリーディングプランとして位置づけられており、「市民活動を担う人材育成

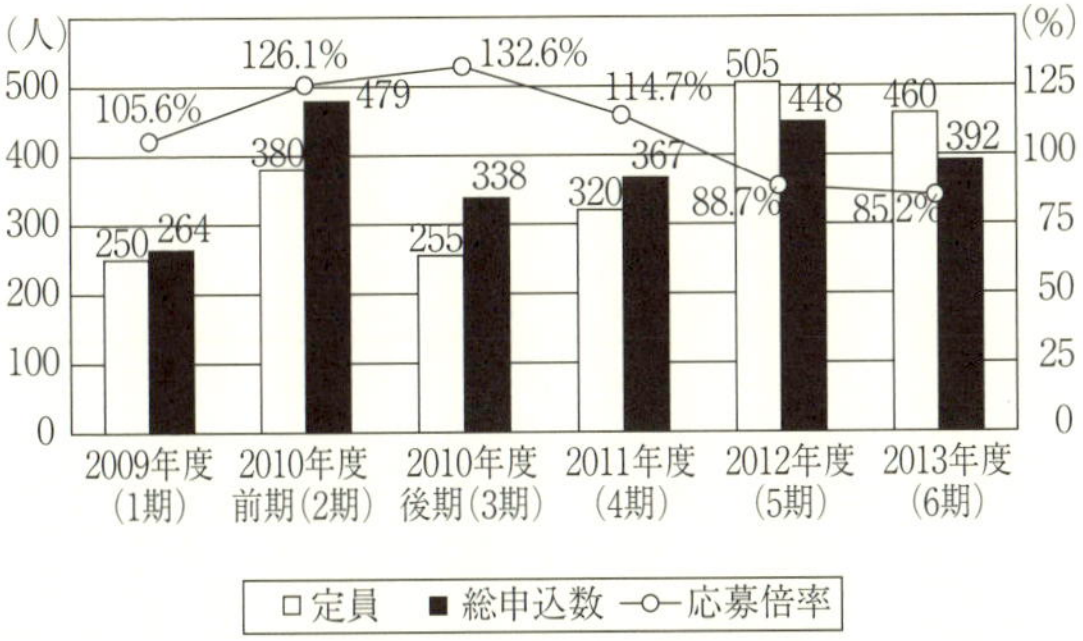

（出所）うらやす市民大学提供をもとに筆者編集。

図5－5　市民大学各期の定員・総申込数・応募倍率

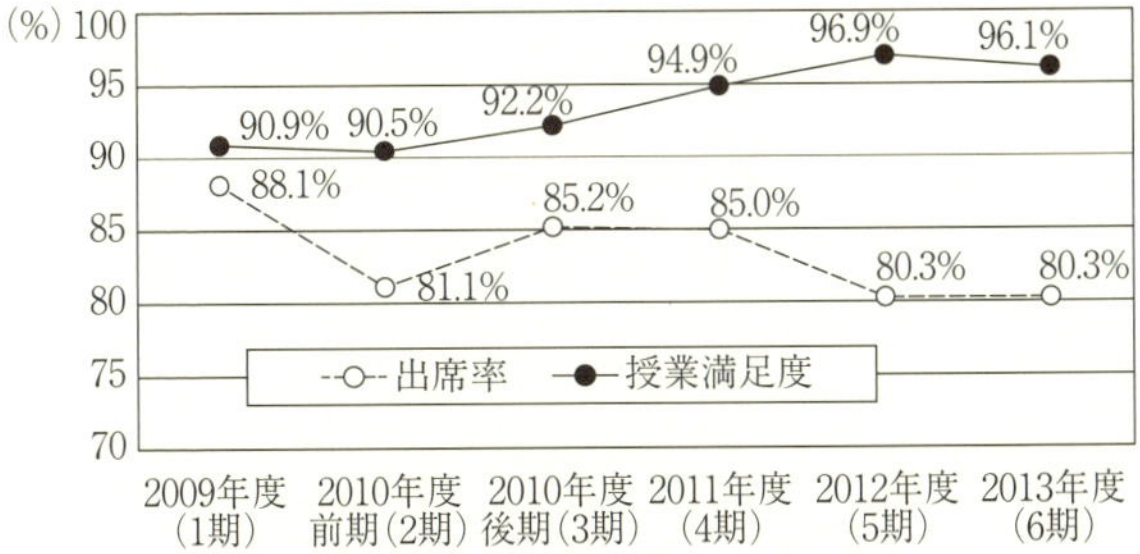

（出所）うらやす市民大学提供をもとに筆者編集。

図5－6　市民大学各期の出席率・授業満足度

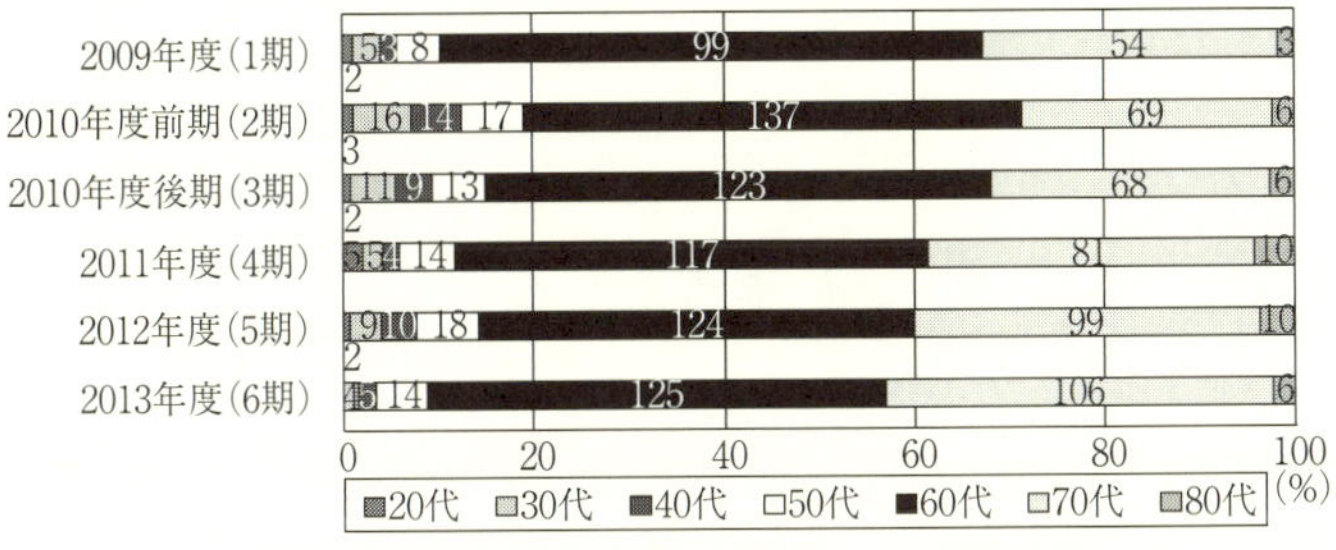

（出所）うらやす市民大学提供をもとに筆者編集。

図5－7　市民大学各期の受講生の世代構成

の場や生涯学習活動、情報提供の場」となることが目的とされている。そして、二〇〇八年七月に基本計画が策定された後、同年八月には「(仮称)うらやす市民大学運営準備会」の市民公募が行われ、十月に第一回の準備会、七回の会議を経て報告書がとりまとめられ、二〇〇九年六月には「うらやす市民大学」が開校している(図5-5、6、7)。二〇〇九年十月には初年度の授業が開講され、二〇一〇年度も前期授業科目、後期授業科目のカリキュラムに従って授業が実施された。

④市民会議・市民大学によって発見された担い手

第二期基本計画策定のための市民会議、うらやす市民大学は、先に見たように行政と市民の協働の機会となっただけでなく、まちづくりの担い手としての市民の気づき、担い手同士の交流の機会となったといえる。市民会議・市民大学は、中町や新町といった埋め立て地に住む「団塊の世代」を中心とした世代が多くを占めている。市民会議が始まったのは、彼らがちょうど定年退職を迎えた直後ぐらいの時期であり、どのように地域と関わっていいか定かではないなか、地域との関わりのきっかけを求めて参加してきた人たちが多い。市のまちづくりの方向性を話し合うなかで、問題意識が共有され、市民会議をきかっけにしたまちづくりグループがいくつかできている。

第二期基本計画に位置づけられていたこともあり、市民会議の参加者が、市民大学の中心的な担い手になっている。市民会議同様、市民大学も市民(受講生)を中心とした運営が行われている。受講生を中心に学生会が組織され、カリキュラム自体の評価・検討を行う企画部門、市民、市民グ

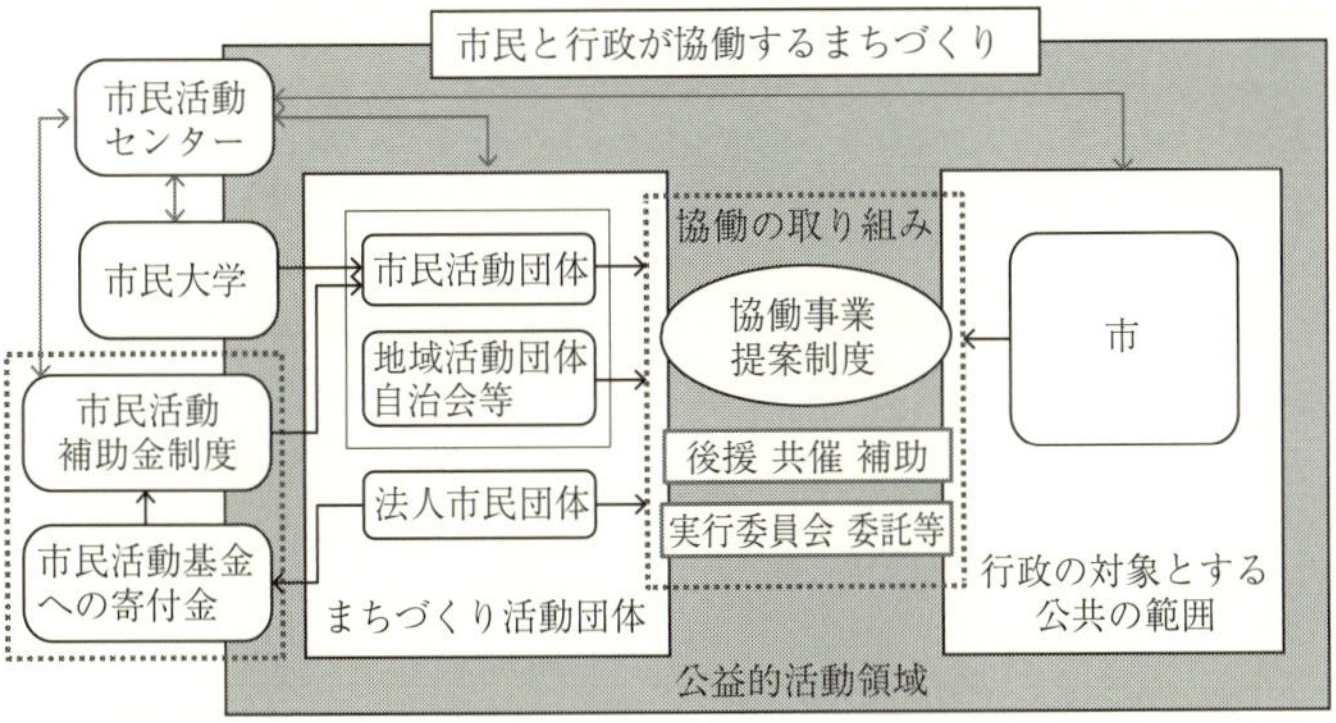

（出所）浦安市協働推進課資料提供をもとに筆者編集。

図5－8　浦安市の協働のまちづくり推進イメージ

ループが提供する講座を運営する事業部門、会報の発行、ホームページの作成、市民祭りなどでのPRを手がける広報部門に分かれて運営自体が行政（事務局）との協働で進められている。

　こうした、市民会議・市民大学を契機とした浦安市の協働のまちづくりは、浦安市としても「協働のまちづくり推進イメージ」として政策の枠組みがまとめられている。行政、市民（市民活動団体、地域活動団体）、企業（法人市民）が、市民活動を支援する市民活動センターや、担い手を育成する市民大学との連携・支援を受け、市民活動補助金制度[3]、協働事業提案制度[4]などのメニューを利用して、行政の対象とする公共の範囲を超えた公益的活動領域、いわば新しい公共を担っていく枠組みとなっている（図5-8）。

⑤東日本大震災の発災

うらやす市民大学二〇一〇年度後期授業科目のうち、

「うらやすの街づくりを考える」（講師：阪本一郎・うらやす市民大学副学長／明海大学教授）という科目がある。この科目は、浦安市内の市街地を素材に道路や建物など市街地を構成する要素と市街地環境の関係や、市街地を成り立たせているしくみについて考察するとともに、街づくりの考え方や方法を検討し、最終的には街づくりの提案を行うことが目的とされている。前述した都市政策課主催の「景観資源リストづくり」と、まちの現状を確認し、課題を展望するという点で類似のテーマでの演習、実践を行っていることもあり、二〇一一年三月一三日に合同で発表会をすることが企画されていた。打合せを重ね、準備も整いつつあった発表会の前々日、三月一一日に東日本大震災が発災したのである。

浦安市においては、すでに被災状況が報道されているように、これまでにない規模での液状化現象が発生し、その範囲は市域の八六％にも及んだ。死者などの人的被害はなかったが、液状化に伴い道路や公園、上下水道、電気、ガスなどの都市基盤施設が被害を受け、住宅地では戸建て住宅の不同沈下や傾斜の被害を受けたほか、集合住宅では杭の抜け上がりや敷地内のガス、電気などの設備が破損するなどの被害を受けた（浦安市［二〇一三］）。埋め立て事業において、開発事業者による地盤改良や、集合住宅・戸建て住宅といった土地利用により、地盤の条件が違っている市域の特性があるため、被害は一様ではなく、特定地域、特に戸建て住宅で大きな被害が出た。

⑥被災後の活動：「小さな見通し」を手がかりに

復興にあたって、浦安市は災害対策本部を設置し、自衛隊をはじめ千葉県、東京都、近隣自治体、協力企業、ボランティアなどの支援を受けながら、応急対策活動を行った。二〇一一年三月末に予定されていた人事異動、機構改革は六月に繰り下げられた。景観まちづくりの所管も、都市政策課から都市計画課に変更になり、行政による景観まちづくりの取り組みは一時休止され、復興まちづくりに注力することとなった。市民大学も二〇一一年度の前期講座は休講となり、市民大学と合同で企画されていた発表会も、翌日中止が決定した。

景観資源リストづくりのメンバーも、当初は自身の生活の復旧に取り組んでいた。ライフラインが復旧するにつれ、生活も落ち着きを取り戻し始めた四月、被災後はじめて有志の会合をもった。お互いの安否、被災状況の確認に大半の時間がさかれたが、景観資源リストづくりの有志での活動を今後も継続していくことを確認した。

その後、液状化による復旧工事が町中で展開するなか、月一回の会合を重ねた。七月の会合までに、①有志一四名での団体の名称を「うらやす景観まちづくりフォーラム」とし、市民活動センターに登録すること、②中止となっていた市民大学科目「うらやすの街づくりを考える」との合同発表会を実現させることを当面の目標とすること、③震災復興に際して、単なる復旧ではなく、大きく景観が変わろうとしているこの機会を好機ととらえて、新たな魅力を創出できるような景観づくりに向けた提言・活動を進めていくこと、を確認した。

震災の後の話し合い（2011 年 6 月）

震災直後は、どのように取り組んでいけばよいのか、活動のゴールも明確に展望できない状態であった。復興過程の全体像も把握出来ない中、何ができるか進むべき方向性を見通すことは難しい。しかしながら、何の羅針盤もなしに暗闇の中を進むことも難しい。仮に大きな方向性が描けなくても、当面の小さな方向性を見いだすことができれば、それが進むべき道の手がかりになる。霧の中にいるような海の上で、手がかりになるのが「小さな見通し」である。当面何をしていいか分からない状況であっても、話し合いを重ね、自分たちの課題、やりたいことを共有しはじめると、自ずとグループとしてできることがおぼろげながらに描かれてくる。今回の事例では、「合同発表会を実施する」という「当面の活動の見通し」が立ったときに、一つの主体としての求心力を持ち始めたように思える。その結果、それぞれの役割分担ができ、チームとして機能し始めたといえる。

一方、市民大学の方も東日本大震災の被災をうけ、二〇一一年度の前期授業を休止した。二〇一

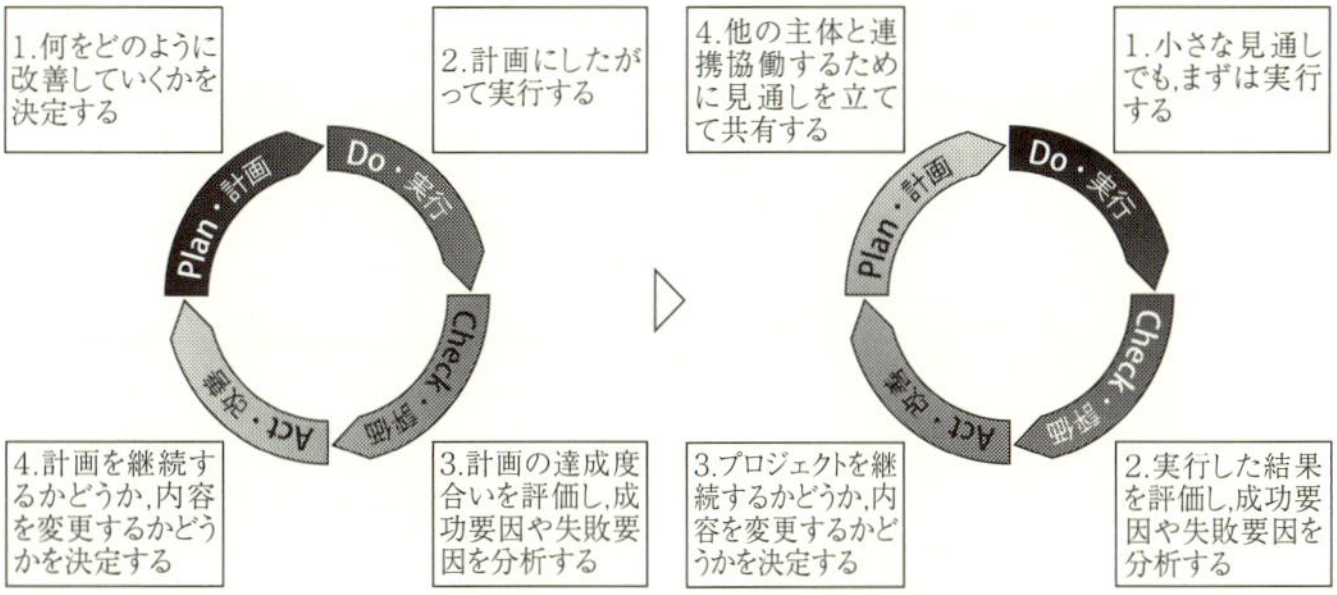
1.何をどのように改善していくかを決定する
2.計画にしたがって実行する
3.計画の達成度合いを評価し,成功要因や失敗要因を分析する
4.計画を継続するかどうか,内容を変更するかどうかを決定する
Plan・計画
Do・実行
Check・評価
Act・改善
4.他の主体と連携協働するために見通しを立てて共有する
1.小さな見通しでも,まずは実行する
2.実行した結果を評価し,成功要因や失敗要因を分析する
3.プロジェクトを継続するかどうか,内容を変更するかどうかを決定する
Plan・計画
Do・実行
Check・評価
Act・改善

（出所）日立総合研究所（2004）を参考に、筆者加筆。

図５－９　PDCAサイクルからDCAPサイクル

一年十月から再開することになるが、再開に至るまでも市民の活動があった。二〇一一年五月、市民大学施設が完全復旧したあと、六月から九月にかけて各自治会における震災対応の情報共有と記録を目的に学生による自主講座が合計三四回開催された。秋の開講が事前に決まっていたわけではないが、市民である受講生を中心にした自主的な取り組みを一つのきっかけとして、十月の再開につながった（市民大学担当者へのインタビューより）。

こうした先が見えない中での取り組みの意義について、ＰＤＣＡサイクルによる比喩もできる（図５-９）。ＰＤＣＡサイクルとは、まちづくりに限らず一般に企業などの品質管理、生産管理などの際に、計画（Ｐｌａｎ）、実行（Ｄｏ）、評価（Ｃｈｅｃｋ）、改善（Ａｃｔｉｏｎ）のサイクルを繰り返すことが望ましいとされているものである。本講の文脈では、事前に明示された計画（Ｐｌａｎ）があればよいが、当面の活動の方向性しか見えない場合もある。それでも、実行（Ｄｏ）してみることで、評価（Ｃｈｅｃｋ）、改善（Ａｃｔｉｏｎ）の機会が生まれ、結果として進むべき方向性（Ｖｉｓｉｏｎ）が立ち現れて計画（Ｐｌａｎ）の契機となることもある。大きな方向性が描けなくても、小さな見通しをもとに実行をしてみることで、ＰＤＣＡサイクルが回り始める。(5)

実現した市民大学講座との合同発表会

⑦その後の展開

上記のような「小さな見通し」のもとに会合を重ねていったなか、二〇一一年十二月、市民大学「うらやすの街づくりを考える」と「景観資源リストづくり」の活動グループとの合同発表会が実施された。当初の企画通り、類似のテーマで活動していたため、両者の取り組みが共有され、今後の連携の可能性がうかがえる有意義な場となった。

「景観資源リストづくり」の参加者有志ではじまった「うらやす景観まちづくりフォーラム」は、二〇一二年度、二〇一三年度と、月一回の定例の会合にあわせて、震災後の市内の景観を確認することを目的にしたまち歩き（市内八地区）や、景観まちづくりの先進事例の見学（江戸川区親水公園、江東区親水空間、柏の葉キャンパス、佐倉・染井野など）を重ねてきている。二〇一三年八月より、市都市計画課が発行する「景観通信」内にコラムの執筆を担当し、「景観資源リスト」の活動内容を中心に、市民に対して景観まちづくりをわかりやすく伝える取り組みを行っている。さらに、二〇一三年八月時に申請した浦安市の協働事業提案制度（注4参照）に採択され、二〇一四年度からは「浦安景観まちづくり啓発事業」を市都市計画課と協働で実施している。具体的には「景観通信」の発行、行政と市民の情報発信としてのホームページの作成、景観まちづくり講座（年六回）の開催が行われる。

被災と復興状況の確認のための市内のまちあるき

一方、市民大学の方でも、講座の参加者から構成される一六の市民活動団体が生まれている（二〇一四年現在、市民大学事務局提供資料）。花や緑を植える活動や関連するイベントを実施する団体、市内の未施工空間の都市計画道路の魅力的な使い方を提案・実践する団体、東日本大震災を機に直売等を通じて東北地方の復興支援をする団体、観光を通じて浦安市の復興をPRする団体などが生まれている。

当初、景観計画・景観条例を策定した際には、景観まちづくりの担い手も見出し得ない状況であったが、「景観資源リストづくり」という実践を通じて、新たな担い手と出会うことができた。また、「うらやす景観まちづくりフォーラム」を事例に、第二期基本計画市民会議・うらやす市民大学、協働事業提案制度等のまちづくりにおける市民の参画の潮流の追い風も受けて、「小さな見通し」のなかでの実践を通じて主体としての求心力を持ち始めるプロセスを紹介した。今後は、景観計画に描かれたような行政と市民の協働の場としての「フォーラム」の担い手になっていくことが期待されている。

(2) さかいヒル・フロント・フォーラムの取り組み

総合的な領域で活動する地域型NPOはどのようなプロセスで活動領域を広げてきたのか、堺市東区登美丘地区を中心に活動する地域型NPOである、さかいヒル・フロント・フォーラム（以下、さかいHFF）を事例に見ていきたい。

①堺市東区登美丘地区の状況

堺市東区登美丘地区は堺市の中央東部、南海高野線北野田駅周辺に位置している。人口は四万五四四四人（二〇一〇年国勢調査）、四つの自治会と約一〇〇の町会で構成されている。昭和初期に計画的に開発された閑静な住宅地が大半を占め、歴史ある古い町並みや開発から残された農地など

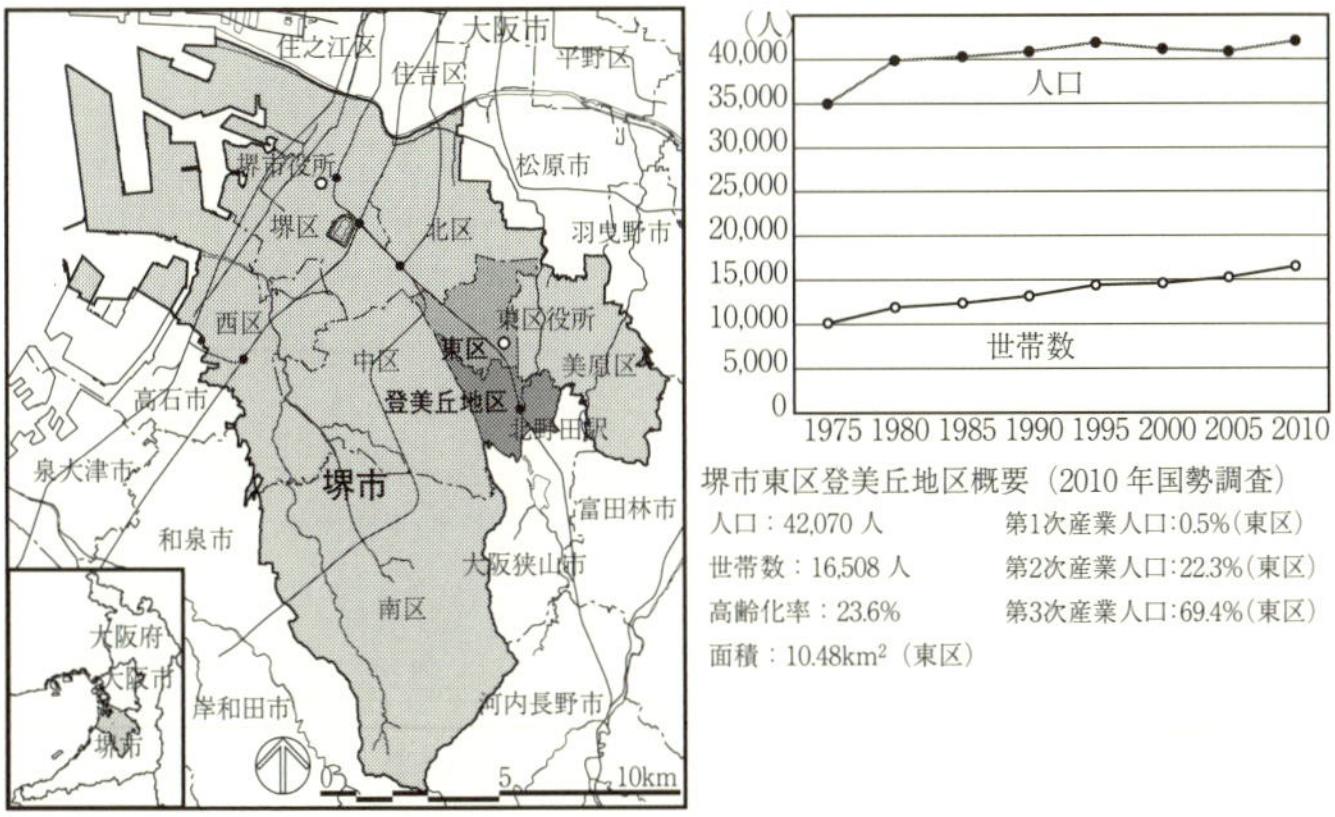

図 5-10　堺市東区の概要

豊かな自然を有している一方、市街地再開発事業によって駅前に文化会館や図書館が整備され、堺市の地域核の一つとしての発展を続けている地域である（図5-10）。

②さかいHFFの発足

二〇〇五年に発足したさかいHFFは、防犯パトロールをはじめとした防犯まちづくり活動がその契機となっている。主な活動は、定期的または毎日実施される防犯パトロール（毎月開催される合同パトロールには約二〇〇人が参加している）、防犯安全隊と立ち番による小学校の登校見守り、地域の情報共有を支援する掲示板システム、コミュニティFM、さらに道路へのセンサーライトの設置、高校生の街頭での挨拶運動、青少年の関係を再構築するような防犯スポーツ大会があげられる。これら防犯まちづくり活動にとどまらず、北野田駅前に建設された東文化会館の指定管理業務を担っており、展覧会の開催や地元中高生を中心としたコンサートバンドの結成など地域の青少年育成、文化芸術活動の発展にも貢献している。こうした『防犯』『掃除、挨拶』『文化芸術活動』『ハード面の整備』『青少年育成』『スポーツ』といった分野にとどまらず、『子育て支援』『高齢者支援』『健康促進』とも実践を支援する連携関係にあり、これらの八分野をあげて、前述したように、さかいＨＦＦの活動分野としてうたわれている（図５−１）。

さかいＨＦＦの設立趣旨には「人と人のつながりが希薄化していることを社会の大きな問題と捉え、価値観や世代の違う人々をつなぎ、地域住民みんなで助け合える社会、安全に安心して暮らせる社会を目指し防犯活動を入り口としたまちづくりに取り組んでいる」と記載されており、さかいＨＦＦを中心に、地域の住民、警察、学校、行政が一体となり、地域自治の担い手になっている。

③地域活動のはじまり

さかいＨＦＦ理事長、池﨑さんは登美丘地区の出身で実家は代々続くお米屋さん。大学恩師の「これからは地域活動や」というアドバイスもあり、大学卒業後家業を継ぎ、地域活動にはやくから取り組んだ。当初は、登美丘地区の今後や、関西国際空港の建設への対応、道路やカーブミラーの設置位置の話題など、地域のさまざまな問題を話し合い、新聞にまとめて地域に発信していた。一九八七年には登美丘中学校ＰＴＡ会長になり、その後、同窓会長、青少年指導委員長、交通安全協会理事などを務める中で地域内外のさまざまな関わりを形成してきた。

一九九六年には「とみおかまちづくり委員会」という組織を結成し、登美丘中学校の教室を借り

表5－2　さかいHFFの活動年表

年月	出来事
2002年3月	とみおかヒルフロントフォーラム発足
2002年4月	池崎氏・登美丘防犯委員会委員長
2002年5月	住民負担にてセンサーライト設置
2002年7月	登美丘北公園対策会議　合同パトロールの始まり
2005年4月	さかいヒルフロントフォーラム発足・東文化会館の指定管理者となり生涯学習 施設運営開始・子どもたちの見守り開始
2007年4月	東文化会館・文化ホール運営開始
2007年10月	JST研究開発プロジェクト：子どもの見守りによる安全な地域社会の構築　ハートルネサンス開始
2010年6月	コミュニティFM（FMさかい）開局

て活動を行うようになる。中学校のＰＴＡ役員と接する機会が増えたことから、現在さかいＨＦＦの副理事を務めている渡士さんをはじめ数人との協力関係が生まれ、同窓会委員の仕事や公園の草むしりなど地域の環境整備に取り組むようになる。

④組織として活動を開始

二〇〇二年には「とみおかヒル・フロント・フォーラム」へと改名し、地域の資源・課題を確認するまち歩きを行う（表5-2）。

二〇〇二年には池崎さんが登美丘地区防犯委員会の委員長となり、防犯活動を本格的に実施するようになった。登美丘地区は閑静な住宅地ではあるが、旧集落の細街路をかかえている地域でもあり、二〇〇〇年当時はひったくりに代表される街頭犯罪が頻発し、治安の悪化が問題となっていた。センサーライトの設置の取り組みを経て、二〇〇

防犯パトロールの様子。大勢の住民が参加する

二年には、現在の防犯活動のシンボルの一つでもある防犯合同パトロールが行われるようになった。これは登美丘北公園で夜間の少年のたむろや騒音への苦情対応のため、防犯委員会が公園周辺住民と警察を集め、「登美丘北公園対策会議」を行ったことがきっかけである。参加者からの不安を訴える意見が出たその日のうちに、会議の参加者約一二〇人全員で現地確認のため登美丘北公園を含む近隣地区を見回った。これが大勢で歩く効果に気づくきっかけになった。

⑤大勢で歩く効果

数人で歩いていたのでは、まちの人たちから声をかけられることは少ないが、大勢で歩くことによって、まちの人たちから「今日は何があったんですか」と話しかけられる。まち歩きに参加していない地域の人たちにも活動を知ってもらう機会となる。また、自治会・町内会の各種役員、警察、行政、小中学校、高校など地域づくりの主要な関係者が一堂に集うことで、情報交換の機会になる。ちょっとした気になっていることをわざわざ出向いて、またわざわざ電話して伝えると、つい大げさになりがちではあるが、一緒にまちを歩いているときに「このあいだの件ですが……」と切り出すのは、たやすい。さらに現在では、まち歩きの前に警察、区役所から防犯情報、行政情報の発信と、住民側から不安なこと、気になっていることの紹介があり、まちづくりの情報交換の機会になっている。まち歩きが異なる主体間の情報共有の機会になっているといえる。

この活動を継続しようと、池﨑さんが知人約二〇〇人に声をかけ、定期的な防犯パトロールを開始した。現在では月一回第二水曜日、北野田駅を中心に、毎回約二〇〇人が自然と集まる活動となっている。さらに、街頭での見守り、防犯委員や青少年指導委員を中心に小規模のパトロールも頻繁に行われている。

⑥地域の人たちを包摂していく気遣い

どうしてこのような多くの人が参加する場となり得たのか？　参加する側の心理的負担を小さくしていることが、一つの要因に考えられる。

まず、声かけの際、参加を強要するような形ではなく、参加者が選択できる選択肢を提示する。見たいテレビがあればテレビを見てもらってもいいし、家事の都合等事情があれば無理して出てもらう必要はない。「もし無理でなかったら」と参加者の心理的負担が少なくなるような気配りをしている（しかし、場が場として成立するよう、最初の呼びかけには、一日中電話をかけて約二〇〇

防犯パトロールの前にみんなで集まって意見交換会。地域の出来事，課題を共有する

人の参加を募ったそうである）。

また、まち歩きに際しては、防犯活動用の制服や腕章などをつくっていない（自治会単位で制服を着たいところは着てもいい）。人々が日常的にまちを歩くような服装、歩き方で、気軽な形態でまちを歩く。防犯委員でない人も誰でも思い立ったその日から活動に参加できるよう、制服や腕章など組織をきっちりとつくらない、権限を持たないことを心がけている。

まち歩きのルートも事前に決まっているわけでもない。自然と人々が散策をするように三々五々歩いている雰囲気である。まち歩き開始時の意見交換会で話題に出たところ、犯罪などが起きたところを中心にして、まち歩きのルートはその場で決定される。

さらに、途中参加、途中離脱が認められており、たまたま自分の家の近くをパトロールで回ったときには、「今日はここで失礼します」と、途中離脱する場面にもしばしば出会う。お年寄りなど足下が不自由な方も、家の軒先で座って、見守りをすることも認められている。定例のまち歩きの際には、こうしたまちかどで立っている多くの人たちと出会うことができ、おたがい「ご苦労様です！」と声をかけ合うような光景を見ることができる。

一見すると苦情の対象となりがちな「やんちゃ」な若者たちも「とみおかヤングサポート隊」を結成している。ヤングサポート隊に関して、あんな子たちに「防犯」といわせていいのか、と反対する人も多かったが、活動を共にしていくうちに互いへの理解が広がり、青年らによる犯罪や苦情が減少していった。現在でもヤングサポート隊の参加を得て、合同パトロールや防犯スポーツ大会が行われている。このヤングサポート隊は、犯罪の根本的対処、直接的な見守りを目的として、苦情の対象となっていた少年ら自体を地域の人たちの間に包摂していく考え方によるものである。

このように防犯といっても、犯罪を厳しく律するのではなく、犯罪を生み出してしまう社会背景自体に寛大な姿勢で働きかけようとしている。結果として、全ての世代の人と共に活動する輪が広がっている。

⑦NPO法人さかいHFF設立

そして、二〇〇五年には堺市東文化会館の指定管理者として「NPO法人さかいHFF」を設立し、防犯活動に加え地域の文化、芸術の振興を図る活動にも取り組むようになった。東文化会館では、文化・芸術事業として著名人による講演会や展覧会、カルチャー教室の作品展示、地域の文化祭などを開催しており、地域内外から多くの人が訪れている。また、子どもの健全育成を図る活動として、地元出身の高校・大学生らによる演奏グループ「アンサンブル堺」の結成や、弁論大会の開催、元警察官を指導者に招いた「登美丘空手教室」の開講など、直接子どもたちを育てる活動にも取り組んでいる。夏休みの盆踊り大会の翌日には、校区の一斉清掃活動を行っている。

こうした積極的な活動により、東文化会館の年間利用者は二〇〇九年度で一〇万六五六〇人にのぼる。なかには昼間の稼働率が一〇〇%となっている部屋もあり、年間を通して多くの地域住民が東文化会館を利用している。このようにさかいＨＦＦは指定管理者制度によって「場」を持つことができた。防犯パトロールも一つの「場」であるが、パトロールが行われていないときであっても、東文化会館にいけば、さかいＨＦＦの人たちに会うことができるという安心感がある。また、こうした「場」があることで、これまで接点のなかった活動・人をつなぐきっかけにもなっている。

⑧広がる連携

さかいＨＦＦの防犯活動は東文化会館という「場」を得て多様な広がりをみせている（図5-11）。防犯活動の多くは行政や警察、学校との連携が多くみられる。特に警察や学校は、犯罪や学校行事などの情報提供と、合同パトロールやあいさつ運動などの活動へ参加している。また、情報共有システム、コミュニティＦＭは、地域外の企業と共同開発を行っている。ＦＭ放送は二〇一〇年に開局し、警察情報や中・高校生による番組、就寝前の子どもへのお話番組など、地域で活動するさまざまな組織・個人の協力を受け放送している。

			連携組織																	
		活動	さかいＨＦＦ	防犯女性の会	防犯安全隊	防犯ヤング隊	防犯ひよこ隊	スポーツ実行委員	登美丘南	東健康グループ	ふうせん	保健センター	社会福祉協議会	連合自治会	防犯委員会	子ども会	防犯協会	警察	学校	行政
Ⅰ	1990	とみおかまちづくり委員会発足（96）																		
		高齢者食事会	○						●99				○							
Ⅱ	2000	とみおかhill-front forum発足（01）																		
		学校の清掃	●01																○	
		センサーライトの設置	○											○	○		●02			○
		登美丘北公園対策会議（02）																		
		合同パトロール	●02	○	○	○	○	○						○	○			○	○	○
		防犯スポーツ大会	○			○		●04								○		○	○	
		登下校の見守り	○		●04									○	○				○	
Ⅲ		さかいhill-front forum発足（05）																		
		文化芸術イベント	●05																	○
		図書館ボランティア	○								●05									
		読み聞かせ活動	○								●06								○	
		朝の挨拶運動	●07																○	
		東健康塾	○							●07										
	2010	情報共有システム	●10											○						○
		コミュニティFM	●10				○											○	○	

凡例：● 連携の主体，○ 連携の客体（白抜きの数字は西暦を表す）。

図 5-11　さかい HFF を中心に広がる連携

子育て支援活動は、子育て支援グループや行政組織と連携している。さかいＨＦＦは活動場所の提供や、さまざまな場で活動の紹介を行っている。また、その紹介を介して社会福祉協議会や保健センターの事業としての活動もうまれている。

高齢者支援活動は、熱心に活動しているボランティアグループや社会福祉協議会の組織と連携した活動をしている。さかいＨＦＦでも実施していた配食活動に加え、各団体と連携しながら高齢者食事会やリハビリ教室など、地区内の三か所の地域会館での活動に展開している。

健康推進活動は、「東健康推進グループ」という地域の医師グループと協

防犯や行政の情報だけでなく地域の情報が放送されるコミュニティFM

働した取り組みがある。「東健康推進グループ」は地域の開業医六人が集まり、医療情報の交換や交流を図っていたことから始まる。二〇〇七年に、東文化会館で行っていた子育てサークルの参加者から、「小児科の先生を呼んでもらえないか」と要望があったため、池﨑さんが東文化会館での医療講座の開講を依頼した。グループの医師らは、地域のためになるならとすぐに活動を始める。当初は無償で、講座の資料・チラシ作成を行っていたが、時間的にも金銭的にも負担が大きく、現在ではチラシの作成・宣伝をさかいＨＦＦが行い、講座の資料を医師グループが作成する形となって、毎月一回（八月、十二月を除く）の継続した講座が行われている。

以上のような、関係する団体によるさかいＨＦＦへの活動参加、共同での運営といった連携がある。共同で取り組まれている活動は、情報共有システム、保健センターでのボランティア、高齢者食事会といった地域で行っていた活動を支援するかたちで行われており、さまざまな組織と交流があるさかいＨＦＦが、活動を仲介する役割を担っているものが多い。活動に参加しているものは、防犯活動を中心に、警察や学校、地縁組織が参加している。これは合同パトロールやセンサーライトの取り組みが契機となっており、「場」としての意義が改めて確認できる。

このように、さかいＨＦＦは、主に「場」の提供と、組織間をつなぐ役割を担っているといえる。さかいＨＦＦには、地域型ＮＰＯに見られるように活動範囲を限定し、拠点を獲得することで活動領域を総合的に広げ、地域の連携形成の中心的組織となっているといえる。

3　場づくりの見取り図

二つの事例により担い手が発見されてきたプロセス、地域型ＮＰＯが他主体との連携によって活動領域を広げてきたプロセスを見てきたが、以下に担い手と地域コミュニティの関わり、地域コミュニティの展開に関するポイントを整理しておきたい。これらを手がかりに読者のみなさんがまちとの関わりを振り返るきっかけ、これからを展望する手がかりになることを期待している。

(1) 担い手であることを発見する

① 「自分のため」を大切にする

●状況：これまで見てきたように人々と地域社会とのつながりが求められているといえる。実際、地域社会に接点を持って活動している人たちの割合はそれほど多くない。

○問題：しかし、地域社会と接点を持ちたいと考えている人は多い。都心のマンションに暮らす若者に対する調査（注2参照）でも、きっかけさえあれば地域社会での活動をしたいとする人たちは一定数存在しているが、そのきっかけがないことが分かっている。一方で、地域社会の自治会・町会の人たちからは、新規住民がなかなか加入してくれないという声も聞こえる。加入を呼びかけても「何のメリットがあるのですか？」と聞き返されたりもする。地域コミュニティと接点を持ちたい人々、地域コミュニティに新しく加入してほしい人たちと両者につながる必要がありながらも、その「きっかけ」がない。

◎解決：では、どのようにつながることができるのか。まず「自分」の困っていることを大切にすることではないか。

ボランティア元年といわれた阪神淡路大震災、また、東日本大震災においても地域社会における共助が注目された。大きな災害によって日常的な生活の営みが継続できなくなったとき、「困ったとき」につながることができたといえる。しかし、「困ったとき」につながることができたのは、日常的にゆるやかなつながりを構築してきたところだといわれている。地域の中で助けるべき災害弱者の所在すら知らないと、共助すらできない。「困ったとき」につながることができるゆるやかな関係を構築しておくことは、あくまでも地域の人々それぞれの「自分」のためであるがこうした「自分」のためのつながりが積み重なっていくことで、結果として地域のためになっていく。きっかけはあくまでも「自分」の必要から発想することが手がかりなるのではないか。

そもそも、私たちは、自分自身の身の回りにいる家族、地域の人々、所属している組織、団体などさまざまな他者との関係を通じて都市という場を構成している。こうした他者との関係を取り結び、集団を構成することができることこそが都市という場の一つの価値である。他者と関わり集団を構成することで、一人ではできないこと、一家族ではできないことができるようになる。かつて集落は生産のための拠点であった。多くの人が集まることで農業生産物に必要な道路や用水などの基盤整備ができるようになるだけでなく、貯蔵や交換によって生産量が増減するリスクを分散することができる。現代においても、教育や医療、商店などは、他者とともに社会を構成することではじめてサービスとして成立し、生活の利便をえることができている。

たとえば、コーポラティブハウスの建設過程において、コーディネーターが住民同士をはじめから仲良くさせようとするとうまくいかないことが多いが、「仲良くするために一生懸命にならないでください」「自分のために協力してください」として、それぞれ個人の立場で集まって住むメリット（コミュニティベネフィット）を享受できるようにコーディネートした上で、住民同士のイベントなどを企画すると、一家族では実現できない、同じ住まいを共有するもの同士ならではの価値をそれぞれが享受できるようになる。そして、結果として仲良くなってしまうそうである（甲斐［二〇〇六］）。こうした、他者と関わり集団を構成することができることが都市という場の一つの価値である。人のためではなく、自分のために周囲の人々との関係をきっかけにすることが求められているのではないか。

②与えられた場で真摯に活動する

●状況：①で見たように、地域社会と接点を持つ「きっかけ」がないといわれている。地域社会でのつながりはもとめられているが、そのきっかけがない。

○問題：すべての人が「自分の問題」から行動を始められるわけではない。社会的サービスがあるため、地域の助けを特に必要としていない。困っておらず、きっかけづくりが難しい。

◎解決：自治会、町内会、管理組合等の地域コミュニティでの輪番制で与えられる役割を手がかりにする。与えられた役割を真摯に務めるなかで、地域コミュニティとの関係が構築され、結果として担い手として発見されることもしばしばある。自分のためをきっかけに一歩踏み出すことも大事であるが、同様に環境から与えられる可能性に自身をひらいておくことも大事である。

たとえば、千葉県佐倉市・佐倉そめい野という住宅地での建築協定委員会を事例に考えたい。佐倉そめい野は大林組によって開発され、和風住宅のまちなみを持つ住宅地として一九九二年に分譲が開始された。当初からまちなみが重視されていたため、地区計画・建築協定・緑地協定といったまちなみを維持・育てていくためのルールが設けられた。当初は事業者によって設けられた建築協定・緑地協定であったが、二〇年での更新時期を踏まえ、緑地協定運営委員会、建築協定運営委員会によって地域の住民への説明・説得といった合意形成の取り組みが精力的に取り組まれた結果、無事更新されることになった。これらの委員会の担い手の多くは輪番制でたまたま当該年の担当役員になった住民の方々である。役割を真摯に務めるなかで地域の課題を改めて確認し、運営委員同士の関係も構築されていく中で、地域コミュニティの担い手として発見されていったといえる。

③「小さな見通し」でも行動してみる

●状況：自身の問題、与えられた役割から地域社会と関わり、小さな活動をはじめようとしたときに、その先の活動のゴールイメージが十分描けない場合もある。

○問題：先が見えない時代でもあり、活動のゴールイメージもはっきりしない場合がある。ゴールイメージがはっきりしないと人に声をかけるきっかけもない。これまではPDCAサイクルのように、計画・見通しを立ててから、実行し、評価、改善していたが、先の展望が描けない、先の展望を描く条件を整理するのが困難で何からはじめてよいのかわからないときがある。

◎解決：小さく踏み出すことで担い手が見えてくることがある。浦安の事例で見たように、DCAPサイクルで考えたい。先の大きな展望は描けなくとも、当面の小さな見通しに基づき、まずは実行してみる。実行し、行動している過程において周囲の状況が立ち現れてきて先の展望が描けるようになる。小さな見通しを手がかりにまずは実行することが大事である。

本来、都市は、他者と空間的に近接していることによって自身の所属している組織、団体とは異なる他者と出会いうる場である。これは都市という場のもうひとつの価値である。具体的には、まちのカフェ、酒場であったり、イベントでの一こまや、ビルのテナント同士の関係だったりする。各組織や団体には、それぞれに設定された目的があり、設定された目的に沿って営みを続けているが、他者との交流は、それとは違ったものの見方を提示し、新しい価値観が生まれうる場となり、ときには課題を解決する可能性を秘めている。

たとえば、障がいを持ったお子さんとそのお母さんが、社会のサービスでも家庭でできることでも、なかなか解決できず、誰からも支援のないような状況を想定する。たまたままちづくりのイベントなどの他者との交流を通じて、支援可能な人、支援の情報を持った人とつながることができるかもしれない。たとえば、小さな子どもをかかえて引っ越してきたお母さん、身の回りに頼れる親戚や友人がいない状況でも、たまたま子どもを遊びに連れて行った公園で、頼れる友人を見つけることができるかもしれない。

小さな行動を起こすことで、他者と出会う場に立つことができる。あるいは他者との出会いの場との関わりの機会を広げることができる。足を踏み出さずに景色を変えることはできないが、一歩ずつ歩みを進めることで見える景色が変わってくる。

(2) つながりと広がりをつくる

①他分野、他世代とつながる

●状況：グループで定めた目的に従って活動が進むと、仲間意識も芽生え、共通の基盤となる価値観も現れてくる。活動領域も広がり新しい仲間が必要とされるが、既存のメンバーの価値観と合致することが前提になっている。

○問題：そのため、メンバーが固定化してくる場合がしばしばある。活動領域も広がり、労力の分担などのため、新しい仲間が必要とされるが、既存のメンバーとの価値観が合致していることが前提である。他分野、他世代といった他者とつながることで、新しい価値観を取り入れて活動をステップアップさせることが期待されるが、他分野、他世代とのコミュニケーションは難しい。参加メンバーの広がりは見られず、メンバーが固定化して活動の広がりが停滞する。

◎解決：自分たちのグループが得意としてきたこと、実践してきたことに加えて、他分野の人たちとつながることで活動の広がりが出る。メンバーが固定化し、活動の広がりが停滞するということは、広がり以外のところにエネルギーが向けられていると考えれば決して悪いことではない。しかし、活動を新たな局面に成長させていくためには、他分野、他世代の人たちとつながり、できることのステップを一つ上げる必要があるといえる。さまざまな分野、多様な世代の担い手に幅が広がることで、地域という総合的な空間に働きかけをすることが可能になる。

たとえば、さかいＨＦＦの事例でみた医師グループとの連携を振り返りたい。子育てサークルの参加者から信頼できる医師とつながりたいという依頼と、医師グループからも医療訴訟などに備えて地域の人たちとの信頼関係を築いておきたい、地域への社会貢献をしたいという必要をつなぐことで、新たな連携の分野を広げている。また、防犯スポーツ大会を企画したり、ヤングサポート隊を結成することで、他世代、多世代の人たちをつなぐ場となっている。こうした実践によって、総合的な地域づくりの領域を描くことに成功しているといえる。

②**参加しやすい地道な活動をする**

●状況：グループの活動が進むと、仲間意識も芽生え、共通の価値観も現れてくる。新しい仲間が必要とされるが、既存のメンバーの価値観と合致することが前提になっている。

○問題：そのため、メンバーが固定化してくる場合がしばしばある。活動領域も広がり、新しい仲間を必要としているが、彼らと出会う場がない。

◎解決：地域の掃除、まち歩きといった、地域にとって必要な活動であり、誰にでも参加しやすい活動を実践する。特殊な技術を必要としないため、気軽に誘うことができ、繰り返し実践することができる。新しい参加者の都合にあわせて参加することができ、心理的負担がない。新しい参加者との出会いの場とすることができる。

たとえば、さかいＨＦＦの活動では、そうした配慮が見られる機会が多い。防犯まち歩き、地域の清掃活動といった誰にでも参加しやすい地道な活動を愚直に実践することで、グループの目的を遂行するだけでなく、新しい参加者と出会う場となっている。うらやす景観まちづくりフォーラムでの、景観資源を点検するまち歩きも同様である。活動のゴールとなる大きな展望が描けなくても、誰にでも参加しやすいまち歩きを重ねることで、少しずつ新しい参加者と出会うことができている。

③拠点を持つことで広がる

●状況：地域づくりにおいて総合的な取り組みが必要であるといえるが、他分野、他世代の人たちとつながることは活動を広げる大きな機会になるとはいえ、そう簡単なことではない。

○問題：メンバーの固定化と同様に、各グループの得意とする専門分野の活動に偏りがちである。他分野、他世代の人たちとつながりを持ちづらく、総合的な取り組みに至ることは難しい。

◎解決：地域の人たちが気軽に訪れ、交流することができる「拠点」を持つことで異なる分野、異なる世代の人たちと容易につながることができる。連絡を取りたい相手に、電話、メール等の通信手段で落ち合う日程と場所を調整した上で、会うことが一般的ではあるが、地域の人たちが気軽に訪れることができる拠点があれば、特に調整は必要ない。また、こうした拠点はいくつかのグループが活動をする場所にもなっていることが多く、他のグループ同士が出会う場にもなっている。こうした拠点となる空間的な「場」がなくとも前に見たような「参加しやすい地道な活動」によっても、異なる主体がコミュニケーションをする「場」となることが期待できる。

たとえば、さかいＨＦＦが東文化会館の指定管理者となり、地域の拠点となっていることが思い起こされる。地域の人たちは、いつでも池崎さんはじめ、さかいHFFの人たちを訪ねることができる。また、東文化会館が会館で活動している人たちが出会う場にもなっている。こうした拠点があることで、他分野、他世代の人たちがつながる総合的な取り組みの基盤となっている。

④物語をつくる

●状況：地域づくりにおいて総合的な取り組みが必要であるが、他分野の人たちとつながる、他世代の人たちとつながることは、簡単ではない。

○問題：行政、地域づくり団体の活動は各専門分野に特化していることが多く、他分野の人と協働しながら総合的な枠組みを持つことが難しい。地域づくりの方向性を共有するのは難しい。

◎解決：地域づくりのめざすべき方向性を物語にして伝える。物語にすることで、どのような将来像になるのか、わかりやすく地域の人々に伝えることができる。その物語に従って異なる主体が同じ将来像に向かって取り組みを展開することができるようになる。結果として戦略的で総合的な取り組みが可能になる。

たとえば、コンパクトシティ政策の先進事例として紹介されることが多い富山市の事例から考えてみたい（山下［二〇一三］）。人口減少社会への対応として、富山市では中心市街地活性化基本計画により、コンパクトシティを政策目標に掲げてさまざまな取り組みが実践されている。ライトレールとよばれる次世代型の路面電車、コミュニティバスの運行、レンタサイクルの運営などを通じた公共交通の活性化、市街地の再開発や子育て支援施設、住宅ストックの活用などを通じて都心や公共交通沿線地区への居住促進、市民が集まるにぎわいの広場となっているグランドプラザの設置・運営を通じた中心市街地の活性化が進められている。市長によってコンパクトシティというビジョンが示されたあと、ビジョンがわかりやすく伝わるライトレールという事業が先行した。それによって、行政、まちづくり会社、事業者、市民、各主体の取り組みが一つの方向性にまとめられることができたのではないか。ビジョン、物語によって進むべき方向性をわかりやすく提示することが、総合的な取り組みには欠かせない。

(3) 見取り図を手に始めてみる

本節の冒頭でも述べたが、以上のような担い手と地域コミュニティの関わり、地域コミュニティの展開に関するポイントは、なにかの「答え」ではなく、読者のみなさんがまちとの関わりを振り返るきっかけ、懸命な取り組みの中での位置の確認、今後の展望をする手がかりになることを期待している。さらには、内省の材料だけではなく、関係者とのコミュニケーションの道具として活用いただけることも期待している。

実は、本節の状況、問題、解決という三つの項目による記述は、パタン・ランゲージとよばれる考え方の記述方法によっている。

パタン・ランゲージとは、「空間の質」を記述、共有し、専門家・非専門家を架橋する創造のためのツールとなることが期待された手法として、C.アレグザンダーによって開発されたものである（アレグザンダー［一九八四］）。わが国でも神奈川県真鶴市の「美の基準」（一九九二年）、埼玉県川越市・川越一番街商店街、自主協定としての「町づくり規範」（一九八八年）、奈良県生駒市「生駒市景観形成基本計画」（二〇一四）など、パタン・ランゲージを用いた街並みルールの記述が実践されてきた。建築・都市計画の分野では、近年は言及されることが少なくなったが、ソフトウェアの開発の分野で注目されはじめ（江渡［二〇〇九］）、実践知を共通言語化する方法として組織デザインや教育のデザインなどに応用され始めている。特に、井庭崇氏（慶応大学・総合政策学部）によってパタン・ランゲージの考え方を用いた学習、プレゼンテーション、コラボレーションなどといった「人々の行為」を記述の対象とした取り組みがある（井庭ほか［二〇一三］）。人々の行為自体を記述の対象とすることで、非専門家同士が対等な立場のコミュニケーションが期待され、その結果人々がよりよい未来のためにとる行動を喚起し、また喚起される「創造社会」が展望されている。

地域コミュニティにおける担い手の発見と場づくりにおける、ポイントを記述し、市民の間で共有する手法として、ヒントとなる取り組みである。さらに、具体のコミュニケーションを通じて、実践を手助けするツールとなることが期待される。

本稿は、一般財団法人全労済協会「いきいきまちづくり研究会」での議論の成果ではあるが、科学研究費・若手研究（Ｂ）課題番号：２３７６０５８３、ＪＳＴ（科学技術振興機構）研究領域「犯罪からの子どもの安全」「計画的な防犯まちづくり支援システムの構築」研究プロジェクト（研究代表者：山本俊哉・明治大学教授）の成果も含まれている。

〈注〉

（１）総務省統計局統計調査部国勢統計課長　千野雅人［二〇〇九］より。

（２）酒井俊之ら［二〇〇五］による調査より。都心のマンション住民の四五％が地域活動に参加したいという意向があることがわかった。

（３）浦安市における市民活動補助金制度とは、市民活動へのきっかけづくりや活動しやすい環境づくりなどを進める支援の一つとして、自主性のある市民活動と市民活動団体の自立を促進するため、地域で抱える社会的課題の解決や、よりよい市民生活の実現のために、市民活動団体が、自ら企画立案し実施する公益性の高い、団体の自立・発展に効果的事業について、市がその事業費の一部を補助する制度。会員確保を目的とした団体活動内容の宣伝に関する事業など、団体の自立を促進するのに効果的な事業として「自立促進事業補助金（はじめの一歩）」や、活動期間が1年以上の団体が主体性を持って行う事業であって、公益性が高く、団体の活動を発展させるのに効果的な事業として「活性化事業補助金（ステップアップ）」の二種類がある。

（４）浦安市における協働提案事業とは、二〇〇九年度に策定された「協働のガイドライン」に基づき、二〇一一年度から実施されている制度。地域課題・行政課題解決のため、まちづくり活動団体から協働事業を募集し、行政との協働により、その事業を実施している。五〇〇万円を上限とする事業経費で、例年五事業前後採択されている。

（５）こうした「Ｄｏからはじめるまちづくり」については、ＪＳＴ独立行政法人科学技術振興機構・社会技術研

究開発センター 研究開発領域「犯罪からの子どもの安全」研究開発プロジェクト「計画的な防犯まちづくりの支援システムの構築（代表・山本俊哉）」における、吉村・三矢らとの議論から示唆を受けている。吉村ら（二〇一一）、三矢ら（二〇一一）

参考文献

C．A．ドクシアディス、磯村英一訳［一九六五］『新しい都市の未来像――エキスティクス』鹿島研究所出版会。
C．アレグザンダー・平田翰那訳［一九八四］『パタン・ランゲージ 環境設計の手引き』鹿島出版会。
浅川潔［二〇〇四］「大型宅地、テーマを持った街区構成 佐倉そめい野（千葉県佐倉市）」『家とまちなみ』四九、六二-六八、三月。

石附弘・安全と管理編集部［二〇〇九］「安全安心とは「助けあい」で「人と人」を繋いでいくこと―誰もが住みよい社会を目指す堺市登美丘地区」『安全と管理』日本実務出版株式会社、六月。

池崎守［二〇一〇］「文化・芸術の発信と実践・行動によるまちづくり（人をつなぎ・世代をつなぎ）」『日本都市計画学会』vol．五九、No．一、pp．七〇-七一。

井庭崇＋井庭研究室［二〇一三］『プレゼンテーション・パターン 創造を誘発する表現のヒント』慶應義塾大学出版会。

井庭崇ほか［二〇一三］『パターン・ランゲージ：創造的な未来をつくるための言語』慶應義塾大学出版会。

卯月盛夫・饗庭伸［一九九九］「地域の合意形成における地縁組織とNPO」『造景』No．二三、一〇月。

浦安市［二〇〇六］『浦安市景観マスタープラン』。

浦安市市長公室企画政策課［二〇〇八］『浦安市第2期基本計画（平成二〇（二〇〇八）年度～二九（二〇一七）年度）第一次実施計画（平成二〇（二〇〇八）年度～二三（二〇一一）年度）』。

浦安市［二〇〇九］『浦安市景観計画』。

浦安市［二〇一二］『浦安市復興計画～すべての力を結集し、再生・創生を～』。

浦安市［二〇一三］『うらやす景観資源リスト』、http://www.city.urayasu.chiba.jp/dd.aspx?menuid＝12934、最終閲覧日：二〇一四年五月。

江口恵美［二〇一一］『指定管理者制度を活用した地域型ＮＰＯと地域の連携形成の要因に関する研究―堺市登美丘地区「さかい hill-frout forum」を事例として』大阪市立大学工学部環境都市工学科卒業論文。

江渡浩一郎［二〇〇九］『パターン、Wiki、XP　時を超えた創造の原則（WEB＋DB PRESS plus シリーズ）』技術評論社。

甲斐徹郎［二〇〇六］『自分のためのエコロジー（ちくまプリマー新書）』筑摩書房。

川添登［一九七四］「生活学の提唱―今和次郎の現代的意義」『生活学　第一冊』日本生活学会、ドメス出版。

さかい hill-front forum　ホームページ（http://www3.ocn.ne.jp/~buntaro/hill-front-forum/hill-front_forum_index.html（最終閲覧日（二〇一一年二月九日））

さかい hill-front forum［二〇〇八・二〇〇九］『さかい hill-front forum 事業報告書』。

堺市青少年指導委員連絡協議会広報部［二〇〇五］『せいしようねん』。

酒井俊之・後藤春彦・佐久間康富・齋藤亮・畑玲子・石井雄晋［二〇〇五］「都心商業地におけるマンション住民の生活形態と周辺住民意識の関係の実態と課題：千代田区神田多町二丁目を事例として」『日本建築学会学術講演梗概集．Ｆ-1』（都市計画、建築経済・住宅問題）、日本建築学会、一二七九-一二八〇頁。

総務省統計局統計調査部国勢統計課長　千野雅人［二〇〇九］「人口減少社会「元年」はいつか？」総務省統計局、http://www.stat.go.jp/info/today/009.htm、最終閲覧日：二〇一四年五月一三日。

富永一夫・中庭光彦［二〇一二］『市民ベンチャー「ＮＰＯの底力」増補新版まちを変えた「ぽんぽこ」の挑戦』水曜社。

日本経済新聞社・日経産業消費研究所［二〇〇六］『自治体における指定管理者制度導入の実態』。

日本都市計画学会［二〇〇九］『特集防犯とまちづくり　都市計画』ｖｏｌ．58、Ｎｏ．６、日本都市計画学会。

日立総合研究所編［二〇〇四］「キーワード０５４　ＰＤＣＡサイクル」日経ＢＰガバメントテクノロジー・電子自治体ポータル、http://premium.nikkeibp.co.jp/e-gov/keyword/2004/key054.shtml。

三矢勝司・天野裕・吉村輝彦［二〇一一］「地域密着型中間支援組織による防犯まちづくり支援のあり方：その四：防犯活動からまちづくりへの移行期における支援方法」『日本建築学会学術講演梗概集．Ｆ‐１』九九一‐九九二頁。

山下裕子［二〇一三］『にぎわいの場　富山グランドプラザ：稼働率一〇〇％の公共空間のつくり方』学芸出版社。

山本俊哉［二〇〇五］「防犯まちづくりにおける公共施設等の整備・管理に係る留意事項の特徴―防犯まちづくりの実践手法に関する研究」『日本建築学会技術報告集』社団法人日本建築学会、二六一‐二六六。

山本俊哉［二〇〇六］「犯罪から子どもを守るためのまちづくり計画に関する考察―防犯まちづくりの実践手法に関する研究」『日本建築学会技術報告集』社団法人日本建築学会、三九三‐三九六頁。

吉村輝彦・三矢勝司・天野裕［二〇一一］「地域密着型中間支援組織による防犯まちづくり支援のあり方：その三：岡崎市Ｔ学区における見守り活動組織発足後のまちづくりへの広がり」『日本建築学会学術講演梗概集．Ｆ‐１』九八九‐九九〇頁。

コラム　プロボノ　サービスグラント

「プロボノ」という名前を日本で広めた特定非営利活動法人サービスグラントの嵯峨生馬代表理事にお話をうかがいました。

「プロボノ」とは、職務上のスキルを生かして参加する社会貢献活動をいいます。これは、ラテン語の「Ｐｒｏ ｂｏｎｏ ｐｕｂｌｉｃ（公益のために）」を語源としています。プロボノ活動の発祥地はアメリカです。アメリカでは国民全員に裁判を受ける権利を保障していますが、高額な裁判費用のため、その権利を行使できない人も多かったようです。こうした弱者救済のため、全米法曹協会（ＡＢＡ）は弁護士の倫理規範を採択し、低所得者への無償の法的サービスを始めました。これがプロボノの原点のようです。近年、日本国内でもプロボノに対する社会的関心も高まり、新たな社会貢献のあり方として注目されています。

「ＮＰＯ法人　サービスグラント」は、職業上のスキルや専門的知識を生かしたボランティアをプロボノワーカーとして登録。プロジェクトチームを編成して支援先であるＮＰＯでの具体的な成果物につなげる活動をしています。

活動開始の二〇〇五年以来、ウェブサイトを主軸として、ＮＰＯの情報発信・マーケティングに関する支援プログラムを提供してきました。この活動で一番大切なことは、ウェブサイトをきれいに見せることで終わるのではなく、そのＮＰＯの活動に共感が得られやすくなるとともに支援したＮＰＯに必要な実力が付くことを何より重視しているとのことです。

しかし、ＮＰＯが抱える課題は情報発信・マーケティングのみならず、事業基盤をいかに強化し、組織をどのようにマネジメントしていくかが大きな課題となっています。そのため、「情報発信支援」に続く第二の柱として「事業基盤整備支援」のプログラムを構築しました。

「事業基盤整備支援」プログラムは、ＮＰＯの業務フロー設計・事業計画立案・プログラム運営マニュアルの制作と、大きく三つの支援事業で構成されています。「事務局長など一部のスタッフに負荷が集中している」「業務の生産性を高め、組織の足腰を鍛えたい」などの課題を抱えるＮＰＯを対象に、適切な情報発信や効率的な対応業務を実現するために業務フローを改善し、必要な業務ツール類を制作する業務フロー設計、外部環境を客観的に分析して、その対応と解決に向けた中長期計画を作成する事業計画を立案しています。また、一部の限られたスタッフのみがノウハウを持っている業務については、業務効率の向上や新人スタッフ等の活躍の機会を広げられるよう運営マニュアルを制作し、ＮＰＯ組織の基盤整備の支援にも寄与しています。

このようにＮＰＯの幅広いニーズに応えながら新規プログラムを開発し、プロボノワーカーの人たちとＮＰＯをつなぐ、中間支援型の特定非営利活動法人として両者のマッチングに努め

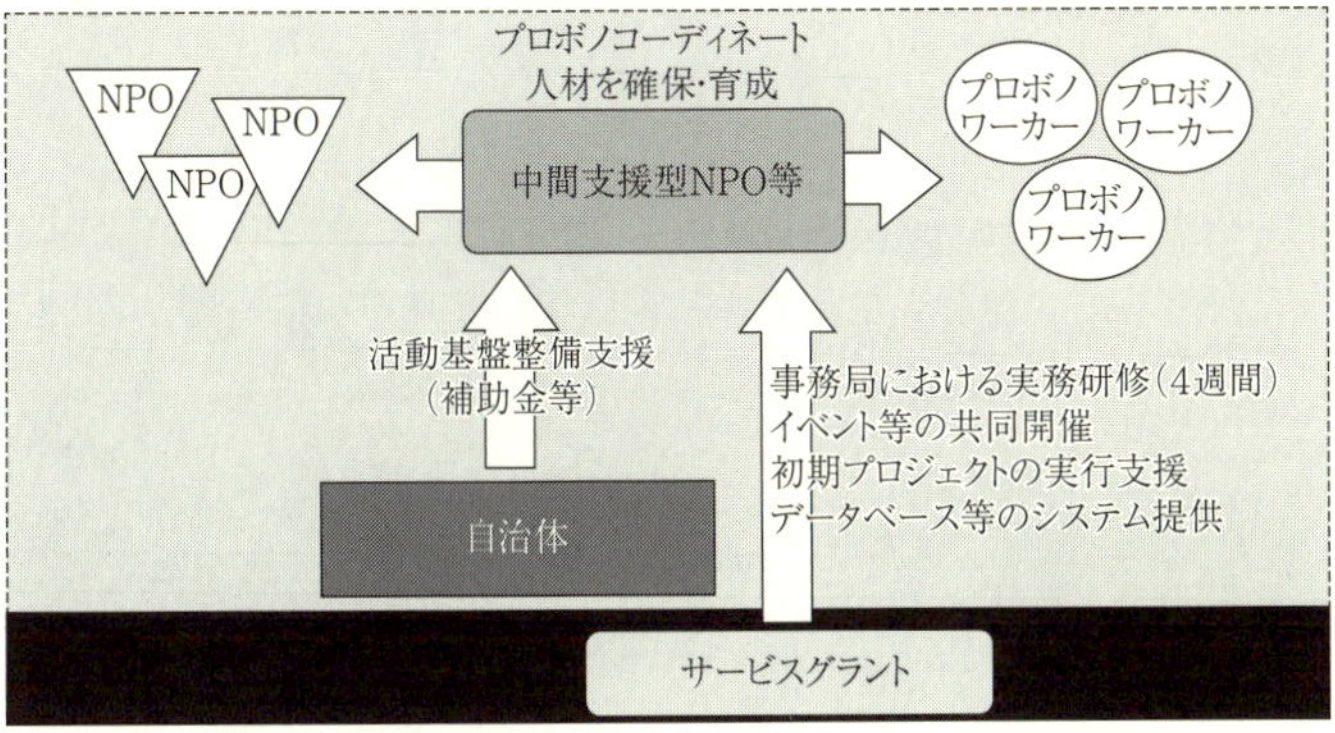

図１　各地域の中間支援型ＮＰＯ・行政・サービスグラントの連携イメージ

ています。

サービスグラントのプロジェクト提供件数は、年々増加しており二〇〇九年度に一〇件、二〇一〇年度に二一件、二〇一一年度に二七件となっています。また、サービスグラントにスキル登録をしたプロボノワーカーは、二〇一一年度新たに九九一名を数え、累計登録者は一六一九名に上りました。（二〇一三年二月二六日現在）。

ＮＰＯに対して、無償でプロボノサービスを提供するサービスグラントの事業運営には、企業の連携・協働が不可欠であり、現在七社（パナソニック、三井住友銀行、日本マイクロソフト、ＵＢＳグループ、日本電気、ゴールドマン・サックス、日本アイ・ビー・エム）の参加・支援を得ています。

二〇〇五年に東京を活動拠点としてスタートしたサービスグラントの活動は、二〇一一年には大阪・京都・神戸を中心に関西エリアでも活動を開始しま

プロボノチームからNPOへの提案ミーティング（花と緑のネットワークとよなかチーム）

した。その他地域での活動展開に向けて、各地域でネットワークを持つ既存の中間支援型NPOとの連携により、地域におけるサービスグラントの活動を進めています。二〇一二年には、広島県の中間支援NPO「ひろしまNPOセンター」との協働によるプロジェクトをスタートさせました。また、佐賀県でも、中間支援型NPO「さが市民活動サポートセンター」との連携により、プロボノプロジェクトを実施しました。

　サービスグラントに参加したボランティア（プロボノワーカー）にアンケートを実施した結果、参加経験について九二％が「良い印象を持っている」と回答しています。また、参加したことでの生活の変化として、「自身の視野が広がり、人間的な成長につながった（八六％）」「社会問題やNPOに対する見方や考え方が変わった（六一％）」「社会に対して役立っているという実感がもてた（六一％）」「ボランティア活動に関する興味関心が高まった（三八％）」

など、プロボノワーカー自身が人間的にも成長したという経験につながっているようです。

第六章　「地域づくり」への協同組合論的アプローチ

――「小さな協同」を育む

一九九五年に改訂されたＩＣＡ（国際協同組合同盟）の協同組合原則の第七原則は「協同組合は、その組合員によって承認された方策をとって、コミュニティの持続的な発展のために活動する」と〝コミュニティへの関与〟を掲げる。一般的にこの第七原則は、協同組合が地域の発展に積極的に関わっていくと捉えられる。そうした意味で協同組合と地域の関係、より踏み込んで協同組合と地域づくりの関係は鋭く問われる。

しかし、地域づくりを巡る議論の中で、協同組合の姿が見えにくいことは実態であろう。二〇〇〇年代に入って「新たな公」・「新たな公共」といった議論が活発化したが、そこでも非営利組織一般の議論はされても協同組合という言葉はあまり見当たらない。その背景には、協同組合が共益組織としてのみに捉えられていること、また協同組合もその内側の議論が中心で、外への拡がりをみせてこなかったことなどが挙げられる。

ところが、地域の実践の中で協同組合が果たしてきた役割は大きい。歴史的に見ても協同組合は地域の課題を解決する主体として成立し、発展してきた経緯がある。そこで本章では、地域づくりにおける協同組合の関わりと今日の実践に焦点を当てて見ていこう。

1　地域づくりと協同組合

(1)　〝地域づくり〟という言葉

地域づくりにおける協同組合の関わりと実践を見る前に、地域づくりという言葉を考えたい。地域づくりという言葉は、ある程度に一般化された言葉であろう。しかし、同じような文脈で語られる言葉も多い。例えば「地域おこし」「まちおこし」といった言葉をよく耳にする。より行政に近いところでは「地域振興」「地域活性化」、近年では「地域再生」「農山村再生」といった言葉が拡がる。その領域に応じては、都市的地域では「まちづくり」、農山漁村では「むらづくり」と呼ばれることも多い。ただし、問われるのはその内実であって、語感ではない。

こうした〝地域づくり〟に関わる言葉を歴史的に整理した小田切徳美氏は、特に地域づくりという言葉を次のように整理している。引用してみよう。

地域づくりには、「内発性」「総合性・多様性」「革新性」という要素が組み込まれている。それは、地域づくりの基盤としての「内発性」、その中身の「総合性・多様性」、そしてその仕組みとしての「革新性」と位置づけることができよう(1)。

この整理を簡単に読み解いてみよう。「内発性」とは、地域づくりの主人公が地域住民であることを意味する。また「総合性・多様性」とは、例えば単なる特産品づくりに終わらずに、くらしや福祉、環境など多様な地域課題に応じた総合的な取り組み、そしてその地域資源に応じた多様性を意味する。そして「革新性」とは、課題に対応するべく地域自らが新たな仕組み（＝器）を用意していくことを意味する。

以上の整理を踏まえて、本章で指すところの地域づくりとは、①地域住民が主人公となって、②地域の多様な資源を活かして、③地域の課題を解決する取り組み、として捉えていこう。

(2) 地域住民自らが関わる地域づくり

地域づくりを考えるうえで、特に大事にしたい点は①地域住民が主人公となる点である。もちろん行政が中心となる地域振興や景観形成などの取り組み、企業による地域貢献活動としてのＣＳＲ（企業の社会的責任 corporate social responsibility）なども、地域を豊かにするという点で評価される。しかし、そこでの多くの地域住民はサービスを受給するという対象に客体化＝お客様化される。言い換えれば、地域住民は、行政や企業などの主体と個別に関係するだけの存在に留まる。

対して、草の根的に拡がる地域づくりの実践では、活き活きとした地域住民の多様な顔がみられる。例えば、農山村再生の現場では女性や高齢者の元気な笑顔が[2]、都市的地域でのまちづくりの実践では自発的に参加する定年退職者や若者の豊かな表情をみることができる。

同様の地域づくりの把握として田中秀樹氏の整理を参考にしたい。田中氏は、地域づくりを「地域社会発展 community development として、地域の手持ちの資源をベースとした（土地や自然との関係）、地域の協同的関係（豊かな他者関係）づくり」と捉える[3]。ここで注目する点は、「地域の協同的関係（豊かな他者関係）づくり」という把握である。この協同的関係とは人と人との関係であり、それは商品を介した相互に無関心な関係とは異なり、互いに顔が見える関係、互いに認め合った関係＝相互承認、すなわち豊かな他者関係である。

小泉政権下の構造改革時に吹き荒れた「勝ち組・負け組」や「自己責任論」などといった言葉は政権交代の遠因ともなり、さらには東日本大震災と福島原子力発電所事故の下では「共」や「絆」、「結（ゆい）」など「つながり」の重要性を再確認した。このように実体験を経て、改めて豊かな他者関係が求められているが、他方でまたぞろ規制改革などの乱暴な議論や、ＴＰＰに代表されるアメリカ主導のグローバル市場主義が押し寄せていることも実態である。

同時に、「小さな政府論」の下での地方自治の縮小や、行政サービスの商品化・市場化も進んでいる。そうした中で「共」や「絆」、「結」といった豊かな他者関係を表す言葉が後退する、もしくはこうした言葉自体がラベル化、商品化されて、濫用されることには違和感を覚える。であるからこそ、地域づくりにおいては地域住民が主人公となる点を大事にし、そして地域づくりを④地域の協同的関係（豊かな他者関係）づくりとしても捉えていきたい。これは先の小田切氏の整理における地域づくりの「内発性」に共通する。

(3) 歴史に見る地域づくりと協同組合

繰り返しになるが、改めて本章で指すところの地域づくりとは、①地域住民が主人公となって、②地域の多様な資源を活かして、③地域の課題を解決する取り組みであり、同時に④地域の協同的関係（豊かな他者関係）づくりとして捉えることとしよう。このように地域づくりを捉えると、その実践は協同組合の成立としても歴史的に経験していることがわかる。少し事例を見ていこう。

イギリスに見る協同組合の成立と展開

今日の協同組合運動のルーツと言われるロバート・オウエンの「ニュー・ハーモニー協同体」の実験は、産業革命以降のイギリスにおける労働者の悲惨な困窮という課題の解決を出発点としている。この「ニュー・ハーモニー協同体」の実験は、コミュニティ＝協同の村をつくろうという運動であったが、図らずも失敗に終わった。しかし、このオウエンの構想はその後の生活協同組合へとつながる。そして、生活協同組合が世界に拡がるきっかけとなったのが、著名なロッチデール公正先駆者組合である。ロッチデール公正先駆者組合の運営ルールは、後にロッチデール原則と呼ばれる九つの原則に整理され、今日の協同組合運動の原則に生きている。

このオウエンの「ニュー・ハーモニー協同体」や、ロッチデール公正先駆者組合の取り組みを大雑把に整理すると、①地域住民＝産業革命の下で困窮する地域の労働者たちが、③地域の課題を解決＝安全な商品を適正な値段で共同購入することで自らの健康とくらしを守る、という取り組みである。これは今日の地域共同売店などの実践にも共通し、地域づくりの一形態であろう。そして、その実践には協同のコミュニティを建設しようという地域づくりそのものの目的も位置づけられていた。ただし、ロッチデール公正先駆者組合から拡がる生活協同組合運動は、どちらかというと地域づくりの目的が後退し、「個々の消費者の生活状態の向上」が前面に出てくるようになる(4)。

第二次世界大戦前の日本に見る協同組合の成立と展開

次に日本に目を移してみよう。今日、わが国内には農業協同組合や生活協同組合など多様な協同組合が存在するが、その多くは第二次世界大戦より以前に産声を上げた。しかし、第二次世界大戦中には国の体制の下に組み込まれ、今日の姿を得るのは戦後のことである。

日本の協同組合のルーツは、一八〇〇年代の相互扶助システムである「頼母子講《たのもしこう》」を発展させた農村の共同金融にあるといわれる。その後、明治時代に欧米の動向が伝わると同時に協同組合運動も伝わる。イギリスの生活協同組合の考えも伝えられ、大都市部においてロッチデール式の生活協同組合の設立も見られた。

他方で明治政府はドイツの協同組合に着目して、国家の制度としての協同組合、特に協同金融としての信用組合を導入していく。今日の恵まれた環境では考えられないかもしれないが、当時の日本はもちろん、ヨーロッパでさえ個人の一般庶民が金を借りることは相当に困難であった。こうした個人が、互いに出資して協同組合を組織化したドイツのライファイゼン系の農村協同組合の取り組みが日本に制度的に輸入され、産業組合として成立し、その後運動としての拡がりを見せた。

一九〇〇年に成立した産業組合法で組合の種類は、信用組合、購買組合、販売組合、生産組合の四つである。しかし、その後の第二次世界大戦に向けた体制下では、協同組合本来が持つ民主的な性格は失われ、統制の一手段へと歪化されていった(5)。

戦後の日本に見る協同組合の成立と展開

戦後、日本の農業協同組合は制度の下で全国に展開した。戦後の農業協同組合は総合事業(営農指導、販売、購買、信用、共済)、属地主義、制度の下での農業協同組合と規定されるが、やはり農業政策と大きく関わって国家の関与は強かった(6)。

ただし、その協同の内実をみると例えば販売協同では、規模の小さい農家が生産部会組織をつくり、共同で集荷し共同で市場に出荷するという産地づくりの実践などもある。これは①地域住民＝地域の農民が主人公となって、②地域資源＝地域で生産された農産物を、③地域の課題＝産地商人などに安く買い叩かれることを解決する取り組みであり、共同で集荷、選果、出荷作業を行うという協同労働と学習を経て、④地域の協同的関係(豊かな他者関係)づくりを育んだという点で地域づくりの一形態と言えるであろう。

より地域づくりとして捉えることができる取り組みは、日本型の市民型生活協同組合（市民型生協）の成立の過程にみることができる。日本の戦後の生協運動は「買い出し組合」などの消費組合運動や職域生活協同組合から始まるが、ここで注目したい取り組みは一九六〇年代後半以降の市民型生協運動である。

市民型生協運動は当時の消費社会の深化を背景として、同時に食の安全性が課題となる社会問題を一つの契機として成立した。例えば、森永ヒ素ミルク事件などに代表される食の安全性にかかる問題に対して、我が子に安全なミルクを飲ませたいと考える主婦層が集まり、酪農家との産直を始める運動などが市民型生協運動へと展開していく。また、その主人公は新興住宅団地の主婦層に多く、新興住宅団地の自治会を中心に社会施設の拡充や消費対策事業などを行っていった[7]。こうした取り組みは、地縁的な関係が極めて薄い新興住宅団地に新たなコミュニティをつくる運動といえ、①地域住民が主人公となって、③地域の課題を解決する地域づくりの取り組みに他ならない。

また、日本型の市民型生協運動は顔の見える関係としての「班」を基礎組織におき、「班」での共同購入、組合員自らによる購買品の仕分け、そして「班」を基礎に組合員が主体的に新たな供給品の開発に加わるなど、④地域の協同的関係（豊かな他者関係）づくりに大きく寄与した。特に産直運動では、生産者と組合員が直接交流することで顔の見える関係を構築した歴史がある。このように市民型生協運動の成立過程では、主人公としての組合員の姿が明確で、かつそこでは豊かな他者関係づくりの実践が見られた。

2 協同組合と地域の関わりとその遠方化

(1) 地域から遠くなる協同組合

前節で見たように歴史的に協同組合の成立は、地域づくりそのものである。ところが、今日の既存の協同組合と地域の関係は、必ずしも近い位置にあるとは言えない。むしろ、既存の協同組合が地域から遠ざかっていることで、さまざまな課題が顕在化していることも実態であろう。

生活協同組合に目を向けてみよう。「班」を基礎組織として協同の内実を育んできた市民型生協だが、女性の社会進出で専業主婦が減少し「班」の活動が困難となった。あわせて大型スーパーマーケットとの業態競争の中で、生活協同組合も大型店舗路線へと舵を切る。そして現在では、個別に直接配達する「個配」がその割合を増やしている。もちろん「個配」が拡がる理由は、社会環境の変化や組合員の要望にあるだろう。しかし、「個配」はバラバラの個人がサービスを受給する関係にあり、協同的関係（豊かな他者関係）づくりからは遠ざかる。ましてや地域という視点は、〝配達エリア〟という事業の上での枠組みの中、すなわち地図の上でしか見えてこない。

次に農業協同組合を見ていこう。表6-1は戦前の産業組合時代から今日の総合農業協同組合（総合JA）までの農協数の変化、そして組合員との直接的な接点である本店と支所支店数の変化

表6－1　自治体数と農協数等の推移

事業年度	地方公共団体数	農協数	本店＋支店等の数	
1889	15859	産業組合数		1888 年「明治の大合併」
1920	12244	13442		
1925	12018	14517		
1930	11864	14082		
1935	11545	15028		
1940	11190	15101		
1945	10536	総合農協		
1950	10500	(JA) 数		1953 年「昭和の大合併」
1955	4877	12385		
1960	3574	12050		
1965	3435	7320	17587	
1970	3331	6049	17476	
1975	3257	4803	17720	
1980	3256	4528	17703	
1985	3254	4267	17520	
1990	3246	3574	17300	
1995	3233	2472	16638	
2000	3230	1347	15140	
2005	2395	901	12137	2006 年「経過措置終了」
2009	1727	754	9514	

(出所) 総務省国勢調査及び総合農協統計表,「農業・経済・金融・JA グループ歴史と現況」農業情報調査会, 2011 年より作成。

(注1) 本店＋支店等の数のうち支店は, 1965 事業年度以降の総合農協統計表の出先機関のうち支所（支店）, 出張所数。

(注2) 2009 年の地方公共団体数は, 2010 年実数を利用。

を表している。戦前の産業組合は、おおむね一八八八年の「明治の大合併」後の明治合併村を単位として設立されていた。そして、戦後の農業協同組合も大正時代から昭和初期の地方公共団体を範囲として設立されている。その後、地方公共団体は一九五三年の「昭和の大合併」を契機に合併が進み、それを追う形で農業協同組合の合併も進む。農業協同組合数と地方公共団体数の逆転は一九九五年であり、以降「平成の大合併」を上回る勢いで農業協同組合の合併が進んだ。二〇一四年現在、全国の総合ＪＡ数は六九九である。

農業協同組合の窓口としての本店、支所支店数の推移を見ていこう。一九六五年の時点で明治合併村数を上回っていたが、一九九〇年代以降減少して、支所支店統廃合の流れの中で一九五〇年時点の地方公共団体数を下回るまでに至っている。現在の支所支店は数の上では、おおむね中学校区と同程度の範囲である。

このように合併に伴う農業協同組合数の大幅な減少と支所支店数の減少から、農業協同組合が地域から遠ざかっていることが数字の上からも確認できる。特に支所支店の減少では、事業規模が小さい山間部の支所支店の閉鎖が多い。他方で、農業協同組合の支所支店の閉鎖を危機バネとして、新たな地域づくりの取り組みが草の根的に生まれていることに注目したい。例えば「地域共同売店」であり、「地域自治組織（小さな自治）」、「移動購買車」などの取り組みである。「地域共同売店」の動向を整理した山浦陽一氏は、全国的に著名な事例の多くが「Ａコープ店舗の撤退」を契機として「地域共同売店」の取組みが始まることを明らかにした(8)。そして注目すべきは、その多くがからはＪＡ全中の廃止，一般社団法人化，連合会化などさまざまな情報が流されたが，そもそもＪＡ全中にかかる議論は突然降ってわいた議論である。公開されている規制改革会議の議事録を見る限り，中央会とＪＡ全中について議論された経緯はないし，ヒアリングの記録でも全く出てこない。「農業改革に関する意見」よりも前に新聞報道された事実からも明らかなように，このＪＡ全中の在り方の議論ははじめから〝ありき〟の内容であったのであろう。そして，筋道を描いたものが裏側におり，それを進めた意思なり存在が規制改革会議の裏側にいるということを危惧するし，こうした筋道で政策が策定されていく過程には恐怖すら感じる。

もちろん個々の論点に踏み込んだ指摘をしなければならないが，それは別の機会に譲り，今回の「農協改革」議論の最大の問題点を整理したい。それはこの国の民主主義の在り方であり，この国の在り方である。協同組合は組合員の組織であり，その意思決定は組合員が行う，そして組織の在り様は組合員自らが決めるものであろう。そこに効率主義一辺倒の議論を上から目線で押し付ける議論は協同組合そのものの否定であるし，より踏み込めば民主主義と多様性の否定である。いわゆる新自由主義的なショックドクトリンの政治手法が進められているのである。そして，産業競争力会議の議論などにも共通するが，地域や協同組合といったひとびとのつながりの在り様を「岩盤規制」と捉える一方的な論法が大手を振ってまかり通る状況にある。すなわち今回の一連の議論では農業協同組合のみに限らず，この国の民主主義の在り方，この国の在り方が強く問われたのである。

コラム

現在，「農協改革」議論が沸き立っている。農業協同組合への批判的な議論は1980年代から続いているが，今回の「農協改革」は相当に踏み込んだ内容となった。その発端は「農協70年ぶり抜本改革」という4月9日付日本経済新聞の一面の記事であり，その内容は全国農業協同組合中央会（以下，ＪＡ全中）に言及している。そして，5月14日に規制改革会議の農業ワーキンググループが「農業改革に関する意見」を発表した。その中身は①農業委員会の公選制廃止，都道府県農業会議所・全国農業会議所の廃止など「農業委員会等の見直し」，②農業生産法人の役員要件・構成員要件の大幅緩和など「農業生産法人の見直し」，そして③「農業協同組合の見直し」である。

③「農業協同組合の見直し」では，中央会制度の廃止，全国農業協同組合連合会の株式会社化，准組合員の事業利用制限など農業協同組合制度そのものに踏み込む内容となっており，相当に強い表現をもって提示された。農業ワーキンググループの座長は「非連続の改革」という言葉で改革案を自賛したが，たしかに歴史的経緯，実態などのすべてを無視した非連続の改革案であった。その後，自由民主党内の議論を経て6月13日に規制改革会議より第2次答申が示された。第2次答申では農協系統＝ＪＡグループの議論による自己改革を迫るものと改められたが，同日，安倍内閣総理大臣は「とりわけ中央会については，農業，そして地域の農協を活性化させるためにどうあるべきか。ゼロベースで考え直すことが必要であると思います」と踏み込んだ。

今回の一連の議論で焦点となりマスメディアを連日賑やかした点は中央会，とりわけＪＡ全中の在り方であった。メディア単なる「Aコープ店舗の撤退」を契機とする逆バネに留まらず、小さな自治＝地域自治組織という地域づくりを伴っている点にある。

(2) なぜ協同組合は地域から遠くなるのか

成立時の協同組合は地域づくりそのものであるが、その歴史的な発展の過程でなぜ協同組合は地域から遠くなるのであろうか。少し考えてみよう。

課題の共有から協同組合の成立まで

図6-1は協同組合の成立からの発展段階を模式化している。協同組合は、課題（私的利害）を共有する人々が集まり、課題解決のために取り組みを始める。それは徐々に高度化・複雑化して、取り組みにおける専門的な労働者を必要とする。こうして協同組合は成立する。

この過程を簡単な事例で見ていこう。例えば、ある地域に野菜の産地があったとしよう。産地では小規模な農家がそれぞれ個別に野菜を生産しているが、生産量が少なく出荷の手段も限られているために、直接市場に販売することができない。こうした状況では、産地商人に安く買い叩かれ、その農業経営は厳しい。そこで、小規模農家が集まって共同で集荷して量を確保し、みんなでトラックを購入して市場に出荷するという取り組みを始める。取り組みは発展して、栽培品種や出荷基準の統一、肥料農薬の共同購入などに拡がる。また、出荷量の増加に伴って事務や会計の手数も増加して、農民が農作業の片手間で取り組むには複雑化する。そこで、事務や会計を担当する専門の職員を雇用する。さらには、集出荷場や事務所などの資産を保有すると共に事業の利益が発生することから、事業体＝法人格が必要となる。ここに専門的な農業協同組合が成立する。

事業連合組織の発展

地域単位で課題を共有する人々が集まり、課題解決の取り組みを進め、その高度化・複雑化に応じて協同組合は成立する。こうした仕組みが各地に拡がると、協同組合間での事業の共同化も進む。それは規模の経済が効果として現れるからであり、必然の流れであろう。こうして事業連合組織が成立する。

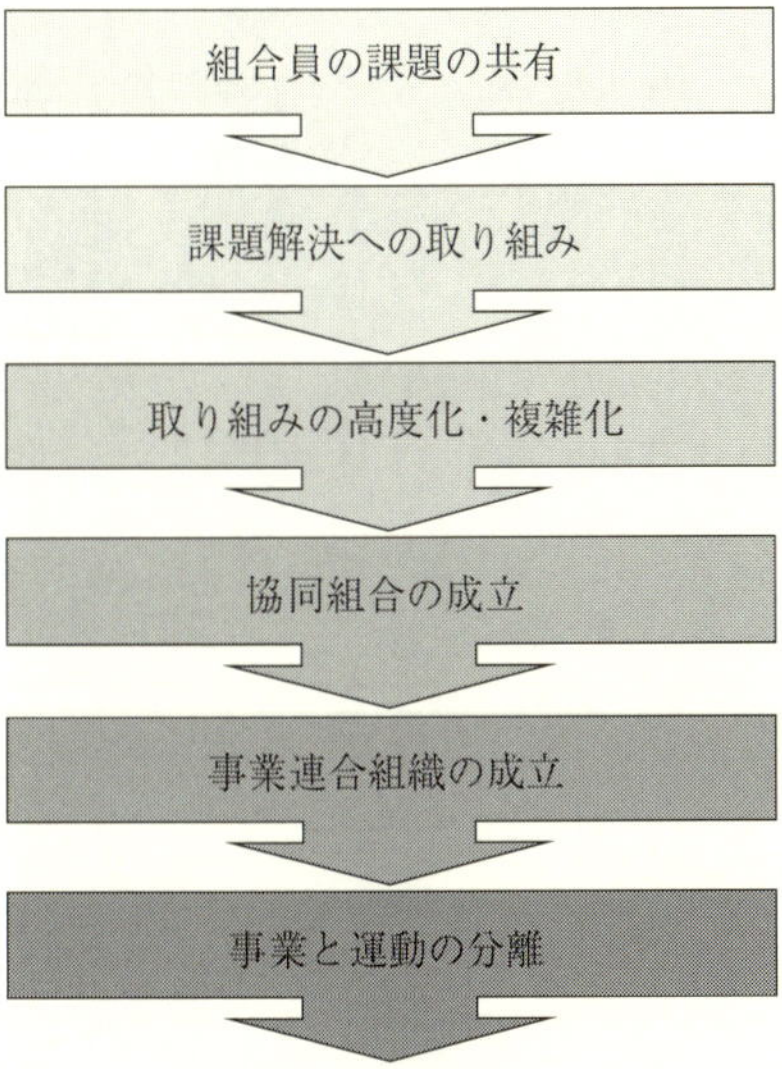

（出所）筆者作成。

図6－1　協同組合の発展過程

生活協同組合は、町内会単位や団地単位、行政区単位などの小さな範域で成立していったが、一九七〇年代以降には都道府県域での統合が進んだ。ただし制度の上で生活協同組合は都道府県域を超えることができなかった。そこで、一九九〇年代に入ると近隣都道府県域の生活協同組合が事業連合組織を形成し、共同仕入れや流通システムなどの共同化などを図った。こうした生活協同組合の事業連合組織化は、当時全国的に拡がったチェーンストアへの対抗策の一環であり、これ以降、生活協同組合は大規模店舗戦略を展開した。なお、二〇〇八年に生活協同組合法は改正され隣接する都道府県域への事業展開が可能となった。この法改正を背景に大合併による都道府県域を超えた巨大生活協同組合も生まれている。

ちなみに我が国の農業協同組合の事業連合組織は、制度的に整備されてきた経緯もあり、必ずしも発展の過程で自生的に生まれた組織とは言い切れない。農業協同組合の事業連合組織は事業ごとに全国域の全国連、都道府県域の連合会組織がある。ただし、販売購買事業の事業連合組織である全国農業協同組合連合会（JA全農）や、共済事業の全国共済農業協同組合連合会（JA共済連）などでは、都道府県域の連合会組織を全国連に統合する動きが進んだ。

運動と事業の矛盾的統合としての協同組合

地域単位で成立する協同組合は、その歴史的発展の中で事業連合組織を成立する。事業連合組織の成立は、規模の経済の発揮である。同時に事業連合組織の成立では、事業体としての経済効率性や経営の継続性といった課題が前に出てくる。これは単に事業連合組織の課題に限らず、単位協同組合でも同様の課題は生じる。ありていに言えば、協同組合の専門労働者である職員を「食べさせる」ことが必要となり、その結果、事業の継続性や経済性が優先される。こうして、地域づくりの一形態として、課題解決のための運動として始まった協同組合運動は、事業規模の拡大に伴って事業が独り歩きしていくこととなる。同時に協同組合は地域から遠ざかる。

例えば生活協同組合において二〇〇七年から翌年にかけて連続したミートホープ事件や毒入り餃子事件が顕著であろう。これらの事件は、生活協同組合で共同購入する食品が、誰がどこで作っているのか、何が原料なのかすら見えなくなったことから起こった事件であり、協同組合が地域やくらしから遠ざかったことを明らかにした。また、農業協同組合がその経営の持続性のために大合併を進め、地域の支所支店を統廃合したことも、協同組合が地域から遠ざかっている姿であろう。

協同組合はその歴史的発展に明らかなように、組合員組織としての運動 association of persons と事業 enterprise の矛盾的統合体である[9]。ただし、それを「協同組合は運動と事業の二つの面がある」と二元論から捉えることは、その歴史的な発展の過程からも誤りである。「協同組合は運動から成立するが、その発展の過程にあって運動と事業の矛盾が生じる」のであり、その結果として協同組合は地域から遠くなるのである。

(3) あらためて地域に向かう協同組合

ただし、協同組合を運動と事業の矛盾的統合体として捉える議論は、以前より検討されてきた。協同組合が地域から遠ざかるという課題認識は、協同組合の内部で共有され、認識されているのである。かねてよりこの課題への対応は図られ続けてきたし、経済効率性の追求との間での振り子は揺れ続いているのである。

例えば、農業協同組合では一九七〇年の第十二回全国農協大会での「生活基本構想」以降、組合員の組織化とそこでの生活活動を地域単位で再構築する運動を進めてきたし、組合員学習に力点を置いてきた。また、生活協同組合では地域の店舗に多様な機能を総合化すると共に、組合員や地域住民が集まる場づくりのさまざまな事例を見ることができる。

ここで少し事例を紹介したい。当「いきいき　まちづくり研究会」では二〇一二年九月に生活クラブいなげビレッジ虹と風を視察した。いなげビレッジ虹と風はＵＲ都市機構の団地再生事業で建て替えられた団地に隣接しており、生活クラブ生協千葉の六つの団体によって運営される（二六八ページからのコラム参照）。

この施設は、生活クラブ千葉生協の購買店舗「デポー園生」の横に、サービス付き高齢者向け住宅・ショートステイ・デイサービス・訪問看護サービス・診療所などの福祉サービスを集約している。また相談事業やボランティア活動支援、地域交流支援、生活支援などを行うＶＡＩＣコミュニティケア研究所が活動の拠点を置く。さらにはカフェや子供の一時預かり所、地域活動のスペースが用意されるなど、地域のくらしや課題に密着した総合化が図られている。こうした店舗に多様な機能を総合化し、組合員や地域住民が集まる場づくりは全国の生活協同組合でも進められている。これもまた、課題を共有する地域住民の集まる場づくりとして、地域づくりの一形態と位置づけることができよう。

また、一九九〇年代以降では高齢化への対応＝高齢者福祉・高齢者医療の取り組みや、子育て支援などの取り組みが農業協同組合、生活協同組合を問わずに見られる。こうした取り組みが、地域単位で地域住民・組合員が主人公になる助け合いの運動とその組織化として進んでいることにも注目したい(10)。それは協同組合が地域から遠ざかっていることを自覚し、あらためて地域に向き合う、より踏み込んで地域の協同的関係（豊かな他者関係）を生み出す、地域に埋め戻すことを意図的に進めていることを意味する。

3　今日の農協運動に見る地域づくりへのアプローチ

本節では、今日の農業協同組合の地域づくりへの関わりに焦点を当てて、事例からその意義を探っていこう。すでに見たように一九九〇年代以降、農業協同組合は合併を繰り返し、いまや一県一農協という巨大農業協同組合も現れた。農業協同組合で合併が進む背景の一つには、その経営環境の悪化に伴う収益構造の悪化がある。これに対して合併による組織再編や機能のスリム化を図り、ありていに言えば管理費を削減することで収益を確保するという減収増益路線の経営戦略を進めてきた。もちろんその過程では、支所支店の統廃合が進み農業協同組合が地域から遠くなるという課題が生じ、鋭く批判されてきたことは実態であろう。

ところが、合併による組織再編が一段落して、いよいよ農業協同組合がその戦略として地域に向き合う方向に動き出した。二〇一二年の第二六回全国農協大会では、「次代へつなぐ協同」を主題に掲げて地域、具体的には支店を核に農協運動を進めていくことを組織決定した。この運動は、「地域農業戦略」、「地域くらし戦略」、「経営基盤戦略」の三つからなるが、このうち「経営基盤戦略」は農業協同組合の内向きの話である。地域づくりとの関わりの中で注目したい取り組みは「地域農業戦略」と「地域くらし戦略」である。

(1) 地域営農ビジョン運動の拡がり

地域づくりとしての地域営農ビジョン運動

「地域農業戦略」の目玉は、地域営農ビジョン運動である。基本的な取り組み方向は「農家組合員が集落を基本に徹底して話し合い、『地域営農ビジョン』を自ら描き実践し、担い手経営体を核に多様な担い手が力をあわせ、地域農業を振興していく体制づくりが必要である。また、少子高齢化がすすむ中、JAとして農家組合員、地域住民等との新たな協同の輪を広げ、農を通じた豊かな地域づくりをすすめることがJAの今日的使命である」(傍線筆者挿入)とする。

その要点は、㋐農家組合員が自ら主体的に徹底して話し合い実践する、㋑地域農業の核となる担い手経営体(大規模農家、法人経営、オペレーター型集落営農経営体、地域ぐるみ型集落営農経営体など)を明確化するとともに、ベテラン農家、兼業農家、定年帰農者など多様な担い手の役割を明確化する、㋒担い手経営体を核として多様な担い手が連携し、地域の特色ある産地づくりを図る、

㋓地域営農ビジョン運動は農業振興にとどまらず地域づくりとして位置づけるという、以上の四点にある。その上で、地域単位で組合員自らが描いた地域営農ビジョンを積み上げることで、農業協同組合全体の地域農業戦略を描こうというボトムアップ型の取り組みが目標とされている。

多様な主人公が集まる場づくり

特に注目したいのは、㋓地域営農ビジョン運動を農業振興にとどまらず地域づくりとして位置づけている点にある。これまでの農業協同組合の農業振興にかかる運動や戦略は、そのまま農業振興であり産地づくりであった。そしてコメ政策に関しては農業政策への対応という側面が強かったことも否めない。もちろん産地づくりも広義の意味で地域づくりの一環として位置づけられるが、やはり職能性は強かった。それに対して、農業振興の運動や戦略を幅広く地域づくりとして位置づけている点は評価したい。その背景には農業集落に住む地域住民ですら多様化が進み、農民が少数派になりつつあるという実態もあろう。

もちろん現場で進む地域営農ビジョン運動は、農業政策への対応の側面が強く、いわゆる担い手経営体への農地の集積や、集落営農の組織化が優先的に取り組まれている。しかし、そこでも変化は顕著に表れている。ここでは二つの取り組みを紹介しよう。

一つは集落営農づくりを単なる農業政策への対応に留めるのではなく、地域づくりの器として位置づける事例が全国的に拡がりつつある点である。それは地域ぐるみ型集落営農と呼ばれるもので、農業者に限らない多様な地域住民の参加の場が用意されている。地域の資源である田畑を、地域住民総出で守っていこうという地域づくりの取り組みである。さらにその先には一階部分に小さな自治＝地域自治組織を位置づけ、その二階部分に機能組織としての集落営農を位置づけるといった取り組みも注目されている。(11)

もう一つはコメ・麦・大豆に限らない地域農業振興の取り組みを地域営農ビジョンとして位置づけた取り組みである。二〇一四年一月に第一回全国地域営農ビジョン大賞の表彰式が行われたが、その中で受賞した組織の一つは農産物直売所の出荷組織である。この組織の特徴は、出荷者自らが学習してその技術段階をステップアップしていくことなどにある。しかし、ここで注目したいのは、単に農産物直売所の出荷者のみに留まらずに、地域住民向けの援農型の一日農業体験や、地域住民・地域の大学などと連携した地域資源を活かした取り組みにまで裾野を拡げている点にある。

これら二つの取り組みから読み取れることは、職能性に基づく地域の農業者のみの取り組みに留まらず、地域住民にまでその主人公を拡げているという地域づくりとしての拡がりにある。地域住民が主人公となり、地域資源としての食と農を活用して、協同的関係（豊かな他者関係）づくりが進められており、地域づくりとしての内実が見られる。

(2) 支店を核にした農協と地域の関わり

地域くらし戦略の背景

次に「地域くらし戦略」を見ていこう。「地域くらし戦略」は、「支店等を拠点に、組合員・地域住民のくらしのニーズにこたえ、くらしの活動・JA事業を通じて地域コミュニティの活性化をめざすもの」（傍線筆者挿入）と位置づけられ、地域づくりが相当に意識されている。その取り組みは、㋐地域のライフラインの一翼を担う農業協同組合の総合機能の実践と、㋑支店を拠点に地域コミュニティの活性化に向けた地域くらし戦略の実践という大きな二つの柱から構成されている。

このように農協運動の中で地域づくりが強く意識される背景には、人口減少や高齢化の課題や、それに伴う例えば買い物難民や交通弱者などといった地域でのくらしの課題の深化がある。しかし、もう一つの課題として注目すべき点は、農業協同組合の組合員構成がある。

図6-2は、西日本A県の二〇一二年現在の組合員の年齢構成を表している。これを見ると明らかなように、今日の組合員、特に正組合員では極端な高齢化が進んでいる。それは同時に、農業協同組合にとって組合員の世代交代が急務であることを表しており、こうした危機意識が第二六回全国大会の「次代へつなぐ協同」という主題に表れているると言えよう。

図6-3は、農業協同組合の組合員構成の歴史的な変化を見ている。ここで目を引くのは二〇一〇年現在およそ半数に達した准組合員の数であろう。しかし、農業協同組合としては、むしろ正組合員の多様化にこそ課題が存在する。一九六〇年代の正組合員の多くは農業で生計を立てる専業農

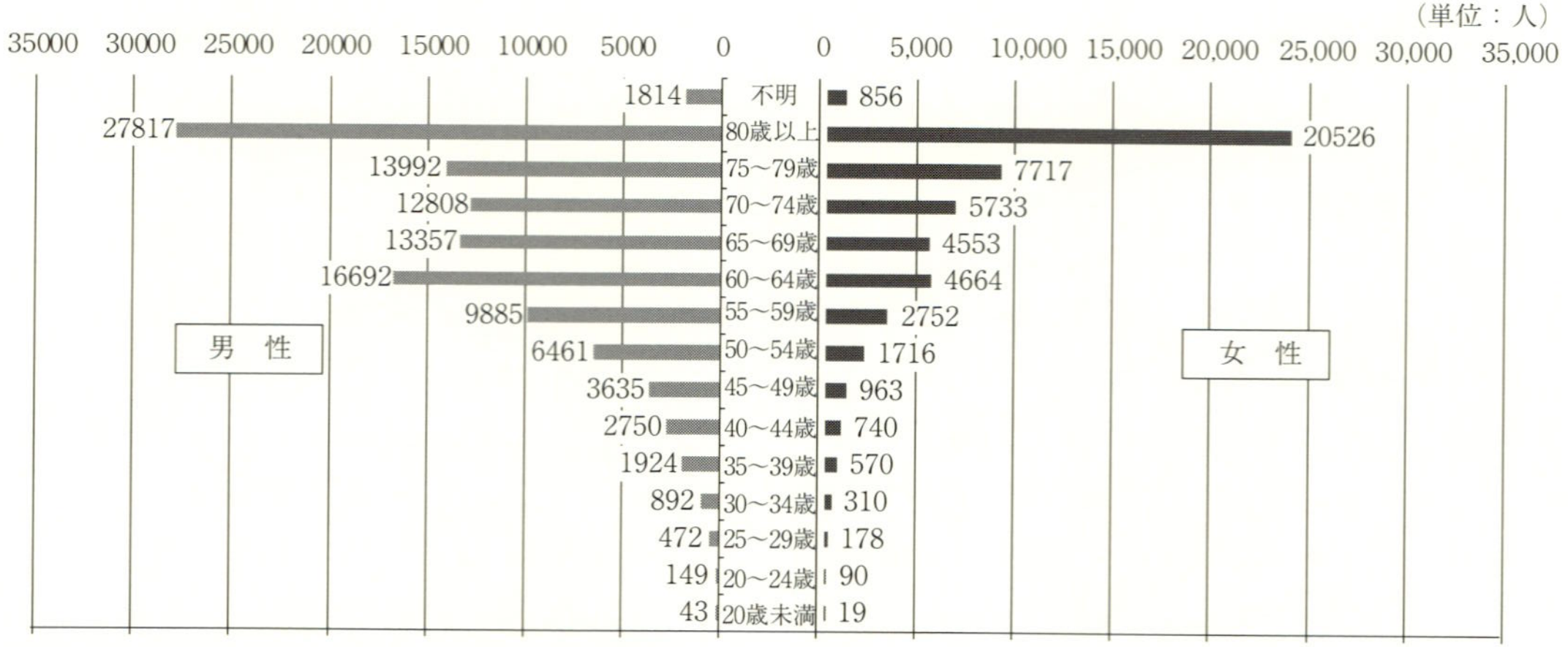

（出所）第 26 回 JA「A」県大会決議，6 ページより転載。

図 6－2　A 県の年齢別にみた正組合員数（2011 年度末時点）

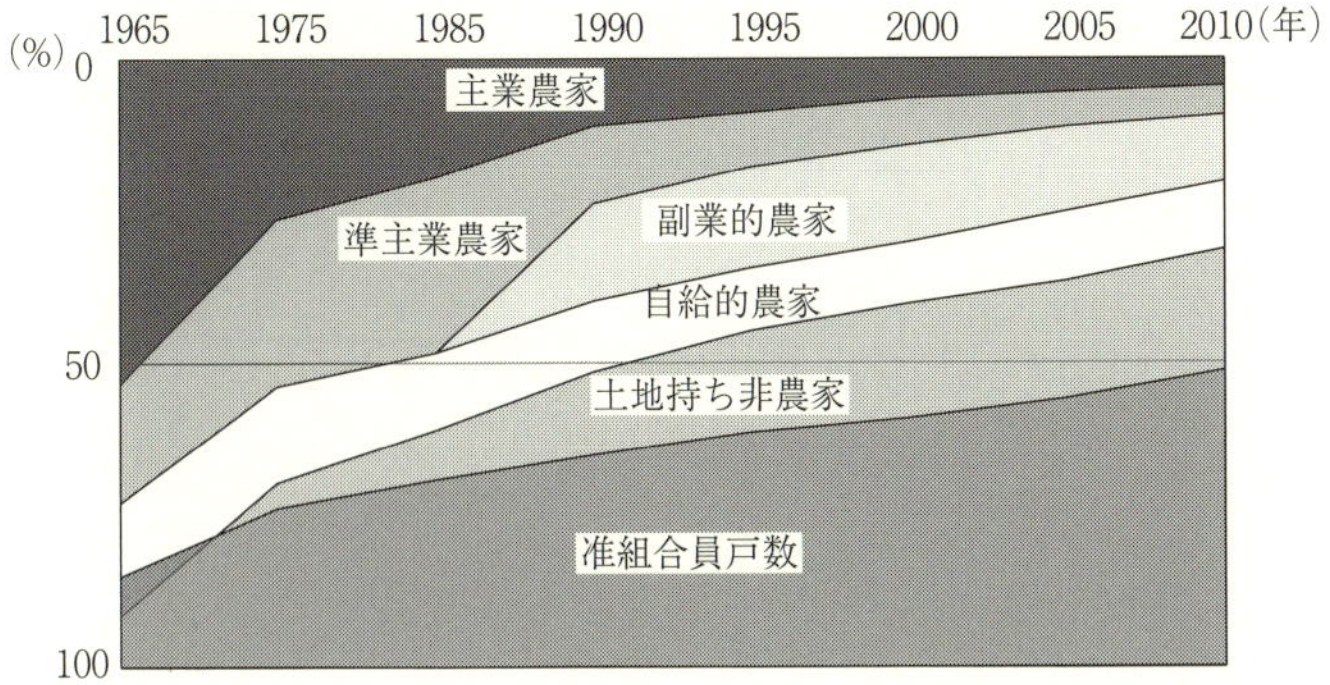

（出所）総合農協統計表，農林業センサス。

（注１）増田佳昭氏作成表（増田佳昭「組合員構成の変化と農協の目的」，小池恒夫編『農協の存在意義と新しい展開方向』，昭和堂，2008 年，p61 図１）および，田中秀樹氏作成表（田中秀樹「生協・農協における組合員の特徴と組合員活動」，協同組合研究誌にじ 2011 年冬号，2011 年）を参考に作成。

（注２）1985 年以前の主業農家数は「専業農家＋第Ⅰ種兼業農家」で換算。1975 年以前の販売農家数を経営耕地面積 30a（北海道は 50a）以上として換算。自給的農家数は，「総農家数-販売農家数」として換算。土地持ち非農家数は「正組合員戸数-センサス上の総農家数」として換算。

（注３）1980 年以前の准組合員戸数データは無いため，准組合員数を摘要。

図６－３　ＪＡの組合員構成の変化（戸数ベース）

家が中心的であった。しかし、今日、専業農家は極めて少数派となり、代わって自給的農家や土地持ち非農家が多数派となったのである。

　この二つの図からわかることは次の二つである。一つは農業協同組合の組織基盤として高齢化への対応、次世代への継承が迫られていることである。それは組織基盤の若返りであり、同時に農業協同組合の経営として事業基盤の若返りが求められているという内向きの課題である。もう一つは、農業協同組合を構成する組合員の多様化により、組合員の課題も相当に多様化していることである。

農業協同組合陣営が打ち出した「地域くらし戦略」は、「地域コミュニティの活性化を目指す」と極めて率直に地域づくりを進めていこうという点が評価される。しかし、その背景には構成する組合員の高齢化と多様化という、組織基盤と事業基盤の課題があることも事実で、いわば農業協同組合自体の内側の課題であろう。であるならば地域づくりに関わって、その実践の内実が問われる。

支店を核にした取組み――一支店一協同活動

「地域くらし戦略」の具体的な取り組みは、㋑支店を拠点に地域コミュニティの活性化に向けた地域くらし戦略の実践という点に現れる。現在、特に力を入れて進めている運動が一支店一協同活動である。

一支店一協同活動は九州地方の都市的地域の農業協同組合で始まった運動がひな型となっている。その実践の中身は、イベントの実施、地域農業の振興、組合員の多様な活動、地域への貢献など多様な取り組みがみられる。また、全国の取り組みを俯瞰すると、支店ふれあい活動、支店まつり、支店だより、集まる場づくりが主な取り組みのようだ。そこでは支店長や「ふれあい担当」などの活躍を中心に、さまざまな活動が見られる(12)。

少し具体的に見ていこう。東日本のある農業協同組合の二〇一三年度の支店協同活動を見るとその取り組みはイベント開催型、イベント参加型、体験型食農教育、景観向上型の四つに類型化される。

イベント開催型は、各支店で主に職員が中心となって企画し、運営される。取り組みの内容も支店の立地する地域に応じて特徴が見られ、例えばみかんの産地である支店では、景観を活かしたみかん畑周辺のウォーキングを、みかんの開花シーズン（五月上旬）に企画している。都市型の地域に立地する支店では、地域住民が参加しやすいイベントが開催されている。

イベント参加型は、地域で行われる祭りや駅伝大会などさまざまな催しに、支店の職員と組合員が参加する取り組みである。地域との交流や、積極的な関与が目的とされる。

体験型食農教育は、農業協同組合らしさを活かした取り組みで、主に児童とその親世代を対象とした農業体験が一年間を通じて企画される。この取り組みは、農業に触れてもらい農業を知ってもらうこと、農業体験から加工や料理などを通じて食と農のつながりを確認してもらうこと、そして農業協同組合の取り組みを知ってもらうことなどが目的にある。同時に生産者＝組合員と地域住民が農業を通じて触れ合うことで、顔の見える関係づくりにもつながる。

景観向上型は、この農業協同組合では農村地区の支店のみでの実施となっているが、全国の事例を見渡すと都市的地域でも拡がる取り組みである。主に支店の職員と組合員が中心となって、遊休農地などを利活用して景観作目などを植え付ける取り組みで、中には田んぼアートなど観光の目玉となるような取り組みも多い。

支店協同活動を地域づくりとして捉える

こうした一支店一協同活動は、主に支店の職員が中心となって企画し、そこに農業協同組合の運営委員や青壮年部・女性部・生産部会といった組合員組織が関わって運営される。そしてその対象者、活動への参加者は組合員に限らない地域住民が対象となっている。主人公は農業協同組合の役職員と組合員が中心であり、地域住民の参加者はいわばお客様であるから、必ずしも本章で指すところの地域づくりとは言えないであろう。踏み込めば一支店一協同活動の裏側には、農業協同組合の組合員拡大の一手段であり、組織基盤と事業基盤の拡大という意図も隠されている。いわば農業協同組合の内側の都合というところかもしれない。

他方で、そこに関わる人々が組合員に限らずに、地域住民に拡がっている点には注目したい。先の事例の中で一支店一協同活動に自治会や子供会、体育協議会、保護者など多様な組織・地域住民が関わっている。活動への関わりのすそ野が拡がることは、一支店一協同活動が一つの器＝プラットフォームとなって、地域での豊かな他者関係づくりにつながっていると評価しうる。さらには、こうした活動を一つの種として、地域での多様な取り組みが芽生えることも期待される。

特に体験型食農教育には、地域づくりとしての期待が大きく、市民農園への参加の拡がりなど都市部でも進んでいる。食と農の距離が遠方化し食品偽装や食の安全性が社会問題となる中、また昨今の「農業改革」の議論などで地域の視点が捨象される中で、改めて地域農業と食・くらしを結びつけることは大きな意味があり、同時に取り組みへの参加の輪が広がっていることからも人々の期待が集まる取り組みと言えるであろう。そして体験型食農教育の取り組みは、組合員を中心に①地域住民が主人公となって、②地域の多様な資源を活かして（磨き上げて）、③地域の課題を解決する取り組みであり（こうした活動は遊休農地の解消などにもつながる）、同時に④地域の協同的関係（豊かな他者関係）づくりが見られ、地域づくりとしての内実があると言えよう。

(3)　地域づくりの種、器としての農協運動

本節では、農業協同組合の地域づくりへの関わりに焦点を当て、第二六回全国農協大会からの農協運動を見てきた。農業では「地域農業戦略」の目玉としての地域営農ビジョン運動に、くらしの活動では「地域くらし戦略」の目玉としての一支店一協同活動に着目した。簡単に整理してみよう。

地域営農ビジョン運動は、農業政策への対応の側面が強く、農業者のための取り組み、すなわち職能性が高い。しかし、そこでは「農を通じた豊かな地域づくり」が掲げられると共に、組合員である農業者に限らず地域住民にまでその主人公のすそ野を拡げている。

一支店一協同活動は、その目的の裏側には農業協同組合の組織基盤と事業基盤の拡充というあくまで農業協同組合自体の内側の課題への対応がある。加えて、一支店一協同活動の実践の多くでは、農業協同組合員の役職員や組合員が主人公であり、地域住民は参加するお客様に留まっている。こうした実態においては、それはあくまで農業協同組合の内部の取り組みに留まるわけだが、その取り組みが器＝プラットフォームとなって、地域での豊かな他者関係づくりにつながっている点は評

価したい。また、体験型食農教育の取り組みは、地域住民が主人公となって、地域の資源を活かして磨き上げるという姿が見られ、地域づくりとしての内実を有している。

すでに見てきたとおり、協同組合の成立過程は地域づくりの一形態であった。その後、協同組合の歴史的発展の過程の中で、協同組合は地域から遠ざかる。しかし、その内側の課題解決に基づく取り組みだとしても、地域への関与を農協運動として強めていることも、また実態である。組織基盤、事業基盤の拡充といった農業協同組合の内側の課題解決策から始まって、それが地域と地域資源、地域住民を巻き込み地域づくりの種をまく、もしくは地域づくりの器＝プラットフォームとして豊かな他者関係づくりを育んでいるという実践に注目したい。

4　地域とくらしから協同を再構築する

(1)　豊かな他者関係づくりの場としての小さな協同

前節で見た今日の農業協同組合の地域づくりへの関わりは、その内側に農業協同組合の経営や事業の課題があるにせよ、地域に豊かな他者関係づくりの場を作ることであるとも言えよう。それは、バラバラの消費者となった人々が改めて集まる場であり、つながりを再構築する場でもある。そして、今日の地域づくりの実践を見ると、この地域に豊かな他者関係づくりの場を用意することが、地域づくりの出発点もしくは一つの目的となっていると考えられる。

例えば農村社会であれば、高齢化、過疎化の中で課題が深化し、その課題への対応としてさまざまな取り組みが見られる。そこでは、地域自治組織の組織化や農業振興・六次産業化、買い物難民・交通弱者対策、さらには都市農村交流などの取り組みが見られる。それぞれの取り組みは、その主体の特徴や地域の特徴を活かして相当に多様であるが、必ず共通する点として、そこに「集まること自体が楽しい」という地域住民の声がある。農村地域の地域づくりの事例として著名な広島県安芸高田市の川根地区振興協議会の辻駒健二会長は、「高齢者がちょっとコーヒーを飲みに集まって、おしゃべりする場を作りたい」と常々語っていた。

このように考えると、今日の地域づくりは人々が豊かな他者関係＝協同的関係を再構築する取り組みであり、集まる場としてのコミュニティを再構築する取り組みであると言えよう。今日、農山村の地域づくりにおいて「農山村再生」という言葉が前面に出てくる背景には、第一に高齢化や過疎化の下で既存のコミュニティ＝むらが弱体化していること、第二に市場に包摂される中で商品化が進み、従来の社会的な諸関係が商品・サービスに置き換えられることで地域社会の結びつきの必要性、ありていに言えば相互扶助や共同が後退していることが挙げられるのではないだろうか。弱体化し後退した既存のコミュニティを再生する、もしくは再構築することが求められており、それが「農山村再生」という言葉の一端に表れていると考えられる。

そして、そこで再構築が求められる豊かな他者関係は、商品を介した互いに無関心な関係とは異なり、直接的に顔の見える関係が結ばれる範域で形成されるであろう。ありていに言えば、顔を見て話ができる範域がすなわち地域であり、それはおのずとくらしの範域としての小さな範囲であろう。こうした意味において豊かな他者関係づくり、協同的関係づくりの場とその取り組みを「小さな協同」と位置づけたい。同時に「小さな協同」は今日の地域づくりの在り様である。

(2)「小さな協同」と「大きな協同」

今日の地域づくりの在り様として「小さな協同」を位置づけることには、本章で論じてきた地域づくりにおける協同組合の関わり方に大きく関係する。率直に言えば、その発展過程で巨大化し、地域から遠くなっていった既存の協同組合を「大きな協同（組合）」と位置づけ、それに対して地域に根差した地域づくりの在り様として「小さな協同」と位置づけているのである。ただし、「大きな協同」と「小さな協同」は対立するものではないであろう。地域営農ビジョン運動や一支店一協同活動など、農協運動では地域と地域資源、地域住民を巻き込み地域づくりの種をまく、地域づくりの器＝プラットフォームとして豊かな他者関係づくりの場を育んでいる。すなわち「大きな協同」が、意識的に多数の「小さな協同」を育むという実践が見られるのである。

そして、地域づくりとして多様な「小さな協同」を育むことは、これからの協同組合自体の再構築にもつながる。すでに見たとおり、協同組合はその歴史的な発展過程において運動と事業が分離し、協同組合が地域から遠ざかる。そして協同組合が地域から遠ざかると同時に、協同組合が組合員から遠ざかり、組合員自体も協同組合から遠ざかる。協同組合は組合員が主人公である組織だが、事業が独り歩きしていく過程で協同組合が組合員をお客様化してしまう＝顧客化が生じる。特に事業連合組織の業務文書では、「顧客への対応」などの文言も平気で見られ、あからさまに協同組合の意味を見失っている事例も多い。

また、事業が高度化して、複雑化する過程では、組合員が直接的に協同組合の事業に関与する場も限られるようになる。例えば農業協同組合の成立過程であれば、当初は集荷や選荷などで組合員自らが働いていた。しかし、高度化、複雑化することで職員を雇用し、結果として組合員が直接的に働く機会は失われ、それは対価を払ってサービスを受ける関係となる。生活協同組合でも班組織での仕分けなどの労働が「個配」に置き換わり、直接的に働く機会は失われる。こうした組合員が労働から切り離される過程で、直接的に組合員が労働する形態としてワーカーズコレクティブ（W．Ｃｏ）が生まれたが、そのW．ｃｏ自体も自立化し、協同組合の下請け化する実態も見られる。このように組合員自体も自らをお客様化することで、協同組合から遠ざかっていく。

すなわち、今日の協同組合の危機の一つには協同組合が組合員から遠ざかり、組合員もまた協同組合から遠ざかるというお客様化＝顧客化がある。このお客様化＝顧客化は、協同組合であることが鋭く問われ、それは協同的関係が失われることと言えよう。そうした中で協同的関係を再構築することが今日の協同組合では求められており、そのためにも「大きな協同」が「小さな協同」を積極的に育んでいくことが求められる。この点をもう少しわかりやすい言葉でいえば、仲間づくりであり、集まる場づくりということになるであろう。そして、協同組合が地域づくりに積極的に関与することは、協同組合自体の再構築につながるのである[13]。

(3) 協同組合と地域の関わり方が問われる

本章では地域づくりを①地域住民が主人公となって、②地域の多様な資源を活かして、③地域の課題を解決する取り組みであり、同時に④地域の協同的関係（豊かな他者関係）づくりとして捉え、特に地域づくりにおける協同組合の関わりとその実践を見てきた。そして、第一に協同組合の成立そのものが地域づくりの一形態であったこと、第二に、しかしながら協同組合の歴史的発展の過程の中で、協同組合が地域から遠ざかる姿を見た。そして第三に、農業協同組合の実践から協同組合の地域づくりへの関わりを整理した。

そこでは、協同組合自体の事業基盤、組織基盤への対応という内側の課題から出発しつつも、地域と地域資源、地域住民を巻き込み地域づくりの種をまく、もしくは地域づくりの器＝プラットフォームとして豊かな他者関係づくりを育んでいるという地域づくりの実践を見た。その上で、今日の地域づくりの一様態を豊かな他者関係＝協同的関係を育む「小さな協同」と位置づけると共に、協同組合が地域づくりに積極的に関与することが協同組合自体の再構築につながることを論じた。

なお付け加えるならば、協同組合が地域から遠ざかる中でも、つまり過去においても協同組合が地域づくりの種をまき、地域づくりの器を育んできた歴史がある。それは、例えば農山村の女性たちの六次産業化の取り組みや、福祉活動、助け合い活動などに見られ、そのルーツの多くは協同組合の地域への関与の中に見ることができる。

ただし、本章の視点は協同組合側の視点である。他方で草の根的な地域づくりの実践では、協同組合の外側で多様な広がりを見せていることが実態であろう。その一つには事例にもあげたとおり、協同組合が地域から遠ざかることで課題が深化し、その逆バネで取り組みが進んだ地域共同売店の実践などもある。協同組合の関わりの薄さであったり（時に対立的であったりさえする）、同時に地域における協同組合への期待に応えられていないことも見逃してはならない。

であるならば次に問われることは、草の根的な地域づくりに対して既存の協同組合がどのように関わっていくか、という点であろう。もちろん、すでに見たように協同組合が地域づくりに積極的に関与することが協同組合自体の再構築につながるわけだが、そこですべてにおいて協同組合が地域に貢献することも限界がある。より踏み込んでいけば組合員の組織として、組合員の共同の利益＝共益を追求する協同組合として、どこまで地域に貢献しうるのかという課題であり、そこにはやはり運動と事業の矛盾的統合体としての協同組合のジレンマも無視できない。協同組合の経営の継続性もまた求められることは当然であるからである。

協同組合と地域の関わり方は常に問われる課題であり、その解を見つけることは残された課題であるが、最後にその方向性と可能性を提示するならば、協同組合がいかに地域にアンテナを伸ばしていくかであろう。そこで特に注目したい点は、今日の地域づくりの中で、地域の外側から多様な若者が地域に入り込んでいき大きな化学反応を起こしているという点である。協同組合は組合員の共益組織であることから、どうしても共通の利害や職能性、地域性に閉じ込められ、内向きに留まる傾向が強い。しかし、今日の地域づくりの実践の中では、若者が外側からの刺激を伴って地域づくりに強く関わっていく事例も多く、この点が今日の特徴の一つである[14]。協同組合の公益性にかかる議論、地域にひらかれた協同組合の議論も進む中で、地域に入り込んでいく若者の姿から学ぶ点も多いと考えられ、今後の議論が期待される。

(注)

(1) 小田切［二〇一四］、四頁。
(2) 小川［二〇一四］ほか。
(3) 田中［二〇〇八］、一九頁。
(4) 中川・杉本［二〇一二］、六〜一五頁。
(5) 前掲、中川・杉本［二〇一二］、八八〜九五頁。
(6) 太田原［一九九二］、一四頁。
(7) 前掲、田中［二〇〇八］、四三四〜四三六頁。
(8) 山浦［二〇一一］、四六〜四八頁。
(9) 前掲、田中［二〇〇八］、四五一〜四五二頁。
(10) 前掲、小川［二〇一四］、二九〜五二頁。岡村［二〇〇八］ほか。
(11) 楠本［二〇一〇］、一九四〜二〇七頁。
(12) 松岡・小林・西井［二〇一三］、六〇〜九五頁。

(13) 前掲、田中［二〇〇八］四七二～四七三頁。
(14) 図司・小田切［二〇一四］。

参考文献

太田原高昭［一九九二］『系統再編と農協改革』農山漁村文化協会。

岡村信秀［二〇〇八］『生協と地域コミュニティ―協同のネットワーク』日本経済評論社。

小川理恵［二〇一四］『魅力ある地域を興す女性たち』農山漁村文化協会。

小田切徳美［二〇一四］「農山村再生とは何か―その意味付けと戦略」『JC総研レポート』二〇一三年春Vol.25、三月。

楠本雅弘［二〇一〇］『進化する集落営農』農山漁村文化協会。

図司直也著、小田切徳美監修［二〇一四］『地域サポート人材による農山村再生』筑波書房。

田中秀樹［二〇〇八］『地域づくりと協同組合運動』大月書店。

中川雄一郎・杉本貴志編［二〇一二］『協同組合を学ぶ』日本経済評論社。

松岡公明・小林元・西井賢悟［二〇一三］『支店協同活動で元気なJAづくり』家の光協会。

山浦陽一［二〇一一］「地域共同売店の実態と持続可能性」小田切徳美編著『農山村再生の実践』農山漁村文化協会。

コラム　生活クラブいなげビレッジ虹と風

ＪＲ総武線稲毛駅から徒歩一八分のところに、複合福祉拠点「生活クラブいなげビレッジ虹と風」があります。ここは、住宅公団園生《そんのう》団地の老朽化に伴い、ＵＲグリーンプラザ園生に建替えられた際に集約された四六三〇平方メートルの整備敷地を活用したＵＲ都市機構の団地再生公募事業として誕生しました。

住宅公団園生団地は、一九六三年九月に中層五階建て一三棟、全四三八戸の東京への通勤者のベッドタウンとして誕生しましたが、住民の高齢化と建物の老朽化に伴い一九九六年に四棟二二六戸の住宅に建替えられ、現在は高層住宅を中心としたＵＲグリーンプラザ園生に生まれ変わりました。その後、二〇一〇年にＵＲ都市機構の団地再生公募により採択されたのが、生活クラブ生協を母体とする「生活クラブいなげビレッジ虹と風」です。

「ＶＡＩＣコミュニティケア研究所」理事長佐々部憲子さんに話をうかがいました。

「生活クラブいなげビレッジ虹と風」は、生活クラブ千葉グループの六団体で構成されています。六団体とは、「生活クラブ虹の街」「生活サポートクラブ」「ＶＡＩＣコミュニティケア研究所」「ワーカーズコレクティブ樹」「生活クラブ風の村」「ワーカーズコレクティブまどれーぬ」です。この六団体で運営協議会を設置し、現在はこの協議会のもとに「広報紙編集委員会」「チームマルシェ会議」「防災担当者会議」の三つの会議を置いて運営しています。運営協議会を構成する各団体が相談事業、生活支援事業、福祉・医療事業など地域問題の解決とコミュニティの再生に連帯して取り組んでいます。

高齢者ばかりではなく子育て世代まで幅広い世代を対象に、小売店舗や地域交流スペースなどが併設されている複合拠点となっています。このような取り組みは、先進的な事例として二〇一〇年度の国土交通省の高齢者等居住安定化推進事業にも採択され、国土交通省の補助金も受けています。

生活クラブ生協による「生活クラブ虹の街」は、安全・健康・環境の理念にもとづき、生鮮食品・一般食品・家庭用品などを提供し、生活クラブのお店「デポー園生」の運営を行っています。また、「VAICコミュニティケア研究所」では、世代を超えて人と人が地域で繋がる活動を進めています。また、子どもの一時預かり事業（たあ～たん）や地域交流事業（あみぃこ）にも取り組んでいます。さらに、UR都市機構・生活クラブ風の村・VAICコミュニティケア研究所の三者による生活支援サービス「ボンズ」と見守りサービス「アウル」など、新たな取り組みも行っています。

気軽に生活相談ができる事業として、生活や福祉全般に関する相談や多重債務・生活困窮などの生活再生に関する相談、そして成年後見制度に関する相談など、本人の意思による相談専用電話も設置しています。

「ワーカーズコレクティブ樹」では、惣菜やお弁当も販売しているボナペティやカフェＣａｃｈｅ－Ｃａｃｈｅ（カシュカシュ）を運営。人々の憩いと交流の場になっています。

社会福祉法人生活クラブが運営する「生活クラブ風の村」は、サービス付き高齢者向け住宅やショートステイ、高齢者、障がいのある児童のデイサービス、診療所など、福祉サービスを集約させた複合施設です。

この風の村の厨房業務を行っているのが「ワーカーズコレクティブまどれーぬ」。診療所では、近隣の医療・福祉従事者との連携も進んでおり、地域医療での役割も期待されています。

人々の憩いと交流の場になっているカフェ Cache-Cache（カシュカシュ）

また、「生活クラブいなげビレッジ虹と風」の特徴の一つとして、「ユニバーサル就労」への取り組みがあります。ユニバーサル就労とは、障がいがあったり、生活困窮状態にあるなど、さまざまな理由で働きたいのに働きづらい人たちに、多様な仕事を提供する取り組みです。雇う側の都合に合わせた「働き方」ではなく、個人の抱えるさまざまな事情を尊重した「働き方」を目指しています。

広報活動としては、毎月、地域福祉情報紙「虹と風のたより」を地域新聞に折り込み、約一キロ圏域の一万三〇〇〇世帯に配布しています。地域で支え合うネットワークづくりに向けたコミュニケーション紙としての役割を果たしているそうです。

何より、「地域での見守りが大切」と、地域とのネットワークづくりと運営団体間の連携を強める活動を進めています。

特に、高齢独居の方などへの声かけをきっかけに関係スタッフがそれぞれの立場で「つかず離れずの見守り」を実施し、何か変化があったときには、必要なスタッフが連携できるよう体制を構築するなど、誰もがいつでも自分らしくいられる地域社会づくりに寄与しています。

第七章　地域医療を守る住民の取り組みと地域コミュニティの形成

1　はじめに

(1)　地域医療を通じて地域社会を考える

急速な少子高齢化は地域社会に大きな影響を及ぼし、医療給付費の急増などによる社会保障制度の持続可能性の揺らぎは、人々が健康で自立した社会生活を営む上で、さまざまな困難と不安をもたらしている。

超高齢社会においても公的医療保険・介護保険制度を持続可能なものとするため、制度改革が進められている。病床機能の見直し、すなわち急性期、回復期、慢性期などへの病院の再編成による医療資源の配分の適正化、在宅医療・在宅介護の推進、「かかりつけ医制度」「地域包括ケア」の制度整備等である。

ところで、こうした公的医療保険制度等の改革は社会構造や疾病構造の変化に応じて不可避であるが、それだけで問題が解決されるわけではない。その制度を利用し支えるべき人々の、その制度に対する信頼を獲得できるものでなければならない。同時に、公的医療保険制度等の手の届かないところを地域住民の活動が補い、全体として、必要な人々に必要なサービスが必要なタイミングで、バランスよく提供されることが重要となる。

地域医療のかかえる困難は、子育て世代や後期高齢者などの社会的・経済的に立場の弱い階層の人々に大きな影響を及ぼしており、これらの人々の参加と多様な人々との対話を通じて、安心できる地域医療と暮らしやすいコミュニティづくりが求められている。

(2) 子育て世代と後期高齢者

子育てと就労の両立の困難の広がりがマス・メディアでしばしば報道され、小さな子どもを抱える世帯を取り巻く環境の悪化が表面化している。二〇一二年に一六・三%にまで上昇した子どもの相対的貧困率、同年に年間六万件を超えるまでに急増した児童虐待相談件数、保育所の増設や定員増加等が進むにつれ、皮肉にも潜在待機児童が表面化したために解消されない待機児童問題。

小児医療の分野では二〇〇〇年を迎えようとする頃から、病院小児科の閉鎖が一部の地域で始まっていたが、核家族化なども影響して子どもの親の知識や経験の不足と不安の増幅による小児救急医療への過度の依存が進んだ。どの病院にも自由に掛ることができるという、日本の公的医療保険制度の特徴であるフリーアクセスにもとづき、一部の人々の救急病院へのコンビニ受診も目立ち始めるようになった。コンビニ受診とは病院をあたかもコンビニエンス・ストアのように、夜間や早朝でも気軽に受診することを指す。確かに二四時間営業のコンビニは、いつでも必要な時に気軽に利用できて便利である。病院の夜間救急もそのようなものだと考え、昼間は仕事で忙しいなどの理由から、さほど重い症状でなくとも気軽に夜間に病院を受診するのである。しかし、その結果、病院は重症・軽症に関わらず多くの患者が殺到し、勤務医は速やかに患者を診察しきれず、待たされ続ける患者やその家族はストレスを高めていく。医師は疲弊を重ねる一方、タイムリーな二四時間医療提供を求める患者はクレームを当然の権利と考える。治療効果が不十分で症状が悪化したときには治療行為の過失が疑われ、民事上・刑事上の責任追及が始まる。「医療安全」を理由とした臨床現場への過剰な司法介入はこれをさらに助長しかねない。

一方、高齢者世帯を取り巻く環境も悪化が続いている。平均寿命は延び、二〇一三年には男性約八〇歳、女性約八七歳となった。女性は世界一位、男性も世界四位である。しかし、低年金などにより生活保護を受給する高齢者世帯は増加を続けている。また、同年の健康寿命（日常生活に制限のない期間）と平均寿命との差は男性九年、女性一二年となった。つまり、経済的不安の広がりを背景に、およそ十年にわたって身体的、精神的制約を受けつつ暮らす高齢者が今後ますます増加するのである。

こうした長寿社会の中で高齢者医療の分野では、例えば胃瘻《いろう》の造設を巡る議論に示されるように、天寿を全うしようとする後期高齢者などへの、時として不必要とも思えるような延命治療や高度医療の提供の是非、人間の尊厳と最期の看取りのあり方が議論を呼んでいる。病院で看取りを迎えるケースが増える中で、人生の最期の時間を介護や救急医療にも支えられながら、家族や地域の人々に囲まれて住み慣れた自宅で穏やかに過ごしたいとの希望も強まっている。この願いに応えるのが在宅看護と在宅介護である。しかし例えば全国の訪問看護ステーションの数は二〇〇〇年代の十年間は五千前後で推移しており、ようやく二〇一二年は六三〇〇、二〇一三年は六八〇〇と増加している(1)ものの、団塊の世代がすべて後期高齢者となる二〇二五年を展望したとき、その体制はまだ十分とは言えない。

(3) 地域医療の改革をめざす三つの活動

そこで本章ではこうしたさまざまな課題を抱える地域医療、特に小児医療と高齢期の医療・介護を支える住民の取り組みについて地域医療の持続可能性やコミュニティの形成の視点から考えてみたい。具体的には、以下の三つの活動を取り上げ、これらが住民参加による地域医療の改革を進め、地域コミュニティの形成に貢献していることを明らかにしたい。

第一に、緑に囲まれた地方都市、兵庫県丹波市にある基幹病院の県立柏原《かいばら》病院小児科の廃止の懸念が生じたときに、医療提供者と住民が協力して小児科を守ろうと立ち上がった「県立柏原病院の小児科を守る会」の活動である。

第二に、都市部における小児救急医療の惨状を目の当たりにして、子どもたちや小児医療を守るためには、医療提供者と患者・市民の相互理解が必要だとして、小児医療の啓発に取り組む「知ろう小児医療守ろう子ども達の会」の活動である。

第三に、人生の最期のときを医療・介護のサービスを受けながら在宅で生き抜くことを支え、さまざまな住民からの健康相談等に丁寧に対応し、生活の質を高めることへの貢献をめざす「白十字訪問看護ステーション」と「暮らしの保健室」の活動である。

以下ではまた、これらの活動を勤労者の地域医療への関わり、勤労者の福祉の向上という視点からも考察したい。なぜなら、職場における良質な就労機会や就労条件の確保とならんで、生活の場における安心できる地域医療の確保は勤労者の福祉の向上にとってきわめて大きな課題だからである。もちろん、地域経済、住宅政策や公共交通政策、自然環境や景観、文化芸術など、勤労者が地域社会に求めるニーズは多様である。しかし、子どもや親の看護・介護などはふだん健康なときは意識されないものの、家族がひとたび健康を害したときには勤労者本人の就労の継続を脅かす重大な危機に直面する。身体が唯一の資本である勤労者にとって、自らの健康を守ってくれる地域医療が重要であることは言うまでもないが、家族の健康を守ってくれる地域医療・介護サービスの存在も、勤労者の福祉にとってきわめて重要な課題だからである。

2 「県立柏原病院の小児科を守る会」の取り組み

医療崩壊の危機に直面し、安心して暮らしを営むことが困難になりつつある地域が数多い中で、地域住民がこれに敢然と立ち向かい医療崩壊を食い止めた地域社会がある。その取り組みを振り返り、人々が地域の中で生き生きと暮らせる社会とはどのようなものなのかを考えてみたい。

(1) 地域の基幹病院の小児科を閉鎖から救う

医療崩壊の危惧の広がり

二〇〇六年から二〇〇七年にかけて、医療現場を取り巻く状況には大きな変化が現れていた。医療崩壊の危機である。その象徴的な事件が「福島県立大野病院事件」である。

二〇〇四年十二月、福島県立大野病院産婦人科で出産に際して帝王切開手術を受けた女性（当時二九歳）が大量出血により死亡。外部の専門家で構成される県の医療事故調査委員会が、執刀医の判断の誤りを認める報告書を作成したのをきっかけに、福島県警が二〇〇六年二月、業務上過失致死罪で産婦人科医師を逮捕した。これに対して日本医学会は、不可抗力ともいえる本事例で結果責任だけをもって犯罪行為として医療に介入することは好ましくない、との声明を発表(2)、多くの医療関係者も、医療の萎縮を招くとして強く反発した。逮捕された産婦人科医は起訴されたが、二〇〇八年八月福島地方裁判所は無罪判決を下し、検察側の控訴断念により無罪が確定した。

医療行為は本来不確実なものであり、また、手術のような医療行為は合法的に身体を害する行為を伴い、その結果、不幸にも症状が悪化したり、副作用を招くことがありうる。一般に確立された医療技術であっても個々人の身体的特性により、その効果と影響には差異が生じうる。これらのことを考えれば、医療行為に伴う事故についての対応は十分すぎるくらい慎重でなければならない。安易な刑事責任の追及は、救命救急医療に近い分野ほど社会的リスクを異常に高め、この分野からの医師の立ち去り型サボタージュを促すことをわれわれは理解しなければならない。結果、不利益を被るのは、最も救命救急の必要度の高い人々である。この事件は医療現場と医療関係者がきわめて不安定な状況におかれていることを明らかにした。

兵庫県立柏原病院小児科閉鎖の危機

この頃、産科医療分野とともに、小児医療分野でも医師の激務による緊張は高まっていた。コンビニ受診による医師、特に病院勤務医の疲弊が進み、小児科が他の科と比較して人手と手間のかかる割にそれが考慮されない、当時の診療報酬体系がその傾向を助長した。

そうした中、二〇〇六年四月に兵庫県丹波市にある基幹病院の県立柏原病院小児科の医師が二人に減り、二〇〇七年三月には、そのうちの一人が院長に就任することとなった。一人だけでは病院小児科を維持できないと考えた残る小児科医は、五月末で退職する決意を固めた。このことは同時に、出産時に小児科のサポートを必要とする産婦人科にとってはその廃止を意味しており、この地域でお産や子育てができなくなろうとしていた。

事態を地域住民が正確に理解するのにさほど時間はかからなかった。その重要な役割を果たしたのは、丹波新聞の足立記者であった。彼は、四月に新聞の一面トップで、この小児科存続の危機を伝え、お産休止の瀬戸際にあることを報じた。同時に、以前に取材を通じて知り合った小さな子を持つ母親三人に、同じく小さな子どもを持つ母親の友達を集めてほしいと依頼した。呼びかけに対して一一人が集まり、カフェでケーキを食べながら座談会が始まった。小児科が廃止されることをなんとしても避けたいとの気持ちが共有された。しかし一方で、深夜に押し寄せる小児救急患者の処置を行い、休む間もなく連続して翌朝から通常勤務に就き疲弊する小児科医のことを考えると、退職するなとは言えないとの一言もまた皆の共感を得るものであった。

立ち上がる母親たち

座談会の結果、県知事に対して県立柏原病院の小児科医の補充を求める署名活動に取り組むことが決まった。こうして「県立柏原病院の小児科を守る会」(以下、「守る会」という)は発足した。署名活動には保育園や小学校、商店街、自治会、老人会など、丹波市民の多くの支持が集まった。一か月で集まった署名は五万五千筆余り。近隣市の住民の署名も含まれていたとはいえ、丹波市の当時の人口七万人と比べたとき、いかに多くの支持を集めたかがわかる。しかし、県に署名を提出するものの、県の対応は、「県立病院は柏原病院だけではない。(3)」というものであった。医師不足に悩む地域は多く、一二ある県立病院の中で特に柏原病院だけを優先できないと。

そこで、守る会は活動の軌道修正を行う。小児科医の補充・増員が直ちに困難なのであれば、今いる医師を大切にしよう。そしてそのために必要なことを小さな子を持つ親をはじめ、住民に呼びかけよう。こうして、守る会の活動を象徴する三つのスローガンが決まった。

①コンビニ受診を控えよう

②かかりつけ医を持とう

③お医者さんに感謝の気持ちを伝えよう

まず、コンビニ受診が小児科医の疲弊を招いているとの認識に立ち、これを控えることを小さな子どものいる親に訴え、住民の協力により丹波地域の小児医療を守ろうと呼びかけたのである。

次に、かかりつけ医とは、病気に罹ったとき、いきなり大病院など専門医療機関を受診するのではなく、まず、近所の診療所の医師（いわゆる開業医）に相談、受診して、ふだんから総合的な治療上のアドバイスや指示をうけ、健康管理に努めるような仕組みをいう。そしてそのかかりつけ医の指示や紹介状にもとづいて専門医療機関を受診することにより、医療機関の分業体制が整備され、病院勤務医の負担を軽減しつつ効率的な医療がスムーズに提供されることとなる。

そして最後に、医師や医療機関に感謝の気持ちを伝えることで、医師のスペシャリストとしての人格を尊敬し、深夜勤務や長時間連続勤務で疲弊した医師の献身的な努力を承認し、医師を支えたいという患者の気持ちを示そうというのである。医師として当然の義務を果たしたこととはいえ感謝の気持ちを伝えられると、疲弊した身体であっても更なる困難に立ち向かう意欲がわいてくる。自分は疲労したとはいえ、他人のために貢献していることを確信できるからである。

こうした母親たちの活動は、足立記者を通じて県立柏原病院の唯一の小児科医である和久医師に伝えられた。さらに街中を走る車には、小児医療を守ろうと呼びかけるステッカーを貼り、道端には同様に呼びかける街路灯フラッグがたなびく。運動は街ぐるみの広がりを見せた。

この活動を知った岡山の小児科医が自ら手を上げてやってきた。神戸大学は常勤医を柏原病院に派遣することになった。こうして県立柏原病院の小児科医は補充・増員されることとなり、二〇一四年四月現在、五名の小児科医が地域の小児医療を守り続けている。

(2) 住民が支える地域医療

地域医療の安定は住民の向き合い方次第

守る会の取り組みの第一の特徴は、コンビニ受診を控えようと呼びかけたことである。地域医療を守れるかどうかは住民一人ひとりにかかっている、ということを具体的に明らかにしたのである。ややもすれば、制度が悪い、社会が悪い、自分たちは当然の権利を主張しているだけだという考えが広がる現代社会にあって、それに明確に「否」と訴えたのである。当然、反発も予想された。小児医療は小さな子どもや新生児を対象とするだけに、特に初めて親になった若者にとって子の病気の不安はきわめて大きい。核家族化が進み地域社会のつながりが希薄になればなるほど、その傾向は顕著である。しかし、まだ丹波地域では大都会と比べて地域社会の中で人のつながりが残されていた。そのスローガンに対する反発を和らげ、若い親たちがそのスローガンを理解するための人間関係が存在していたと言える。

地域医療に関する住民への住民への啓発活動

第二の特徴は住民への熱心な啓発活動である。守る会では子どもの急病時の親の判断をサポートするリーフレット『病院に行く、その前に』（A４判、一六頁）などのツールを作成し、親たちに配布している。柏原病院小児科がこれを監修し、小児医療から見た記載内容の安全性を担保した。親が事前に子どもの病気に対する理解を深めることにより、不要なコンビニ受診を少しでも減らそうとする取り組みである。また、守る会は『くませんせいのSOS』（B６判、二四頁）というひらがなと簡単なカタカナ、そしてかわいらしい動物の絵が描かれた絵本を作成し、子どもたちにも配布している。これは、千葉県東金市を拠点に活動するNPO法人「地域医療を育てる会」の藤本晴枝理事長が、子どもたちにもわかるように描いたもので、クマさん（病院の医者役）、ヤギさん（かかりつけの開業医役）、フクロウさん（夜間救急に軽症で受診する患者役）などが登場する。そのストーリーはコンビニ受診により多忙を極め病気になったクマさん医師を守るために医師と住民が協力し、かかりつけ医の重要性を理解していくというものである。

もうひとつの重要な啓発活動は、小さな子を持つ親が医療知識を学ぶための「ママのおしゃべり救急箱」（略称・ママ救）である。年に四回、子育て世代向けに小児科医などの医師を講師にして勉強会・質問会を開催するのである。ふだん医師に聞きたくても聞けない子どもの健康や病気に関する疑問を、ゆっくり時間をとって直接医師に聞ける場として、小さな子ども連れで若い親たちが集まってくる。

なお、丹波市では、「ファミリー・サポート・センター」が、子育て支援を依頼したい市民と子育て支援をしたい市民とを結びつける役割を発揮している。この制度を利用した託児サービスにより、ママ救に小さな子ども連れでも参加でき、地域全体の支えあいが広がっている。

医師と住民の相互信頼は地域医療の核心

守る会の取り組みの特徴の第三は、そしてこれが最も他の諸活動との違いを鮮明にしているが、「ありがとうメッセージ」の記入呼びかけと医師や病院への送付である。守る会では、柏原病院小児科を受診した親子だけではなく、医師や病院に大変お世話になったが、なかなか感謝の気持ちを伝えきれていないという人々に、地域や診療科を問わず、「ありがとうメッセージ」（A6判1枚もの）の記入を呼びかけている。柏原病院小児科窓口の横の掲示板には、感謝の言葉が記入された、かわいいイラストのついたカラー刷りのカードが多数貼られている（写真）。

守る会のメンバーは全国各地へ講演の講師として呼ばれるが、その際にも参加者にメッセージカードを配布し、回収された感謝の言葉の記されたカードは、守る会の定例会の際に全国の医師や病院に発送される。このカードがきっかけとなって、医師と患者との新たなつながりが静かに広がっている。

掲示板に貼られた「ありがとうメッセージ」

このような活動に対して、柏原病院小児科のウェブサイトでは、今なお、ウィットに富んだ感謝の言葉が次のように表示されている。

……私たちは「守る会」の皆さんに対してもう一度感謝の言葉を述べたいと思います。私たちにとっても、現在の丹波地域にとっても、この「守る会」は恐竜化石（注釈：平成18年、丹波市では恐竜の化石が発見され話題となりました。）以上の宝物だと思っています。

県立柏原病院小児科（丹波地域の周産期・小児医療）を守ってくれてありがとう。

そして、丹波地域の小児を守ってくれてありがとう。

あなた方の市民運動は間違いなく「革命」なのです。たとえ、この地域が医療崩壊の焼け跡になったとしても（考えたくはありませんが）、その功績は必ずや将来の地域医療再生の道標となることを確信しています。(4)

(3) 守る会の取り組みから見えてくるもの

成果を挙げた要因

守る会の取り組みは目に見える成果、つまり、県立柏原病院小児科の存続により地域の小児医療提供体制を守り抜いたという成功を収めた。そこでこの取り組みが「地域医療再生の道標」となりえた要因を改めて整理し、普遍的な意義について考えてみたい。

まず第一は、この取り組みが「お任せ民主主義」から脱却できたことである。丹波地域における小児医療の崩壊に対する親たちの危機意識は急速に広がった。数多くの署名が短期間に集まったことがそれを示している。ふだんあまり病気をしない子を持つ一人の母親の「話を聞いたからには、放っておかれへん」という反応は、この運動の広がりを支えた地域住民の気分を代表している。そして小児科医の増員要求は、医師絶対数不足と県内各地域間の平等な取り扱いを理由として増員困難だとする兵庫県の回答により、急速に後退するかと思われた。兵庫県の回答にも行政の限界とも言うべき一定の合理性があったからである。しかし、ここから先が違った。それならば「今いる小児科医を大切にしよう」、「少しでも医師の負担を軽減し、残ってもらえるように自分たちが変わろう」と地域住民に呼びかけ行動したのである。例えば子どもの高熱に不安が生じる時でも子どもの様子がふだんとあまり変わらないなら冷静に判断して、まずかかりつけの診療所の小児科医を翌朝受診するというように、自分たちの行動を大きく転換したのである。こうした地域住民の意識と行動の変化に対して、医療提供側も機敏に反応したのは先に見た通りである。

第二に、メディアの果たした役割は大きい。特に地元紙の丹波新聞の足立記者はこの事態をさまざまな角度から記事にし、医療崩壊の危機を繰り返し報道した。何よりも足立記者の呼びかけた座談会が開かれなければ、事態は手遅れになっていたかもしれない。このように地方紙の足立記者が伴走役として、運動の発足から展開、挫折からの立ち直りに貢献した。足立記者の報道は、小さな子を持つ親だけではなく、医療関係者、高齢者等の心を動かした。「丹波医療再生ネットワーク」を結成し、住民への医療知識の啓発活動を展開する医師たち。夜勤医師への週一回の夕食差し入れを続ける「たんば医療支え隊」のボランティアのおばあちゃんたち。医療提供者と患者、住民の間に、地域ぐるみで重層的な信頼関係が確立されていった。

第三に、基礎自治体である丹波市の果たした役割である。大学病院から県立柏原病院への医師派遣に対して、県立病院でありながら丹波市が費用補助を行うという、前例踏襲では考えられない措置により医師派遣を実現させた。それには当然、さまざまな市の関係者、つまり小さな子を持つ親以外の地域住民や市議会などの理解が不可欠である。何よりも市長をはじめとする市役所関係者の小児医療を守ることに関する強いリーダーシップが必要である。丹波市では市長のリーダーシップにより、デマンドタクシーという仕組みが導入された。これは交通弱者であるお年寄りが通院や買い物に際して、低額で事前予約制のタクシーを利用できる仕組みである。この例に示されるように、市民のニーズに敏感な市政運営が市長のリーダーシップの下に展開されてきており、小児医療のニーズに対しても、そのリーダーシップが発揮された。

そして第四に、地域の小児医療を守る取り組みの継続性を高めた守る会の存在とメンバー同士の緩やかなつながりである。守る会はＮＰＯや一般社団のような法人ではなく、また町内会のような地縁団体でもない。ヒエラルキーのない緩やかな任意団体である。自分たちの子どもの健康を守りたいという切実な共通の願いにもとづいて結びつき、その構成員のつながりは非常に緩やかである。しかし、守る会を通じた会員同士の人間関係の変化は明確である。すなわち、子どもが友達同士である親という関係ではなく、一人ひとりが自立した個人として、互いの尊厳を認め合う関係が形成されている。「〇〇ちゃんのお母さん」ではなく、「〇〇さん」とお互いに呼び合える人間関係なのである。発足当初七名だった会員は二〇一四年六月現在二六名にまで増えている。このような緩やかな人と人の多様なつながり、すなわち、ウィーク・タイズが地域に根付いてきたことが地域住民の満足感を高め、互いの支えあいの風土作りに大きく貢献してきたと言える。

今後の課題

すっかり地域に定着した守る会の活動だが、課題も残されている。第一は、関係者の意識の変化である。例えば、支え隊の週一回木曜日の夕食差し入れが恒常化すると、支援される側にそれが当然のことと理解されるようになる。支え隊のメンバーからの理解と協力を今後も得られるか否かは、住民のボランティアをどのように受け止めるかにかかっている。小児科のウェブサイトでは、当時の危機的状況を忘れないため、意識的にメッセージを掲載し続けている。

第二は、活動の継続である。守る会の会員の子たちは次第に成長し、親たちがこの活動に取り組んだその後ろ姿を決して忘れないだろう。しかし、現在の会員の子どもたちの成長につれて、小さな子を抱える新しいメンバーの参加が必要となる。地域社会への関心が希薄化する中で、新しい子育て世代が、自分たちこそ地域の小児医療を支える主体だとの認識を持てるかどうかは大きな意味を持つ。

第三は、構成員の変化である。守る会の会員の中には、他の地域から夫の転勤のために、家族で転居して来たメンバーが含まれる。しかし、再び転勤により守る会から離れることもある。そこで、転勤者の新たな参加をどのように進めるかが課題となる。転勤により転入してきた小さな子を持つ新住民にとって守る会への参加は、子育ての安心を獲得できることだけではなく、その活動への参加を通じて地域社会への貢献が認められ、見知らぬ地域社会の中の一員として承認されることにつながる。その際、仕事を持つパートナーの理解と協力が不可欠であることは想像に難くない。

3 「知ろう小児医療守ろう子ども達の会」の取り組み

守る会が活動を始めた二〇〇七年の春、東京都新宿区でも「知ろう小児医療守ろう子ども達の会」（以下、「小児医療の会」という）が産声を上げた。守る会が特定の病院小児科の存続をめざして、地域ぐるみで取り組みを展開したのとは対照的に、小児医療の会は特定の病院との関係ではなく、都市部の広いエリアで小児医療の改善に取り組んだ点で異なっていた。

(1) 都市部における小児医療を守る取り組み

大都市でも小児医療が崩壊の危機に

小児医療の会が誕生するその数か月前、代表の阿真京子さんは自分の子どもがけいれんを起こし、夜間小児救急外来を訪れた。外来には子どもがあふれかえり、小児科医が処置に追いまくられている状況に愕然とした。その後、ニュース報道で夜間救急を訪れる子どもの内、九割は軽症だということを知り、子どもの病気や小児医療についてもっと知りたいと思うようになった。そして問題解決のためには、夜間に子どもが体調を崩したとき救急病院に駆け込むべきか、あるいはしばらく様子を見て翌朝、かかりつけ医の小児科に受診すればよいかを、親が判断できるようになることが必要だと考えるようになった。こうして小児医療の会は発足した。

医療施設も医療スタッフも充実しているはずの大都市部において、なぜ小児医療の危機が生じるのか。それを理解するには、一九九九年に起こった小児科医の中原利郎さんの過労自殺事件を知る必要がある。東京都中野区の病院に勤務していた中原さんは責任感が強く、小児科医の退職が相次ぐ中で、夜勤当直の頻度が増え、当直明けの連続勤務も繰り返された。阿真さんが経験したように夜間小児科外来は、大都市部の喧騒の中で孤立し不安を増幅された親子であふれかえることが多い。この結果、中原さんは過労により精神面の健康を崩し、やがて自ら命を絶つこととなった。

この事件が生じた背景にはもう一つ、小児科医に占める女性の比率が他の診療科に比べて大きく、夜勤当直勤務が男性である中原さんに相対的に多く割り当てられ、本人もそれを強い責任感により承諾していたことが挙げられる。つまり、こうした事情を踏まえた十分な医師配置や医師の就労条件の改善が必要であるにもかかわらず、主に経済的理由から行われなかったことがこの事件の原因と言える。現在も女性の医療界への進出が増加する中で、女性が働き続けられる環境や体制の整備が急がれている。

小児医療の会の発足と方針の転換

小児医療の会は発足当初、長時間労働により注意力が散漫になるような状況に置かれた医師に受診することの不安を訴え、人々の危機感に働きかけてコンビニ受診を控えようとした。しかし、こうした呼びかけは小さな子を持つ親に対して、十分な説得力を持たなかった。それは、小児科医の職務のきびしさを親にわかってもらおうとの意識が強すぎる余り、親の不安について十分には気に留めていなかったことによる。この結果、なかなか賛同する人々が集まらなかった。

そこで、阿真さんは考え方を改め、小児の病気や小児医療に関する親の理解を深めることにより、結果として不必要な小児救急への受診を控えることこそが、遠回りではあるものの確実に小児医療の危機を回避できると考えた。その上で、心配であれば救急での診療も受け、小さな子どもたちを守ることを呼びかけたのである。都会と地方という、それぞれのおかれた状況や親の意識の違いに応じて、柔軟に事態の改善を進めようとしたといえる。こうして小児医療の会は活動の方針を転換し次第に賛同者が集うようになる。

この活動に協力したのが、二〇〇七年十一月から講座の講師を務める、小児科医の佐山圭子さんたち医療関係者であった。こうして、自らの置かれた厳しい環境をよく知る医師をはじめ医療提供者の協力を得ることができ、二〇〇八年三月には朝日新聞が、守る会とともに小児医療の会の活動を紹介し、広く世間の注目を集めることとなった。

(2) 住民参加による小児医療の啓発活動

親の不安を解消するために

小児医療の会は都市部を中心に、小児医療に対する親の理解を促進するための啓発活動を行う一般社団法人として活動を展開している。

二〇一四年一月現在の会員数は、専業主婦一〇人、看護師七人、マスコミ関係者五人、その他働く母親六十数人など、合計約九十人である。そのうち、二〇人強が講座の開催やウェブサイトの運営、メルマガの作成など、さまざまな活動に積極的に関わっている。また、協力医が四〇人（内、小児科医三六人、産婦人科医一人、内科医一人など）と、多くの医療関係者が深く関わってこの活動が展開されている。二〇一三年に開催した小児医療に関する講座は一九回、受講者三五七人。活動を始めた二〇〇七年四月からの累計は八二回、受講者二七三八人にのぼる。特徴的な点は、ＮＰＯや生協などの非営利団体、あるいは行政などとの共催で講座を開催している場合が多いことである。また、メルマガを毎月発行し、全国八六〇の送信先に送っている。

そこで、ある日の講座を覗いてみた。会場には赤ちゃんや小さな子どもを連れたお母さんだけでなく何組かの若い夫婦も参加していた。小さな子どもについては、保育室が別に用意されていたり、会場の前のほうで小さな子どもをあやすスペースも設けられ、赤ん坊のことを心配することなく、小児科医の講義を安心して聞くことができる工夫と配慮がされている。

講座では医療知識に関する小児科医からの説明が丁寧に行われるとともに、注目したいのは、受診に当たっての日常の心構えや準備の必要を強調していることである。

このとき紹介されるのが、小児科受診の際に用いる、小児医療の会作成のオリジナル・ツール『こどもからだメモ』である。これに子どもの症状が出始めたときから、体温の変化、食事や水分補給の様子、排泄や嘔吐の状況などを、朝、昼、晩、深夜の区分で記録しておく。これを受診時に示すことにより、医師の診察の際の最も重要なチェック項目である発病からの経過と現状を正確かつ総合的に把握でき、適切な治療につながるのである。このメモは小児医療の会のウェブサイトからダウンロードできる。

ふだんから記入しておく、もう一つのツールは『からだノート』である。市販の大学ノートに、子どもの病状や受診時の様子などを、子どもが生まれて以降、継続してこまめに記入する。二人以上の子どもがいる場合は一人につき一冊というのがポイントであり、子どもの健康の軌跡が後からわかり受診時に医師の判断を助けるだけでなく、子どもが成長したときに親の子を思う気持ちに気づくという効果もある。

講座参加者からは、「病院ではなかなか質問しづらかったことを、直接小児科医の先生に詳しく聞けて良かったです」(5)という感想もあり、患者から見て敷居が高く直接相談しづらい中で、専門家である小児科医に講座でじっくりと相談できたことの満足感、安心感は大きい。

また、子育てメッセのようなイベントにも小児医療の会はブース出展を行い、立ち寄るお母さん、お父さんに阿真さんや会のメンバーが、ボランティアで丁寧に小児医療の現状や会の活動内容を説明している。

小児医療の会は、基礎自治体との連携にも力を入れている。東京都新宿区では、区が行う三・四か月児健診や新生児訪問時に、小児医療の会が制作に協力した『知っておきたい子どもの病気とケガ〜子育て地域医療ハンドブック』が手渡し配布されており、親の不安解消に役立っている。また、杉並区との連携においては、児童館での講座開催などを進めている。

このような活動は多くの共感を呼び、「パルシステム東京市民活動助成基金」や「ドコモ市民活動団体への助成事業：こどもを守る」から助成を受けるなど、その社会的評価も高まりつつある。

医療行政への関与

こうした地域での住民の取り組みは、一つの世論となって、国の政策に影響を及ぼしている。さまざまな医療提供体制のあり方を巡る検討会に、こうした取り組みを進めるメンバーが参加してきているのである。「救急医療体制等のあり方に関する検討会」（厚生労働省、二〇一三～一四年）や「周産期医療と救急医療の確保と連携に関する懇談会」（厚生労働省、二〇〇八～〇九年）には小児医療の会の阿真さんが、「専門医の在り方に関する検討会」（厚生労働省、二〇一一～一三年）にはNPO法人「地域医療を育てる会」理事長の藤本さんが、「今後の医学部入学定員の在り方等に関する検討会」（文部科学省、二〇一〇～一一年）には守る会の丹生さんが、医療関係者などと並んでその構成員の一員となり、政策形成に影響を与えている。

今後、地域住民のニーズを的確に反映した地域医療体制を築き上げるためにも、こうした地域での取り組みと国や基礎自治体などとの連携がますます求められてくると言える。

4 「白十字訪問看護ステーション」と「暮らしの保健室」の取り組み

小児医療と並んで高齢期の医療にあり方について、今大きな見直しが進められている。例えば、まもなく生涯を閉じようとする段階における医療を、従来は「終末期医療」と呼んでいたが、これを「人生の最終段階における医療」に変更しようとしている。そこには、「今後、医療行為のみに注目するのではなく、最期まで尊厳を尊重した人間の生き方に着目し、幅広く医療及びケアの提供について検討していくことに重点をおく」[6]医療への転換という意味が込められている。

(1) 在宅看護のニーズの高まり

終末期医療が問いかける人間の尊厳

団塊の世代がすべて後期高齢者となる二〇二五年に向けて、高齢化は今後さらに加速する。すでに、二〇一二年には六五歳以上人口は三〇七九万人で全人口の約二四%、七五歳以上人口は一五一九万人で全人口の約一二%に達しており[7]、今後、特に大都市周辺部で急速な高齢化が進むことが見込まれている。一方、誰しもがいずれは看取りの時期を迎えるが、家族のケア力が弱まり、介護の社会化が進む中で「人生の最終段階における医療」を受けることとなる。その際、どのような最期を迎えたいのか、今、一人ひとりに問いかけられている。この背景には、人間の尊厳や家族の絆に関する意識の変化がある。と同時に、急速に増大する医療給付費が国の財政を圧迫し、社会保障の持続可能性を脅かしており、医療給付のあり方の見直しが避けて通れないことがある。

こうした状況の中で、最期のときを病院で迎えるのではなく、住み慣れた自宅と地域社会の中で、家族をはじめとする親しい人々に囲まれて穏やかに迎えたい、との考えが広まっている。例えば、秋山さんたちが訪問看護により看取った高齢者の治療にあたったある訪問医の次のようなエピソードが、この問題を考えるヒントを与えてくれる。

患者は七〇歳代後半。心不全で入退院を繰り返し、心不全症状の進行は早い。主治医は患者が自宅で過ごす時間を多くするため、一時退院とした。介護保険申請を行ったケアマネージャーから訪問看護ステーションへの連絡で訪問看護を行うことになり、「訪問看護指示書」の作成を病院の連携室に依頼。こうして数回の訪問看護による清拭や摘便で表情も和らぎ、近医の訪問診療により安堵した患者は、孫や親戚などに見守られながら自宅で闘病を続け、最後は苦しまずにゆっくり大きな呼吸を数回して、家族に囲まれて息を引き取った。かつて専門病院に勤務していた訪問医は最期の場面に立ちあった後、次のように語ったという。「病院であれば、心不全の末期にある患者はCCU(8)でモニターにつながれ、点滴で薬がコントロールされながら、ピッピッとなる機械音の中で〝氷……、氷……〟と手を差し出す光景が目に浮かぶ。そんな病院での姿と比べたら、新年早々、こんなにすがすがしい最期の場面に立ち合わせてもらって、ありがたかった」と(9)。

在宅看護により家族に見守られながら穏やかに人生を全うした一人の人間の生き様は、われわれに人間の尊厳とは何かを重く問いかけている。

専門家の連携による在宅ケア

公的医療保険の保険給付の一つとして、看護師などによる訪問看護がある。訪問看護は、主治医と訪問看護ステーションとの密接な連携のもとに行われることとされており、高齢化につれてますます注目されている。

こうした活動の一つが、東京都新宿区を中心に在宅看護サービスを提供する株式会社ケアーズの「白十字訪問看護ステーション」である。白十字訪問看護ステーションは、診療所や病院など五〇か所余りから訪問看護指示書を受けて、一六〇人近くの患者に対する訪問看護を実施。そこでは「健やかに暮らし続ける地域をつくり、最期の時まで住み慣れた地域で生ききるため(10)」の活動が展開されている。この活動の中心メンバーが、株式会社ケアーズの代表取締役であり、白十字訪問看護ステーションの統括所長である秋山正子さんである。

秋山さんは一九九二年に始まった訪問看護ステーション制度の創設時から訪問看護を始め、数多くの在宅での看取りを経験してきた。活動を重ねる中で明らかになってきたことが二つある。一つは在宅で健やかに暮らし、安心して逝くためには、医師、訪問看護師やケアマネージャー、介護福祉士、介護ヘルパー、ソーシャルワーカー、理学療法士など、多様な専門家のネットワーク（多職種の連携）や地域包括支援センター、民生委員、行政、地域住民などの協力が不可欠だということ。

もう一つは、これらの連携が地域社会を変え、新しい「まち」をつくることにつながるという確信である。このことは次に述べる「暮らしの保健室」の取り組みへとつながっていく。

なお、在宅看護と入院看護とは決して対立するものではなく、在宅看護が困難になったときはスムーズに入院看護に移行でき、また逆に、入院看護の症状が安定してきたときには、在宅療養・在宅看護にスムーズに移行できるという双方向の連携が求められている。入院医療関係者と在宅ケア関係者の双方の信頼関係が重要であり、在宅ケアを通じて形成される重層的な人間関係が地域コミュニティに広がることで、豊かな地域コミュニティが形成されることを秋山さんたちの活動は示している。

(2)「暮らしの保健室」の試み

緩和ケアに見る先進的取り組み

白十字訪問看護ステーションと並んで注目される取り組みが、「暮らしの保健室」である。これは株式会社ケアーズが中心となり、秋山正子さんが理事長を努める「NPO法人白十字在宅ボランティアの会」に属するボランティアが関わって運営されている。

患者やその家族が患っている病気や治療内容について悩みや疑問を持っても、医師に相談したり、十分に納得の得られる説明を受けられないときも多い。この結果、医療提供側と医療を受ける側との間の相互理解が弱まり、治療やQOLにも影響が生じかねない場合があることに秋山さんたちは気づいた。そこで考え出されたのが、暮らしの保健室である。これは秋山さんが自らの姉の死去に際して、がん患者の緩和ケアや相談支援の先進的取り組みを行うイギリスのマギーズセンター（「マギーズ・キャンサー・ケアリング・センター」の略称）のことを知り、その活動を少しでも日本に取り入れられないかと考えたことに始まる。

マギーズセンターはイギリス国内八か所にあり、病院のそばに独立した建物を構えている。フロアには自然採光と木のぬくもりを大切にしたゆったりしたスペースがあり、患者をはじめ誰でもが気軽に集い語り合うことができる。看護師が常駐し、時には医師やさまざまな専門家に、病状や治療内容、暮らしぶりなどについて無料で相談でき、不安に対する救いの場を提供している。

相談支援活動への住民参加

このようなマギーズセンターを参考にして、暮らしの保健室は二〇一一年七月一日、新宿区の戸山ハイツの一角にオープン。同月一二日には東京新聞が紹介記事を書き、広く関心を集めることとなった。これは、厚生労働省「在宅医療連携拠点」モデル事業全国一〇か所の内の一つでもある。

暮らしの保健室は、十分な資本がない中で、秋山さんたちが二〇〇七年から在宅医療の推進のために開催してきた市民講座に参加し、共感した当該建物のオーナーの好意にもとづく低額家賃により開設が可能となった。今も三〇人ほどのボランティアが活躍しているが、バザー品を作成、販売するなど資金の工面をしながら運営している。ボランティアの約半数はかつて在宅看護により親しい人を自宅で看取った経験者である。看護師が非常勤で駐在し、住民の健康、医療、介護に関する個別面談や電話相談を無料で行い、必要な場合は専門家につなぐマッチング機能を果たしている。

マギーズセンターに倣って室内は木のぬくもりを大切にし、木製の大きなテーブルを囲んで相談や情報交換ができるスペースは、穏やかな雰囲気を醸し出している。また、壁にヒノキ材を使った広々としたトイレルームは、悲しみを癒す一人だけのスペースの役割も果たしている。

秋山さんたちは相談に訪れた人にはまず十分に耳を傾ける。食欲低下に悩む人からの食事の相談、複数診療科を受診している人からの薬の重複の相談、高層住宅の上の方に住む人からのめまいや余震の相談、育児休業中で保育所が決まらないという相談など、さまざまな相談をしっかりと受け止め不安の解消に努めている。自らの不安を共有してもらえたことにより穏やかな気持ちを取りもどした住民は元気になって地域に帰っていく。暮らしの保健室では月一回地域の医師や看護師、薬剤師、ケアマネージャーなどが集まり、勉強会を開催して連携を強めているが、こうした取り組みがさまざまな相談に対する適切なアドバイスや専門家への橋渡しを可能にしている。

こうして暮らしの保健室は地域社会の中で不可欠の存在となっている。今では、のれん分けと称して、他の地域にもこの取り組みが広がりつつある。

5　地域医療を守り、地域社会で希望とともに生き抜くために

これまで住民参加による小児医療を守る取り組みや、在宅訪問看護と健康相談などを通じて地域社会で希望とともに生きようとする取り組みの広がりを見てきた。

地域社会ではさまざまな人々がそれぞれの経験や考えにもとづいて暮らしている。このような多様性の中で、①地域社会のリーダーにはどのような資質が求められているのか、②地域福祉の基盤となる基礎自治体と住民の関係はどうあるべきか、③マス・メディアはどのような役割を果たしうるのか、④勤労者の熟練したスキルや知識は地域社会にどのように貢献できるのか、これら四つの切り口から、地域社会での希望の持てる暮らしの実現について、ここでは考えたい。

その上で職場の中で人生の大半を過ごす勤労者が、どのようにすれば在職中においても地域社会に貢献し、引退後も地域社会で生きがいを持てるのか、小児医療をはじめとする安心できる子育てと、在宅で人生を全うすることができる地域包括ケアなどと勤労者との関連についても考えてみたい。

(1)　地域医療に携わるリーダーの個性の特徴

地域社会は、価値観の異なる多様な人々の共存の場である。また、地域社会の生活基盤を支える

地域医療の分野でも、さまざまな考えや生い立ち、環境や条件を抱えた人々が暮らし、健康と向き合っている。例えば、コンビニ受診と医療の安心をめぐる考え方の違い、在宅医療と入院医療をめぐる患者と家族のさまざまな思い、延命治療の必要性をめぐる人生観の違い、などなど。このような状況の中で、さまざまな人々の声に耳を傾けながら自分の信念を貫き通せるリーダーが、地域医療の分野でも求められている。

多様性の中のリーダーシップを考えるとき、必要とされるのは「包容力」と「柔軟性」である。「多様性」という言葉が今日の社会・経済におけるキーワードとなって久しいが、一方的な正義感を振りかざしたり、感情的な議論に訴えたりして、リーダーシップを発揮しようとする試みは、決して成功しない。実際、この章で見てきたように、このようなスキルを持った人たちが地域医療の分野において、相手の悩みや思いを十分に引き出し、相手からの相談に真剣に耳を傾ける積極的傾聴の姿勢をしっかりと持っている。その上で、自らが相談に乗るだけでなく、多くの緩やかなつながり（ウィーク・タイズ）の中から、適切なアドバイス、助言ができる専門家などとのネットワークにつなぐのである。

この点は、他の分野の活動のリーダーとの大きな違いである。それは、湯浅誠さんの言葉を借りれば、リーダー自身の人間関係における「溜め」(11)の豊かさを思い起こさせる。彼は生活困窮者についてこの概念を使用しているが、リーダーにも援用することができる。つまり、困ったときに相談できる信頼できる友人や知人がいるかどうか、その人たちを通じて、さらに専門的に対応できるネットワークにつながっているかどうかが、困難に立ち向かう勇気を与えてくれるのである。この意味において、リーダーと同程度に、場合によってはリーダー以上に、リーダーを取り巻くコーワーカーやフォロワーが重要な役割を果たすのが、地域社会の特徴であると言える。

この章で見てきたリーダーは、それぞれが自身とその家族の体験の中から、小児医療や在宅看護の改善のために行動を起こすこととなった。その中でいくつかの困難に直面することもあったが、これらコーワーカーたちと一緒に柔軟に活動のあり方を見直し、地域住民の支持を得ることに成功したのである。

(2) 基礎自治体への住民参加のあり方

国・県・市町村の三重構造の行政システムの中で、住民参加の程度の如何が当該行政の福祉のレベルを大きく左右するのは、最も地域住民に近い市町村である。地域福祉の分野では、小学校区や中学校区を単位にして、街づくりが検討されることが多い。域内人口でいえば数千人から二万人といったところである。その小さな区域は子どもを通じた人のつながりが存在し、さまざまな福祉施設や福祉機能をバランスよく配置することが予算上可能な最小の単位である。地域住民の参加が可能であり、住みよい街づくりへの貢献を実感できる基本的な単位なのである。基礎自治体に大小はあるものの、ほとんどの基礎自治体はこのような区域が数か所ないし数十か所集まったものとみなすことができる。そのような意味で、この区域は民主主義の基礎単位であり、このルートを通じた住民参加の充実が必要とされる。

また、これとは別に具体的な住民ニーズにもとづいて形成された小さな集団との関係を、基礎自治体がどのように発展させるのかが問われる。それは本章で見たように任意団体であったり一般社団法人であったり、あるいはＮＰＯであったりする。「小さな協同」のネットワークをどのように広げ、住民ニーズを引き出し住民参加をすすめられるかが試されている。

ところで、このような基礎自治体のあり方を考えるとき、市町村議会とその議員のあり方も問われている。社会保障は国政レベルの課題であるとはいえ、地域医療・介護や生活保護、生活困窮者支援行政など実務の中心は市町村である。その具体的な政策の方向を決定する市町村議会議員をプロの職業政治家として考えるのか、それとも他の職業と兼職する住民代表と考えるのか。その場合、議会開催を夜間や休日に行い、兼職する住民代表が議員に就任しやすくすることは、住民や勤労者の地方行政への参加を促す上で重要ではないか。少なくとも勤労者が傍聴しやすくすることは、議員による政務活動費の不適正な使用、女性議員の母性保護の不十分さなど、勤労者感覚からかけ離れた議会の体質改善のためにも検討に値すると思われる。

(3) マス・メディアの継続的で総合的な地域社会への貢献

守る会の取り組みにおいて、丹波新聞の果たした役割は決定的ともいえる。なぜなら、会の立ち上げにつながる座談会は、地道な取材を通じて問題を把握した足立記者の呼びかけがなければ実現できなかったからである。誰かがこの役割を代わって果たしたかもしれないが、事態の進行はすでに手遅れとなっていたとも考えられる。

また、その後の継続的な報道や活動への寄り添いは、会のメンバーにどれほどの勇気を与えたことか。このように、マス・メディアには、社会の中で現実に生起している問題を総合的かつ継続的にフォローし、人々の判断と行動に有益な情報を提供できる大きな可能性があるとともに、その役割を果たす社会的な責務がある。多忙と取材素材の複雑性の故に、断片的、刹那的で表面的な報道に陥りがちな場合もあるが、継続的、総合的な報道が豊かで安心できる社会づくりに大きく貢献できることを丹波新聞は示した。

今日の社会経済状況の中で、核心的テーマは少子化対策、子育て支援である。経済の安定的な成長や定常型経済の定着、社会保障の持続可能性、地域社会での豊かな暮らしの実現など、ほとんどの政策課題の解決にこのテーマは大きく関わる。消費税の一〇％への引き上げによって、子育て支援と社会保障はどうなるのか、そして何がまだ足りないのか、子どもを産み育てることの喜びと悩みに若者はどう立ち向かっているか。国民、特に若者の判断に資する報道の余地は大きい。

(4) プロボノという職業キャリアの活かし方

職業人生の中で獲得した知識やスキルをもとに、地域社会のニーズに対してボランティアで応える活動が広がっている。子どものおもちゃの修理、インターネットのウェブサイトの開設、生活困窮家庭の子への学習支援、学校教育の中での税理士による税金教室や社会保険労務士による年金教室の開催など、さまざまな分野でそれぞれの人がプロとしての仕事を持ちながら、地域社会とのかかわりの中でその知識や技能を活用している。地域医療の分野でも、小児科医による地域住民への講習や、看護師による地域住民への健康相談などが取り組まれている。

こうした活動は「プロボノ」と呼ばれる（コラム二二五頁参照）。職業を持ちながらそのスキルやノウハウを使ってボランティアにより地域社会に貢献するという点にその特徴があり、勤労者にとって比較的参画しやすい社会貢献活動である。この活動が勤労者にとってもうひとつ重要な点は、単に地域社会への貢献に留まらず、それらのプロボノ活動を通じて勤労者が新たな刺激を受け、そのプロとしてのキャリアの幅を広げ、社会的使命の自覚を養うという点である。

これらはいわゆる高度なスキルや専門的な知識に限定されるわけではない。企業組織等の活動を通じて修得したコミュニケーション能力や積極的傾聴のスキルなどは、まさに多様な人々が生活する地域社会において、あるいは小さな子どもやお年寄りとの人間関係を築き相互理解と信頼を育む上で、必要不可欠である。子育てや老親介護は多くの勤労者にとって就労期に経験する困難の一つであり、その経験と熟練したスキル、能力の活用を考慮すれば、地域医療の分野は医療専門職ばかりでなく、多くの勤労者にとってまさにこのプロボノ活動の趣旨に最もふさわしい分野の一つであると言える。問題は、相手をビジネスの対象、顧客と見る発想、つまり収益や報酬という対価を得ることを前提とした人間関係の視点、あるいはビジネス組織内の上意下達の発想を脱却し、対等な互酬関係である住民同士の人間関係に適応できるか否かにかかっている。

(5) 勤労者は地域医療のために地域コミュニティに関わることができるか

以上に見てきた小児医療と在宅ケアの状況は、勤労者にとってどのような意味を持つのだろうか。家族に起因して勤労者本人の就労継続を脅かす大きな要因が子育てであり、両親等の介護である。子育て支援については、育児休業制度による休業の権利（育児介護休業法）と一定額の賃金補償（雇用保険法第六一条の四）など、法的環境整備は大きく前進した。これらを補完する現物サービス給付として、保育所をはじめ子育て支援制度の拡充が進められている。また、親の介護については、公的な介護保険サービスを受け始めるまでのつなぎの休業を可能にするとの趣旨等に基づき、介護休業制度による休業の権利（育児介護休業法）が確立され、地域包括ケアシステムの導入も進められている。

しかし、三世代同居世帯や専業主婦世帯が減少し共働き世帯が多数を占めるとともに地域社会の中での孤立が広がる中で、勤労者世帯が子育てや介護を行う上での困難は大きくなっている。こうした困難を克服するためには雇用保障や所得保障の制度の実効性を高めるだけでなく、子育てや在宅看護・介護を支える現物給付をはじめとする地域医療の持続可能性を高めることが必要である。そしてこれらに従事する勤労者の処遇改善や適切な政策の策定とあわせて、住民の立場から地域医療を支える諸活動を勤労者がしっかりとサポートしていくことが必要である。自分自身が就労を継続するためにそれを必要とするときに、目の前に医療崩壊の「焼け跡」が広がっていないように。

守る会や小児医療の会、暮らしの保健室では講習会や勉強会、イベントの開催、ニュースの発行やウエブサイトの管理などに多くの医療関係者や住民が関わっているが、残念ながら一般の勤労者のかかわりはまだまだ限定的であると言わざるを得ない。

二〇一四年現在、景気の回復が徐々に進み、久しぶりにベアを実施する企業が増え、外食産業や流通業などでは労働需給が逼迫のきざしを見せている。長時間労働を加速させ企業の目先の利益の追求に走るのか、それとも非正規雇用の労働条件を改善し、限定正社員を含めて安定した正規雇用の拡大と労働条件の改善による生産性の向上に向かうのか、大きな分岐点にさしかかっている。国内需要を回復させつつ、勤労者が地域コミュニティに関与できる道が後者であることは言うまでもない。幼い子どもを持つ若年勤労者や介護を必要とする親を持つ中高年勤労者が、長時間労働から脱却し、生き生きとした街づくりに貢献できる可能性は確実に広がりつつある。

今、社会の中で人々のつながりを考えるうえで、「連帯経済」という考え方が注目されている。連帯経済とは生産過程や流通過程における人と人の対等・公平な関係、市民の参加と行政を含む多様な対話の場、人々の互酬性の再生などをその本質的内容としている。その要素の一つが社会的な公正さの追求であり、女性を「それまでは家庭内での女性の役割とされてきた介護や育児から解放し、女性の社会進出を後押しして男女平等に貢献した介護・保育サービス……が、典型例として挙げられる(12)」と紹介される。このような観点からも勤労者を含む住民の参加と行政を含む関係者の多様な対話を通じて地域の医療や介護を守り、新たなコミュニティを築きあげていく取り組みの大切さを最後に強調しておきたい。

（注）

（1）一般社団法人全国訪問看護事業協会の調査より。
（2）小松秀樹［二〇〇七］九五頁。
（3）鈴木敦秋［二〇〇八］四〇八頁。
（4）兵庫県立柏原病院小児科ウエブサイトより。二〇一四年九月二日閲覧。
（5）「小児医療の会」のパンフレットより。
（6）厚生労働省［二〇一四］二八頁。
（7）総務省統計局［二〇一四］。
（8）心臓血管系の重症患者を対象とする冠疾患集中治療室。
（9）秋山正子［二〇一二］六六～七二頁。
（10）秋山正子［二〇一二］ix頁。
（11）湯浅誠［二〇〇八］七八～八二頁。
（12）今井迪代［二〇一四］、三頁。

参考文献

秋山正子［二〇一〇］『在宅ケアの不思議な力』医学書院。
秋山正子［二〇一二］『在宅ケアのつながる力』医学書院。

秋山正子［二〇一二］『在宅ケアのはぐくむ力』医学書院。

今井迪代［二〇一四］「ジャン＝ルイ・ラヴィル氏による「連帯経済」の視座」『オルタ』二〇一四年二月号、NPO法人アジア太平洋資料センター。

玄田有史［二〇一〇］『希望のつくり方』岩波新書。

厚生労働省［二〇一四］『終末期医療に関する意識調査等検討会報告書』。

小松秀樹［二〇〇七］『医療の限界』新潮新書。

鈴木敦秋［二〇〇八］『小児救急』講談社文庫。

総務省統計局［二〇一四］『日本の統計２０１４』。

真野俊樹［二〇一四］「病院から在宅医療への転換に壁　かかりつけ医、訪問看護師の確保を」『エコノミスト』二〇一四年四月八日号。

藻谷浩介、ＮＨＫ広島取材班［二〇一三］『里山資本主義』角川書店。

湯浅誠［二〇〇八］『反貧困』岩波新書。


本章で取り上げた三つの団体の活動について、それぞれの代表者へのインタビューや取材などを、全労済協会ウェブサイトで紹介している。是非こちらも参照いただきたい。

『全労済協会シンクタンクサイト』
http://www.zenrosaikyokai.or.jp/think_tank/
「特集」コーナー
「知ろう小児医療守ろう子ども達の会」（代表へのインタビュー）
「白十字訪問看護ステーション」および「暮らしの保健室」（代表へのインタビュー）
「活動紹介」コーナー

「県立柏原病院の小児科を守る会」（現地視察報告）

第八章　団塊世代の地域活動への参加
——東京都足立区の取り組みから考える

二〇一四年は、「団塊世代」[1]の最終世代（一九四九年生まれ）が、六五歳になって雇用延長が終わり、地域へと回帰していく年である。その数七〇〇万人とも八〇〇万人ともいわれる大量の団塊世代たちは、地域に回帰して、地域の中でどのように過ごしているのか、また過ごそうとしているのか。団塊世代だけが地域社会への関与を期待されているわけではないが、「かたまり」としての世代が職場を去り、大量に地域へと回帰する状況の中では、その動向に注目が集まるのは当然であろう。

本章では、全労済協会で実施した調査結果[2]を分析するとともに、東京都足立区で取り組まれている地域活動を紹介し、それらを通して、団塊世代の勤労者が地域における諸活動へ向かうための道筋について考えてみたい。

じつは筆者も団塊世代であり、雇用延長が二〇一四年で終了するが、地域へ回帰する一員として、本章のテーマは他人事ではない。これまで筆者にとって、地域とは単なる「住家」であり、「寝場所」でしかなかった。したがって多くの団塊がそうであるように、回帰してから地域とどのように関わっていくのかといった具体的なビジョンなど何も持ち合わせていない。また本章で取り上げる足立区は、筆者が数十年来住んできた地元でもあるのだが、知っているのは住んでいるところの近くだけであり、取材で訪れたところについても、どこにあるのか、どのように行けばよいのか迷ってしまったぐらいである。本章のテーマは、大局的な見地からの地域論やコミュニティ論ではないが、そうしたきわめて個人的な関心や問題意識から出発しており、団塊世代を始めとした勤労者や市民がどのように地域と関わっていったらよいのかについて考え、共有できる手立てとなればと考える。

1　高齢化の加速

二〇一三年、わが国における六五歳以上の人口は三一九〇万人、総人口に占める割合は二五・一%と、過去最高となった(3)。六五歳以上の人口はその後も増えつづけることが予測され、東京オリンピックが開催される二〇二〇年には三六一二万人、総人口に占める割合は二九・一%、二〇三五年には三七四一万人、総人口に占める割合は三三・四%と見込まれている(4)。わが国では、総人口が減り続けるのとは対照的に、高齢者が増え続けると見込まれている。

東京都に限ってみると、二〇一三年の六五歳以上の人口は二九一万人、総人口に占める割合は二一・九％である。[5] 総人口に占める割合としては、全国で最も低い沖縄県に次いで低いものの、[6] 問題は六五歳以上の人口そのものである。全国で最も人口規模の大きい東京都は、わが国の六五歳以上の人口の約一割を占めている。[7]

人口問題については、これからの地域を考えるうえでは枢要であり、詳しくは補論をご覧いただきたいが、高齢化が急速に進むなか、いずれは職場をリタイアして地域に回帰する勤労者が地域活動や市民活動についてどのように考えているのか、勤労者の生活意識調査の調査結果から探っていきたい。

2　勤労者の地域社会への関わりと考え方

職場をリタイアして、すぐに「地域の担い手」になることは、それまで地域にあまり関わっていない「地域初心者」ともいうべき現役勤労者にとっては困難ではないだろうか。そのため、現役勤労者のときから地域と何らかの関わりをもつことが、リタイアした後に地域社会へスムーズに入っていくためには必要であると指摘されている。行政や企業もそうしたことを考慮し、退職する前から地域活動へ関わることを奨励している。とはいうものの、仕事をしながら地域と関わることは、簡単なことではない。まずは、勤労者は地域活動に関してどのように考えているのかということについて、勤労者の生活意識調査の調査結果から見てみよう。

(1) 地域・市民活動へは半数以上が参加意向

勤労者の生活意識調査は、三〇～五九歳の男女の一般勤労者を対象として実施しており、地域活動や市民活動について、参加の意向、実際の参加状況、参加の理由、参加した感想、参加しない理由、今後参加したい活動分野など、さまざまな角度から質問している。

地域・市民活動への参加意向については、「積極的に参加したい」三・四%、「機会があれば参加したい」五二・五%、「あまり参加したくない」三三・一%、「参加したくない」一一・〇%となっている(8)。「機会があれば参加したい」と「積極的に参加したい」を合わせると五六・〇%となり、実に半数以上が地域・市民活動への参加意向を持っていることが分る。

地域・市民活動に参加している人の活動としては、「町内会・自治会・管理組合の活動」(二〇・七%)、「PTA・父母会・保護者会の活動」(一二・六%)、「地域のサークルやスポーツクラブなど」(七・八%)、「NPO、NGOやボランティア」(四・〇%)などが挙げられている(9)。

なお、六〇歳代までを対象としている「協同組合と生活意識に関する調査(10)」の調査結果を見ると、六〇歳代で参加しているとの回答が多かったのは、「町内会・自治会」(五二・三%)、「地域のサークルやスポーツクラブ」(一九・二%)、「NPO、NGOボランティア」(一一・九%)であり、逆に、子育てから手が離れたことから「PTA・父母会・保護者の会」(二・三%)の参加が少ないなど、他世代との生活スタイルの違いが現れている(表8-1参照)。なかでも退職して時間の余裕ができたのか町内会、自治会の参加が、他の世代と比較しても突出して高くなっている。

表８－１　年代別地域活動・市民活動への参加状況

（単位：％）

	合計	町内会・自治会	PTA・父母会・保護者の会	地域のサークルやスポーツクラブ	NPO, NGO, ボランティア	その他協同組合，労働組合など	ひとつも参加していない
合計	100.0	31.4	11.5	12.0	7.2	1.8	53.6
20歳代	100.0	7.7	1.8	7.0	4.1	0.5	79.4
30歳代	100.0	22.7	18.7	8.3	5.2	1.4	59.8
40歳代	100.0	33.8	23.5	11.1	6.5	0.9	47.9
50歳代	100.0	40.2	10.8	14.3	8.3	3.0	45.6
60歳代	100.0	52.3	2.3	19.2	11.9	3.3	35.9

（注）「協同組合と生活意識に関する調査」の調査結果より集計。

勤労者の生活意識調査の調査結果で、地域・市民活動への参加理由をみると、「ＮＰＯ、ＮＧＯ、ボランティア」では、「社会の役に立ちたいから」（五〇・〇％）が最も多く、次いで「社会や人とのつながりができるから」（三二・四％）、「自分の技術や能力、経験を活動に活かしたいから」（二九・八％）が多くなっている[11]。また、「ＮＰＯ、ＮＧＯボランティア」について、参加した感想では、「社会や人の役に立つことができた」（五四・八％）、「たくさんの人と知り合えた」（五三・七％）、「自分の成長の機会となった」（三九・九％）、「生きがい・やりがいを感じた」（三五・一％）が多くなっている[12]。

このように地域・市民活動に参加した多くの人は、社会に役に立つことができた、たくさんの人と知り合えた、生きがい・やりがいを感じたというように充実感を得ていることが分る。

逆に、「あまり参加したくない」、「参加したくない」と回答した人は、四四・〇％である。また、「協同組合と生活意識に関する調査」[13]を見ると、六〇歳代で「ひとつも参加していない」が三五・九％と、六〇歳を過ぎて比較的時間の余裕ができたにもかかわらず、三人に一人は何もやっていないという答えが返ってきている（表8-1参照）。

参加していない理由については、勤労者の生活意識調査の調査結果によると、「興味がない」（二五・七％）、「参加したくない」（一五・〇％）と関心や参加する気が全くない層を除けば、「仕事や学業が忙しい」（四四・六％）、「人間関係が煩わしいから」（二四・二％）という結果であった。[14]このように調査結果からは、「忙しい」「人間関係が煩わしい」という意識が地域活動を躊躇させる大きな要因であることが見てとれるが、そのことについては後ほど考えてみたい。

まず、「参加意向は高いものの、参加に踏み出せないでいる」団塊世代や勤労者をどのように地域活動へ誘っていけばよいのか、足立区の取り組みから見てみよう。

3　東京都足立区の地域活動

足立区は東京二三区の最北端に位置し、区域の総面積五三・二キロ平方メートルは東京都大田区六〇・四二平方キロ、東京都世田谷区五八・〇八平方キロに次いで広く、総人口は六六万九千人、六五歳以上の高齢者人口は一五万三千人、団塊世代人口は三万二千人である。[15]

足立の中心である北千住は、江戸時代に日光街道の宿場町として栄えた。近年では大学の誘致や高層マンションや商業施設が建ち並んできたが、一歩路地を入ると古い建物や平屋づくりの家が立ち並び、下町風情が感じられる。

(1) 団塊世代へのアプローチ

足立区では、団塊世代が順次六〇歳を迎える二〇〇六年から三年間、区内を五ブロックに区切り、それぞれのブロックごとに、団塊世代を対象とした地域活動への啓発事業「団塊世代の地域回帰推進事業」を実施した。実施にあたっては、区内で団塊世代が多く居住する中央本町をモデル地区と[16]し、そこに居住する団塊世代にアンケート調査を行い、区内の団塊世代像を明らかにした。アンケートの内容としては、「①生活スタイルに関すること」、「②活用したい能力や六〇歳以降の働き方への意向」、「③地域活動、ボランティア・NPO活動への参加状況」などであり、その調査結果から、区内の団塊世代の八割が「これからの生活設計や生きがいについて、具体的なプランはないが、今後考えていく意思はある」ということが分かった。前述の調査と同様に、この調査結果においても、「何かしたいが具体的なプランはなく、これから考えていきたい」という回答が多く、また、町会・自治会への加入率は高いものの地域活動への関わりは薄く消極的であると分析している。

こうした結果などを参考にして「団塊世代の地域回帰推進事業」が実施されることになったのであるが、その事業を企画し推進したのは「足立区地域のちから推進部・区民参画支援係」の係長の坂田光穂さんだ。

坂田さんによれば、団塊世代を対象とした講座をやろうとしたきっかけは「二〇〇七年問題[17]」であり、「団塊世代と地域との橋渡しを役所としてやりたかった。団塊世代への役所からのラブコール」ということである。

「地域回帰推進事業」は、①地域ライフをいきいき楽しむ情報満載講座、②NPO・コミュニティビジネス講座、③団塊世代のネットワークをつくるメールマガジン等の発行及び交流イベント、など多彩なメニューで構成されており、三年間の事業で、区内の団塊世代三万二千人全員に受講案内・申込書を郵送して啓発活動を行った。

そして、後で紹介するように、この事業の各年度の講座修了生の中から、いくつもの自主グループが自然発生的に生まれ、現在も精力的に活動に取り組んでおり、取り組みが功を奏したといえるだろう。

(2) 「あだち皆援隊」の取り組み

「団塊世代の地域回帰推進事業」に続いて、足立区では二〇一〇年から「あだち地域デビュー大学」を実施した。この事業は、専門講座と実践講座に分かれており、専門講座では「地域デビューの方法」や「活動の実例を学ぶ」など、実践講座では「ボランティア体験」や「足立区のまち探索」、「ITツールの活用」などと、より地域デビューへの足がかりとなるよう実践的なメニューで実施した。

そして二〇一二年からは、団塊の世代に限らずに幅広い区民を対象とした「あだち皆援隊講座」として実施することになった。「ふるさと足立を知って、学んで、地域デビュー絆をむすぶ人になる」と銘打った「あだち皆援隊講座」は、地域において課題解決に取り組む人材の育成と具体的活動への誘導を目的としている。講座は段階を踏んでステップアップしていく企画として構成され、次のような内容となっている。

第一期：皆援隊講座開始前のプレ講座

現在の地域課題についての事前PRを兼ねた内容となっており、講座の受講生に皆援隊への参加を呼びかけている。具体的には自治会活動、高齢者支援、子育て支援などさまざまな立場で活躍している地域リーダーによる講演、特に足立区の課題でもある高齢者の問題を捉え、老老介護、孤立高齢者等の現状を福祉の現場からの報告を受け、高齢者を支える地域社会の担い手について受講生とともに考えるといった、皆援隊への参加の動機付けを図ることを目的としている。

第二期：本格的な皆援隊講座の開始として（記念講演と入門編のスタート）

足立区の変化と課題、地域の抱える問題、近所づきあいのポイント、足立区で活躍する団体紹介など、地域活動への関心の喚起をポイントとした内容となっている。

第三期：まち歩きと地域活動の一日体験

講義から実体験へと移り、まち歩きの中から足立区の再発見、現状や抱える課題を共有することや高齢者支援、子育て支援、まちづくりで活動中の市民団体・NPO団体での一日体験といったように、身体で学ぶことを通じて地域活動への共感を覚える内容となっている。

第四期：まち歩きや一日体験の体験報告と団体の活動紹介

地域活動を実践している人の「活動のきっかけや喜び」を聴き、地域活動を始めるにあたり、足がかりになるような内容となっている。また皆援隊講座は団塊世代に限定せずに参加を募ったこともあり、「三〇代四〇代若手おやじの地域デビュー」という講座も設けられている。

第五期：最終講座　これまでの成果をアクションプランとしてグループで作成し発表、受講生ですでに活動を始めている人の体験談、フィナーレとしての講演会、皆援隊認証式で一年間の講座を終了することになる。

「あだち皆援隊講座」には二年間で延べ一四二八人が参加した。

坂田さんは、「足立区ではアカデミックなものより地に足のついた活動の方が受け入れられる」と経験から感じており、「あだち皆援隊講座」は理論より実践を重視した内容となっている。

こうして見てくると行政は、実績や経験を積み重ねながら団塊世代や勤労者・市民を地域活動へ導くための方策を採ってきたことが分る。しかし団塊世代をターゲットにした「皆援隊」を広く市民に開放したことについて、坂田さんは次のように総括する。

「幅広い区民ということでは、誰でも参加することが可能ですが、反面、世代間での問題意識が異なることなどから講義内容が拡散する傾向になりました。二〇一四年は対象を再び団塊世代に絞ることにしています」

二〇一四年は団塊世代への最後のラブコールのチャンスだという。「団塊世代はもう少し経つと七〇歳を迎えてしまう、七〇歳を過ぎると支える側から支えられる側になってしまう。『やるなら今でしょ』と訴えたい」と意気込む。

また、団塊世代をターゲットとすることと同時に、ポスト団塊世代のプレイヤーをどう育てるのかという課題もあわせて考えていく必要もあるという。地域社会の中で、団塊世代とポスト団塊世代との「世代間の分断」を埋めていくために、信頼にもとづく協同・協働の地域活動をどのように構築していくのかが大きな課題となっている。

二〇一四年三月の異動で坂田さんは担当を外れ、四月より井関直人さんが係長として着任した。

井関さんと坂田さんとは先輩、後輩の関係で、担当部署は違っても地域にかかわる仕事の中でよく知った間柄だという。井関さんは団塊世代について「わが国を第一線でを支えてきた能力、経験を生かしてほしい、プランニングやネットワークづくりの経験を生かせば、行政の手の届かない新たな分野での活動も可能ではないか」と期待している。

4　足立区の地域団体

(1)　まず自分たちが楽しむ——あだち団塊ネット「サエラ」

足立区にはNPO団体が毎年一五から二〇生まれ、現在約一六〇団体がある。このなかには、前述した「団塊世代の地域回帰推進事業」や「あだち皆援隊講座」の受講者が集まってつくった団体もある。

あだち団塊ネット「サエラ」は地域回帰推進事業の一期生のなかから生まれた。「サエラ」とはフランス語の「あちらこちら」という意味である。

「サエラ」は、「足立区在住の団塊世代を中心に広く交流を図ることで『会社』から『地域』へと『地域デビュー』を果たし、会員がそれぞれ培ってきた専門知識・経験・趣味・特技を活かして、活き活きと楽しみながら地域での支え合いを軸としたコミュニティの活性化に貢献すること」を目的としてつくられた。

具体的な活動としては、月一回定期的に区内の喫茶店での「うたごえ喫茶」、それに加えて住区センターや老人会などでの出張歌声をあわせて年二〇回ほど開催している。そのほかに「野外歌声花見会」、「歌声バスツアー」、「都電&とげぬき地蔵ツアー」、「歌声&クリスマス」など、活動は多彩である。

そうした歌声の活動以外でも「サエラの縁り会い」として、ビーズ教室やフラワーアレンジメント、地域の散策など会員同士の交流も図っている。

現在スタッフ一〇名、会員は約一三〇名、活動を展開するうえでNPOにする必要性もないということで、任意団体として活動を行っている。

地域の喫茶店を活用

「サエラ」をつくった経緯について、会長の小林恭眞さんは次のように当時を振り返る。

「『講座』の受講者どうしで何かやりたいよね、ということで仲間づくりが始まりました。ボランティアといっても何をやったらいいのかわからない、まず自分たちが楽しむことが大事だという足立区の坂田さんのアドバイスもあり、みんなで話しあって、ビール工場見学とかしていました」

最初は、仲間で集まって飲みに行くというような活動であったが、もっと多くの人を巻き込もうということになり、ITの講座などいくつかのアイデアが出されたが、他でやっていないものを、ということで「歌声」に行き着くことになる。

「何をやろうか話し合っているなかで、団塊世代にとっては歌声喫茶って青春だよね、ということで始まりました。そして演奏者が必要なら誰かに紹介してもらおうということで、徐々にネットワークが広がっていきました」

たしかに団塊世代の青春時代は喫茶店がたまり場だった。筆者は歌が苦手なこともあり、「歌声喫茶」へは寄り付かなかったが、当時、「純喫茶」とか「名曲喫茶」といわれたところにはよく通い、コーヒー一杯で本を読んだり、議論したりして過ごした。今では数少なくなった地域のオーナー喫茶店はいつの頃からか街中から消えてしまった。そんな「たまり場」としての喫茶店を応援したい、拠点にしたいという強い思いから、歌声はそういう場所を利用して開いている。

「参加費はワンドリンク付で一〇〇〇円、そこから五〇〇円が喫茶店の取り分、だから四〇人集まれば、一日で二万円になります。また、その後、その店にお茶を飲みに行くリピーターも増えていることもあり、喫茶店のオーナーも喜んでいます」

月一回の歌声には一般の参加も可能だが、喫茶店の広さの都合もあり、賛助会員を優先している。その賛助会員は九割が女性だ。

一〇名のスタッフのなかで唯一の女性である会計担当の斎藤陽子さんは、「女性は一人でも平気で来るけど、男性は一人では来ないですよ」と、地域活動への関心や参加は女性が男性より積極的だという。夫もギターが弾けるということで、斎藤さんに背中を押されるようにして参加したが、いまでは「サラエ」にとってはなくてはならない演奏者のひとりとなっている。斎藤さんにいわせると、男性はシャイなのか参加するまで、はっきりとした意思表示をすることはなく、そこで引っ張っていくのが女性の役割だという。地域に関しては女性主導が一般的傾向のようだ。

さらに斎藤さんは歌声だけではなく、積極的に活動を拡げ、ビーズやフラワーアレンジメントの教室「縁り会い」を立ち上げ、そこで知り合った参加者どうしが友達になり、それが歌声に参加するきっかけづくりにもなっているそうだ。

東京音頭を踊る「サエラ」の参加者

歌声参加者は団塊世代よりも高齢の七〇歳代が多く、認知症の人も参加することがあり、歌うときまって元気になるそうだ。「元気なお年寄りをひとりでも多くつくりたい。結果として、医療費もかからなくなるということにも繋がります」と歌声の健康面での効果を指摘し、増えつづける医療費の抑制にもつながることを強調する。

「サエラ」は今後、地域で気心が通じる団体との連携も視野に活動を展開していきたいという展望をもっている。「サエラ」は自分たちが楽しむことを出発点としながらも、参加者にも同じように楽しんでもらおうというサービス精神に徹している。そんな「サエラ」の活動は杉並や荒川など他の地域からも注目をあび始めている。

(2) 支えあいの地域を——足立ほがらかネットワーク

「足立ほがらかネットワーク」も区の「団塊世代の地域回帰推進事業」から生まれた。受講者の多くが、漠然と何かやりたいと考え参加した講習会で、何をやりたいか自分たちで考え、気の合う仲間がいくつものグループを結成した。自然に集まり、何をやるか自分たちで考え実行に移していく、そういう意味では、「サエラ」と同じ動機でスタートした。

しかし、何かやりたいとの気持ちは同じでも、「サエラ」と「ほがらかネット」では具体的な活動内容において異なる道を歩むことになる。

「ほがらかネット」会長の添田善雄さんは、そうした事情を次のように語る。

「有志が集まり、何をやるか揉めたのですが、少子高齢化社会の中で足立区の実情をみると行政の予算も少なく、孤立している高齢者も多いなどさまざまな課題を抱えていることが分ってきました。そんな地域の実情を考えると行政や事業所だけに任せるのではなく、自分たちが自分たちを支えあう関係をつくっていかなければ、根本的な解決にはならないということに気づき、ほがらかネットを有償ボランティアでやることにしました」

そこには相互扶助社会を地域につくるという団塊世代らしい理想があったと添田さんは苦笑する。

「安心サポート事業」身の回りのお手伝い

「ほがらか」は、高齢者、障害者、子育て中などの人の身の回りのお困りごとサポート「安心サポート事業」を軸に活動している。介護保険など行政による法に基づくサービスと民間企業によるお金で賄えるサービスとのはざまを埋める、地域社会のお互い様の心で支え合う第三のサービス提供機能を今では、薄くなってしまった家族、隣近所の役割として果たしているという。そのサービス内容は、たとえば炊事、買い物、洗濯、草取り、散歩・病院の付き添い、子どもの見守り・送り迎え、犬の散歩から照明器具の取替えなど、文字どおり何でも屋である。サービス料として、一時間につき八〇〇円、三〇分延長ごとに四〇〇円を貰い、六〇〇円を会員に二〇〇円を会の運営費に充てている。

「最低限それ相応の受益者負担をしてもらうという考えで始めました。都内の最低賃金には及ばないが交通費程度は負担していただくということです」

サポート時間は二〇〇九年発足以来、年を重ねるごとに倍々に増えていき、法人化して二年目の二〇一三年度は三六〇〇時間のサポート活動を達成するに至った。

理事一一名、会員約四五名で、稼動しているのはそのうち四分の三ぐらいということである。活動量を考えるとこの人数でよくやっていると思うと添田さんはいう。

さらに安心サポート事業を実施する中で、地域の抱えるさまざまな課題も見えてきた。

「かつて地域にあった、良い意味での共同体を復活したいと考えていますが、町内会の組織率も

高齢や障害でできなくなった人の庭の手入れのお手伝い

低下してきていますし、家族も支えあっているのかといえば、家族があることで逆に辛い目にあっている人もいます。そういう地域が抱える実情も見えてきました」

問題を抱える家族の数だけサポートすることが理想ではあるが、自分たちにも限界があり、仲間づくりのためのコミュニケーション活動や行政や他のグループとのネットワーク事業を展開することにより、さらに支援の輪を拡げていきたいと考えている。

最後に団塊世代へのアドバイスとして、添田さんは「まち歩き」を薦める。

「退職してすぐに地域活動をやるのは困難なので、まちを歩くことから始めることを薦めます。まず、自分が住んでいる地域を知ることが大切です」

そういえば二〇一四年の皆援隊の開講講演会のタイトルは、〝リタイア世代よ、殻を捨てて町に出よう！〟だった。

これからの展望については、「会員を一人でも多く増やすこと、そして私たちがやっているような相互扶助的な運動や仕組みが、足立区だけではなく全国に拡がっていってほしい」と抱負を述べる。

二〇一四年三月、事業年度末の近況報告を知らせる「ほがらか通信」が、添田さんからメールで配信されてきた。そこには、「新年度は新たに一〇名の新入会員が加わり、また一歩地域貢献の輪が広がりそうです、できることは限られていても、支えあいの仲間が地域にいるありがたさ、結びあうネットワークの存在することの安心感は、かけがえのないものだと感じています。それぞれの志を大切に、次のステップに踏み出しましょう」と希望に満ちた決意が記されていた。

(3) 夫の発症がきっかけ——足立さくら会

「高次脳機能障害」について簡単に説明すると、事故や病気により脳に損傷を受け、その後遺症として、日常生活において、さまざまな支障をきたす認知障害のことを指す。しかし外見上、認識することが困難であり、したがって周囲の理解も得ることが難しいといわれている。

「NPO法人足立さくら会」理事長・渕脇美佐子さんが区主催の高次脳機能障害の講演会に足を運んだのは、夫が脳出血の後遺症で高次脳機能障害を発症したことがきっかけであった。

「意識不明が何日か続き、リハビリをする頃には身体に軽い麻痺が残っている程度だったので安心していました。退院してから言葉が出ないとか、忘れやすいとか変だとは思っていましたが、しばらくすれば回復すると楽観していました。その後、大きな発作を起こし、それからは手や顔を洗うことすら、いちいち指図しないと次の動作に移れないようになり、これはおかしいと思っていたときに講演会のことを知り聴きにいきました」

現在、「足立さくら会」は、高次脳機能障害者と家族への相談支援事業や高次脳機能障害者に対するデイサービスの提供事業、普及啓発事業としての講演会の開催、社会参加のための諸活動、他団体とのコラボ活動などに取り組んでいる。なかでも活動拠点である「ピア・さくら」でのデイサービス事業は、高次脳機能障害者に特化した事業として、他にはない特長をもっている。

理事八名、監事一名、会員・賛助会員がそれぞれ四〇名ほどで、理事や会員の中には、当時者の患者の家族だけではなく、大学教官も名を連ねるなど活動を支援してくれる人なら誰でも参加できる組織構成になっている。

前述したように「さくら会」は講演会がきっかけで発足したが、そうした事情を渕脇さんは、「行政は区内の高次脳機能障害の患者の存在を知っており、『高次脳機能障害』の講演会の申し込みの段階で患者の家族かどうか分っていました。講演会終了後一〇人程の患者の家族を集めてくれ、そこで家族の思いを話し合うことにより胸のつかえが取れたように気持ちが楽になりました」

就労と居場所づくりが課題

まだ高次脳機能障害という障害名が社会的に認知されていないころで、家族が集まって話し合えば不安も和らぐことを知り、何回かの集まりを経て講演会の一年後に六人で「家族会」をつくることになった。当初は月1回情報紙の発行や区の施設を借りて交流会を行っていたが、活動拠点の必要性を感じ、企業の助成金などでアパートの一室を借りることにした。

「アパートを借りたが、家賃を月々支払うのも資金的に苦しく困ってしまい、区に相談したところ、デイサービスをやってみたらという助言をもらいました。そしてデイサービスをやるためには法人格が必要ということで、二〇一〇年二月にNPO法人になりました」

活動資金はデイサービス・地域活動支援センターの収入に加えて、区で実施している「げんき応援」助成金、また区内企業の助成金や物品の寄付などで支えている。

活動拠点を確保し、それとともに支援の輪が拡がり活動は軌道に乗ってきたとはいえ課題は多い。高次脳機能障害者は区内でも三〜五千人ともいわれているそうだが、高次脳機能障害と診断されていない人も多くいると渕脇さんはいう。診断基準ができてから一〇年ほどしか経っておらず、それ以前は、高齢者は認知症、若ければ統合失調症と診断されていた可能性も否定できないそうだ。また、現在では診断基準ができたとはいえ、入院中や外来での診断で症状が出ずに診断が下らないこともあるのではないかと危惧する。足立区だけでも三〜五千人という患者数には驚いてしまうが、一人でも多くの高次脳機能障害者がきちんと診断されることが望まれる。

また、当時者の苦悩は障害だけではない。多くの当時者が働く場所、集まれる場所がなく困っているのが現状だという。

「足立さくら会に集う当時者も働きたい、人の役に立ちたいと思っても受け皿がないのです。能力があるのに働く場所がない。また、中学生や高校生などは卒業後に行く場所がないというのが患

「ピア・さくら」でのデイサービス

者の実情です」

就労も居場所もないという厳しい環境に置かれている当時者が、いきいきと生きられるようにしたい。そのためには行政、家族、支援者などのネットワークづくりが必要であり、そこに団塊世代や勤労者の能力や経験を生かしてほしい、とくに企業や大学とのネットワークづくりなどに培ってきたノウハウを提供してほしいと渕脇さんは強く訴える。

(4) 海外生活の経験をもとに――こども日本語教室「あそぼ」

足立区の人口は六六万九千人、そのうち外国人は二万二千人、都内で三番目に多い[18]。「こども日本語教室『あそぼ』」代表の加藤希久子さんも「さくら会」理事長の渕脇さんと同じように区主催の講座がきっかけで、「あそぼ」をつくることになった。区で開催された「日本語支援ボランティア養成講座」に参加した理由を加藤さんは、「夫の仕事の関係で、フランス、コートジボアール、ベルギー、インド、オーストラリアと結婚三〇年のうち半分以上を海外で生活しました。長年の海外での生活を経験したことにより、外国で言葉を学ぶ苦労は良く分っていましたので、外国から来ている子どもに日本語を学ぶためのお手伝いができればと考え、講座に参加したのが4年前でした」と語る。

「講座には三〇名が参加しており、『あそぼ』の立ち上げには一二名が参加しました。参加者は、主婦が多く、副会長は永年児童福祉に携わり、児童心理に祥しい人でした」

現在では高校や小学校教員を退職した人も参加しているそうだ。

「あそぼ」は月二回、午後二時から三時半まで日本語教室を開き、最初の四五分は日本語の勉強、おやつ休憩を挟んで、残りの時間を紙風船や折り紙など日本の伝統的な遊びに費やす。生徒数はその時々で変わるそうだが、現在、教室には中国の男児二名とフィリピンの小学生の女の子の三名が通ってきている。

教室では、理解できてもできなくても会話はすべて日本語、それも正しい日本語を話すことを心がけているそうだ。フィリピンの女の子は「あそぼ」に通いだしてから友達と話すことが楽しくなったと喜んでいるという。

「親としては友達と遊べるようになるとそれで満足して、日本語学習に力をいれなくなる傾向があります。しかし日本で生きていく為には、より高度な日本語を修得しなければ中学、高校と進んだ時についていけなくなることは明らかです」と加藤さんは継続して学習することの必要性を強調する。

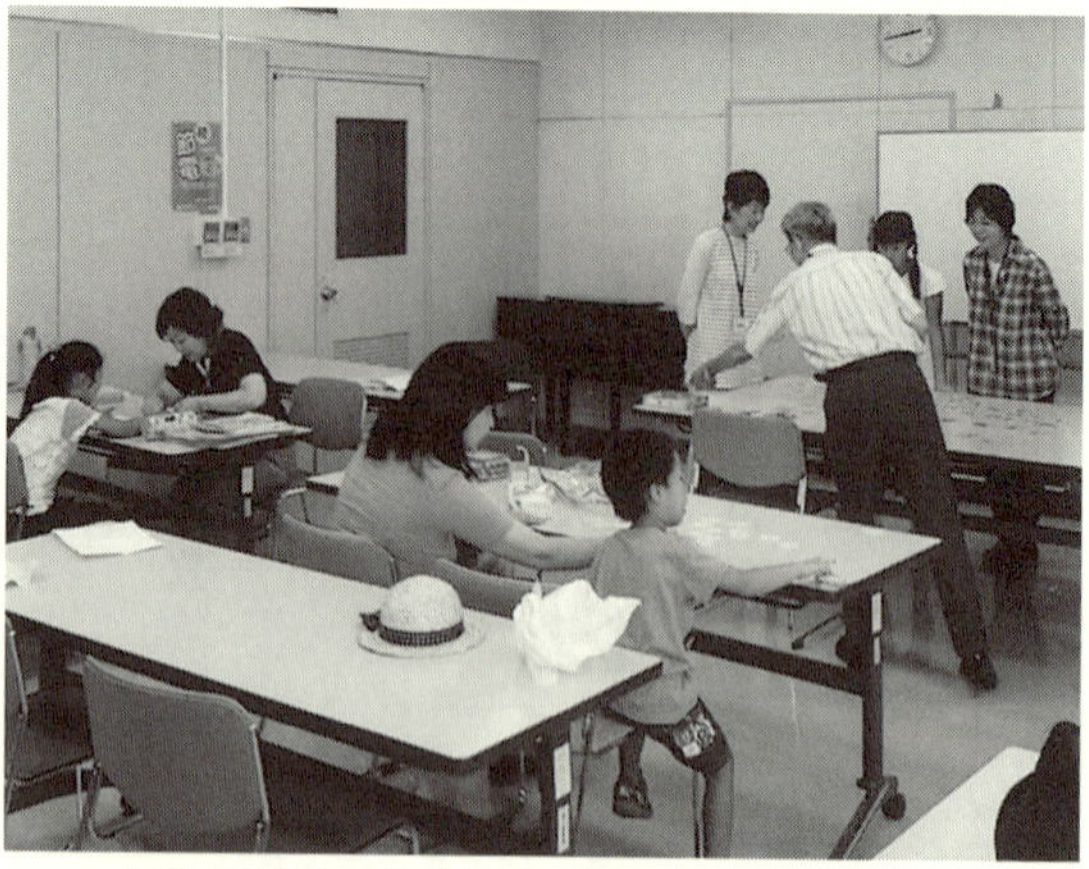

活動の様子　遊びながら楽しく日本語を学んぶ
こども日本語教室「あそぼ」

「あそぼ」の運営は区からの補助金によって支えている。

教室は区の施設を無料で利用している。広報活動はホームページの作成[19]は手間や経費がかかるということで、フェイスブックを活用している。

加藤さんの子どもたちも外国での生活で言葉には大変苦労した経験を持つが、その娘に言われた言葉が忘れられないという。

「外国から来た子どもは学校の授業についていけないと思うよ。学校では黙って椅子に座っているしかないと思う。だからお母さん外国の子どもたちの面倒を見てやって」

外国人のための日本語教室は区内に二〇教室ほどあるが、子どもを対象としているのは、「あそぼ」だけだ。外国人が多く住む足立区では、言葉で困っている子どもたちが多く、「あそぼ」はボランティアを含めた協力者を求めている。

それは日本語を教えることに限らず、チラシづくりやホームページの作成、そして学校や諸団体とのネットワークづくりに至るまで多くの人の協力を求めている。

加藤さんは、また外国にいくことになり、二〇一四年三月より代表の座を田中千文さんにバトンタッチすることになった。田中さんも加藤さんと同じく外国生活の経験者である。

5　地域活動を実施している側の期待

足立区の事例で見たように、行政は団塊世代などに向けて、講座や講演会の開催とともに相談や助言から活動場所の提供に至るまで、地域活動参加への丁寧なサポートを行っている。こうした取り組みは足立区に限ったことではなく、他の市区町村でも同様のことが実施されていると考えられるが、その中でも皆援隊の特長を挙げるとすると、地域デビューの土台作りとしての「教養編」、地域活動の実際を学ぶ「実践編・基礎」、そしてグループワークでの活動プランの策定「実践編・専攻コース」(二〇一四年)と、おおよそ一年にわたる育成のための周到なカリキュラムが準備されていることではないだろうか。そして講座の締めくくりの専攻コースでは、各人が取り組んでみたい活動を企画し発表することになっている。

こうした行政のラブコールを受けた講座や講演会の参加者たちは、試行錯誤を重ねながらも地域デビューを果たすことになる。そこには「サエラ」や「ほのぼのネット」のような「何か地域で役立ちたい」ということをきっかけに始まったグループと、「さくら会」や「あそぼ」のような「自らが抱えている問題や体験を何とかしたい」というグループとに分類することができる。しかし地域には、福祉系団体やまちづくり団体から社会的起業（ソーシャルビジネス）に至るまで多様な団体が存在しており、類型化の枠に収まらない多様性こそが地域活性化の基礎を形成しているともいえるのではないだろうか。

また、団塊世代に対する期待の寄せ方も団体によって異なってくる。「サエラ」の小林さんも「ほがらかネット」の添田さんも、働いているころから地域に興味を持ち、町内会や子ども会などにも積極的に参加してきた。そうしたことから、退職後に地域活動へ取り組むことは自然な流れだった。そして、団塊世代や勤労者に対しては「地域活動に参加して仲間になってほしい」という期待を持っている。一方、「さくら会」や「あそぼ」は、行政などとの交渉やネットワークづくり、広報の企画や宣伝物の制作など、自分たちに不足しているものを補ってもらうために、現役のころに培ったノウハウの提供を求めている。(20)

このように、団塊世代に対しては多様なニーズがあり、自分の得意分野を活かせる条件は整っているといってよい。後はその気になるかどうかだけだ。

6　地域活動に参加する意義

(1)　参加を躊躇する理由

調査でも明らかなように地域活動への参加に踏み出せない人も多くいる。参加を躊躇させる要因としては、「興味がない」、「参加したくない」という参加拒否層を除くと、「時間がない」、「人間関係が煩わしい」という回答が上位を占めている[21]。

「時間がない」で注目すべきは世帯年収の低さに応じて、回答率が高くなる傾向にあり、参加率は逆に低くなっていることだ[22]。世帯年収の低い層ほど日々の生活に追われ、地域に目を向ける余裕がないことがわかる。そうなると地域活動を中心的に担っているのは、経済的には「中間層」といえるのかもしれない。それは何も地域活動だけに限ったことではなく、多くの諸活動にもあてはまるといえる。筆者が知っている生協運動や市民運動も「中間層」が先導した活動であるといっても間違いではない。しかし、「中間層」が中心といっても、「自分たちの利益」のみを優先するのではなく、貧困層や弱者を排除することなく包摂しながら協同、協働を目指すという姿勢で取り組まれている。その姿勢は、地域で繰り広げられている多くの活動にも貫かれている。しかし多数を占めていた「中間層」が、厳しい社会・経済環境によって、徐々に富裕層と貧困層に二極化する傾向の中で、現在では団塊世代が多数を形成しているといってよいかもしれない。したがって社会経験も豊富な世代への期待があつまるのは自然なことだろう。

参加を躊躇するもうひとつの大きな理由として、「人間関係」の煩わしさが挙げられている。とくに「職場」での人間関係が中心だった団塊世代の勤労者にその傾向が強いのではないだろうか。「職場」での人間関係は、ある意味で共通の目標、価値観のうえに成り立っていた関係ともいえる。したがっておたがいの生活実態も考え方もおおよその見当がつく。ところが価値観も考え方も定かでない地域の人とは、関係を築く前から煩わしいという気持ちが先立ってしまう。また地域には古い体質の団体や独善的なリーダーもいて、関わりたくない、煩わしいという感情を抱いてしまうことになる。しかし先入観を捨ててつきあってみると案外と魅力的な人物だったりするものだ。相手も最初は警戒しているはずだ。自分から「壁」をつくることをやめ、また現役時代の「肩書き」など捨てれば、案外うまくいくのかもしれない。

しかし、人間関係の煩わしさが面倒だと思っていることを自制してまで、地域活動に参加しなければならない理由は何か、という疑問は残るかもしれない。一言でいえば自分にとって住みやすい地域をつくることであり、誰もが快適に生活できる環境をつくるため、ということではないだろうか。

(2) 「相互扶助」を基盤とした地域づくり

地域を取り巻く環境は都市、地方にかかわらず厳しさを増している。生活の基盤であった家族や地域コミュニティの崩壊が指摘されて久しい。人と人のつながりが薄れ、自分さえ良ければという「利己主義」が地域コミュニティの崩壊に拍車をかけている。

少なくとも団塊世代の幼少期は、地域での「相互扶助」(助け合い)が、日々の生活の中に息づいていたように記憶している。その後、急速な産業構造の変化により人口の都市集中が進み、地域コミュニティや家族が徐々に崩壊してきた。それに伴って「相互扶助」も生活の中から失われていったといえる。特に都市部ではその傾向が顕著にあらわれ、それが地方にまで広がっていった。そして「相互扶助」とは相反する「利己主義」が人びとの生活を支配することになる。

「相互扶助」とは、誰かを助ければ、助けられる権利を有するといった、給付・反対給付における「均等の法則」のようなものではなく、無償の行為を前提とする。困ったときには誰もが自然と恩恵を享受できる仕組みのことだ。仕組みというより生活に根ざした「文化」のようなものだ。都市部ではコンビニがあり、病院もあり、誰とも関係をもたなくても何不自由なく生活できると錯覚してしまう人もいるが、他者の支援なしでは人は生きていけないのだ。

「『ひとりでも生きられる』ということが言えるような社会は、近代以前には存在しなかったし、今もこれからも地上のごく例外的なエリアにしか存在しない。『ひとりでも生きられる』ということを標準仕様にしている社会というのは、歴史上きわめて例外的なものである」(23)と内田樹はいっている。わが国がここでいう例外的エリアだとはけっして思えない。

また、「相互扶助」の必要性について、二〇世紀初頭のロシアの思想家クロポトキンはこのようなことを述べている。

「個人は社会や人びとの相互扶助を基盤とする関係性の中でしか生きて行けない。『相互扶助』は動物界において繁栄と進歩をもたらし、人類の進歩もまた同様だ[24]」

誰もが住みよい地域づくりとは、相互扶助を基盤としなければならないだろう。それは「自己利益優先」の社会から「相互扶助」の社会を展望していくことでもある。

「ほがらかネット」の添田さんも地域に「相互扶助」の仕組みをつくり、それが全国に拡がることを理想としている。しかし、「相互扶助」という仕組みが生活の中に根付いていない現在、そういう社会は一朝一夕ではできないだろう。「ほがらかネット」が、身の回りのお手伝い事業を行っているように、地道な活動の積み重ねが、相互扶助を基盤とした地域コミュニティの再構築には欠かせないのである。

7 できることから始める

マスコミなどでは、地域で活躍しているリーダーが脚光をあびている。しかし誰もがそうした活動を実践できるはずがない。地域リーダーの中には、どれだけ献身的に活動に加わっているか、どれだけの時間を割いて活動に加わっているかを判断基準とする傾向も見受けられる。足立区の坂田さんもいっていたが、「ちょいボラ」(ちょっとボランティア)でもいいのではないか。

「正統的周辺参加」という理論では周辺的参加（ゆるやかな参加）から十全的参加（中心を担う参加）へのプロセスを「新参者は周辺的参加から始まり次第に共同体の一員として成長していく（十全的参加）なのである」といっている。[25] さらに、個人は「周辺的参加」から「中心」へ向かって「十全的参加」を直線的に進むのではないともいう。つまり活動の初心者は寄り道や休憩を挟みながら徐々に中心を担う参加へと進むのである。また、その「中心」さえも確固としたものではなく、変化するものであるということも「周辺的参加」から始めようとする筆者のような「新参者」にとっては、なるほどと納得させられる。

確かに一九六〇年代のような激動の時代だったら「周辺的参加」から一気に「十全的参加」もあったかもしれないし、「中心」も確固としたものだったかもしれない。しかし現在はそんなホットな時代でもないし、そのような参加は誰も望まないだろう。

地域団体も周辺的参加から始める新参者を受け入れ、「時間がない」、「煩わしい」と考えている層や「関心がない」といった地域活動拒否層とも広く連携、協同することが求められているといってよい。

自分たちの住んでいる地域を住みよくするのは、自立した個人の協同によってしか成し遂げられない。誰かに任せる、誰かがやってくれるだろうという「代行主義」ではなく、一人ひとりができる範囲の中で地域に関わることが不可欠であると考える。

8　最後に

本章では、「東京都足立区」という狭いエリアの地域活動を見てきたが、足立区の抱えている課題や取り組みは、都市部に共通しているものと考えられる。そういう意味では足立区の取り組みは参考になるのではないか。

足立区の取材をとおして、地域にはいろんな団体があり魅力的な人が多いことを知った。地域の課題も見えてきた。冒頭にこのテーマは筆者自身のことでもあると書いた。さて、ではどう地域と関わっていくのか。地域に関わる方法としては、すでに活動を展開している団体へ加わってもいいだろう、また、新しく団体を立ち上げることも可能である。新しい団体といっても、ＮＰＯ団体も任意の団体もあるし、ソーシャルビジネスという手段もある。また、ひとりで、あるいは数人の仲間でやれることも数多くあるだろう。しかし、地域とは縁もゆかりもなかった初心者の団塊世代は、まず、まち歩きや行政などで開催している講座や講演会に顔を出すなど、自分の目で見たり人の話を聞いたりすることから始めるのがよいのかもしれない。無理のない範囲で、できることから徐々に始めてみることだ。そして第一歩を踏み出せば、おのずと人間関係も拡がり、何をするのかも具体的なイメージとして形作られてくるはずだ。

筆者も何をするのか明確な答えは、まだ見つかっていない。それを探すために「あだち皆援隊」

講座に通うことにした。

(注)

(1) 日本における第一次ベビーブーム時代の一九四七年から一九四九年の三年間に出生した世代。「団塊の世代」、または、単に「団塊」ともいう。
(2) 全労済協会「勤労者の生活意識に関する調査」(二〇一三年一〇月実施)。調査結果については、「調査分析シリーズ③勤労者の生活意識と協同組合に関する調査報告書〈二〇一三年版〉」。以下、「勤労者の生活意識調査」という。
(3) 総務省「人口推計(平成二五年一〇月一日現在)」参照。
(4) 国立社会保障・人口問題研究所「日本の将来推計人口(平成二四年一月推計)」参照。
(5) 前掲、総務省「人口推計」参照。
(6) 同右。
(7) 前掲、総務省「人口推計」における全国の六五歳以上の人口三一八九八千人に対する東京都の六五歳以上の人口二九一四千人の占める割合は約九・一%。
(8) 前掲『調査分析シリーズ③』一二七頁Q9参照。
(9) 同右、Q10参照。
(10) 全労済協会「協同組合と生活意識に関する調査」(二〇一一年一二月実施)。調査結果については、「調査分析シリーズ①協同組合と生活意識に関するアンケート調査結果」。
(11) 前掲、「調査分析シリーズ③」九五頁。
(12) 同右、九六頁。
(13) 前掲。全労済協会「協同組合と生活意識に関する調査」。調査結果については、「調査分析シリーズ①協同組合と生活意識に関するアンケート調査結果」。
(14) 前掲、「調査分析シリーズ③」一二九頁。
(15) 足立区HP「数字で見る足立区　平成25年」参照。団塊世代人口については、平成二十五年一月一日現在の六三歳から六五歳の年齢別人口の総数を合計。
(16) 足立区の中央部に位置し、足立区役所などの行政機関が置かれている。
(17) 団塊の世代が大量に退職し、技術やノウハウの継承が追いつかず、業務が停滞するのではないかと懸念された問題。
(18) 足立区HP「数字で見る足立区　平成二五年」参照。外国人については、新宿区三万四千人、江戸川区二万三千人に次ぐ。
(19) https://www.facebook.com/asobo2011
(20) 内閣府の高齢社会白書においても「高齢者を65歳以上の者と捉えた場合、団塊の世代は高齢者層の大きな比重を占めることになり、団塊の世代には、これまで社会の様々な分野の第一線で活躍してきた経験を生かし、今後の超高齢社会を先導する役割と、雇用、就労、社会参加活動における活躍が期待されている」とされている（「平成25年版高齢社会白書」（内閣府）　1　団塊の世代の経済状況　第3節　団塊の世代の意識）。
(21) 前掲、「調査分析シリーズ③」一二九頁。「仕事や学業が忙しいから」四四・六％、「人間関係が煩わしいから」二四・二％などとなっている。
(22) 前掲、『調査分析シリーズ③』九七頁参照。「世帯年収別の特徴としては、「金銭的余裕がないから」の回答比率が年収の低下とともに上昇し、年収三〇〇万円未満層では三〇・六％に達する。また、「参加したくない」の回答割合にもおおむね同様の傾向が見られ、年収三〇〇万円未満層では一八・九％である。」
(23) 内田樹著［二〇一四］『街場の共同体論』潮出版社。
(24) ピョートル・クロポトキン著、大杉栄訳『相互扶助論』同時代社、二〇一二年。

（25）　大高研道［二〇一一］「労働者協同組合における若者自立支援事業から見えてくる「正統的周辺参加」の課題」『協同組合経営研究誌にじ』第六三五号、八四～一〇〇頁。

補論　都市と農山漁村の「高齢化」問題とその対応策

1　都市と農山漁村――二つの「高齢化」

(1)　農山漁村では「高齢者が減り始めた」

「高齢化」といえば、とかく「農山漁村における高齢人口の増加現象」として捉えがちだが、それは二重の意味で誤っている。

まず、「高齢化」が他地域に先んじて進んでいるとされる農山漁村においていまなお高齢人口が増加しているという認識は、もはや的確でない。農山漁村における高齢人口の増加はピークを過ぎ、減少段階にさしかかろうとしている。

そして、むしろこれから高齢人口が急増するのは、都市部（都市周縁を含む）においてである。

図補-1は、高齢人口（六五歳以上）の長期推移を、過疎市町村（過疎地域自立促進特別措置法

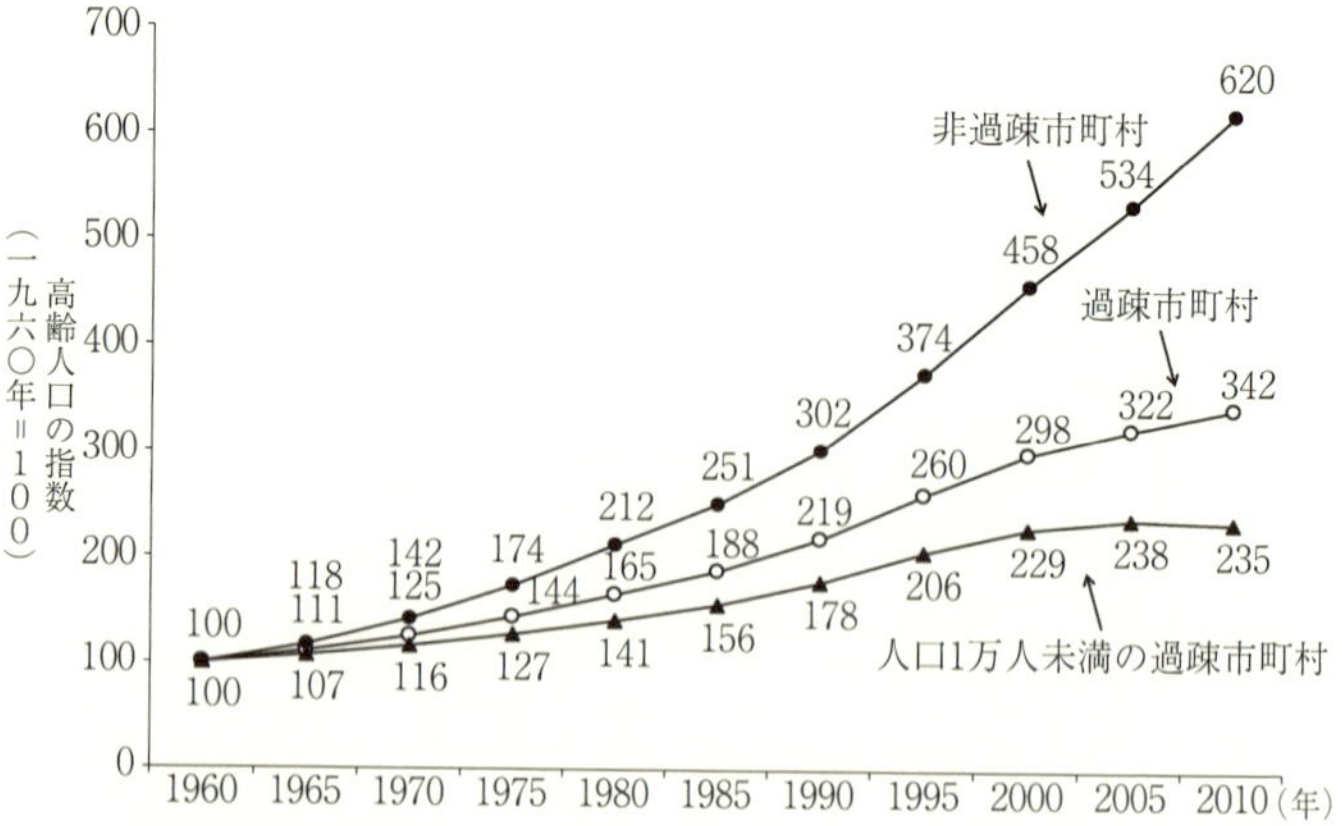

（出所）国勢調査（各年）。
（注１）2005 年時点の市町村単位で集計した。
（注２）過疎市町村は，2005 年時点の指定市町村（「一部過疎」や「みなし過疎」を除く）。

図補-１　高齢人口数（65 歳以上）の推移―過疎市町村と非過疎市町村の比較―

による過疎地域として指定された市町村）と非過疎自治体（過疎地域に指定されなかった市町村）とで比較したものである。

これを見れば、たしかに高齢人口は過疎市町村、非過疎市町村ともに増加傾向にあるが、過疎市町村の増加ペースは一九九〇～九五年をピークに鈍化しており、二〇〇五年時点で人口一万人未満の過疎市町村に限定すれば、二〇〇五年をピークにして以降五年間は減少に転じている。一方、非過疎市町村においては、高齢人口の増加ペースは衰える兆しを見せない。

(2) 高齢者が急増する都市部・減少する農山漁村

表補-1に二〇〇〇年から一〇年にかけて一〇年間の高齢人口増・減率の上位各一

〇市町村を示した。なお、より詳細に地域の実態を把握するために、「平成の合併」以前の二〇〇〇年時点の市町村単位で集計を行った。

表左側の増加率上位には、高度経済成長期に大都市圏郊外のベッドタウンとして人口急増した埼玉・千葉など大都市圏近郊の市町が並ぶ。高齢化「率」で見ればすべての市町が全国平均（二三・〇％）以下ではあるが、高齢者対応に必要な施設や人員、それに要する予算を左右するのは「率」よりも「絶対数」である。表に示した市町では、その高齢人口の絶対数が一〇年間で約二倍という驚異的なスピードで増加している。

一方、表右側の減少率上位には、離島や山間部など条件不利地域に立地する町村が並び、高齢者数はおしなべて二割以上減少している。「高齢化」が先発したこれら地域では、「高齢化」＝「高齢人口増加」の段階はとうに過ぎ、「高齢人口減少」の段階にさしかかっているのである。こうした状況は、やがて他の農山漁村地域にも及ぶと予想される。

(3) 都市部の「高齢化」と農山漁村の「高齢化」

図補-2は都市部と農山漁村の「高齢化」の違いを示した模式図である。都市部の「高齢化」は、「非高齢者」が加齢して「高齢者」にシフトすることによって進行する。ところが、農山漁村における「高齢化」は、「高齢者」が減少するなかで、それを上回るペースで「非高齢者」が減少することによって進行する。

人口数増減率上位10市町村

（単位：%）

減少率上位10市町村						
	高齢人口増減率	総人口増減率	2000年高齢化率	2010年高齢化率	65～74歳増減率(%)	75歳以上増減率(%)
鹿島村	▲36.0	▲45.0	40.1	46.6	▲63.8	▲13.6
魚島村	▲34.9	▲31.7	43.7	41.7	▲62.8	5.0
山古志村	▲30.9	▲46.8	34.6	45.0	▲45.7	▲13.2
高島町	▲29.0	▲44.7	42.1	54.0	▲43.1	▲10.4
木屋平村	▲28.1	▲37.7	44.4	51.2	▲59.6	18.8
早川町	▲27.9	▲28.4	47.2	47.6	▲50.4	▲3.5
富山村	▲26.3	▲33.0	36.4	40.0	▲61.9	17.6
関前村	▲24.1	▲38.7	48.7	60.3	▲38.2	▲10.5
大川村	▲23.5	▲27.8	41.8	44.3	▲58.8	23.5
一宇村	▲23.2	▲40.6	44.7	57.8	▲48.3	8.9

そもそも高齢化率とは、総人口（分母）に占める高齢者数（分子）の割合を示した指標である。分子（高齢者数）が大きくなれば高齢化率が上昇するのは当然だが、たとえ分子（高齢者数）はそのままでも、分母（総人口）が小さくなれば高齢化率は上昇する。都市部は前者の状況（分子が大きくなることで高齢化率が上昇）、農山漁村では後者の状況（分母が小さくなることで高齢化率が上昇）にある。

こうした状況をふまえ、本章では「都市部の高齢化」「農山漁村の高齢化」それぞれについて、問題の所在と対応策を検討してみたい。

表補-1　2000-10年高齢

増加率上位10市町村							
市町村名		高齢人口増減率	総人口増減率	2000年高齢化率	2010年高齢化率	市町村名
1	埼玉県	伊奈町	114.7	31.9	10.5	17.0	1 鹿児島県
2	埼玉県	大井町	111.9	8.7	9.7	19.0	2 愛媛県
3	千葉県	白井町(注2)	108.2	19.7	10.3	18.0	3 新潟県
4	埼玉県	八潮市	107.0	10.7	10.4	19.4	4 長崎県
5	埼玉県	三郷市	106.8	0.3	9.5	19.5	5 徳島県
6	埼玉県	吉川市	101.8	15.2	9.9	17.3	6 山梨県
7	埼玉県	鶴ヶ島市	100.7	3.5	9.3	18.1	7 愛知県
8	埼玉県	三芳町	98.3	8.3	12.6	23.0	8 愛媛県
9	神奈川県	綾瀬市	96.7	2.7	10.8	20.8	9 高知県
10	宮城県	富谷町	94.3	31.0	9.2	13.7	10 徳島県

（出所）国勢調査。
（注１）2000年時点の市町村単位で集計。
（注２）その後市制施行して，現在は市。

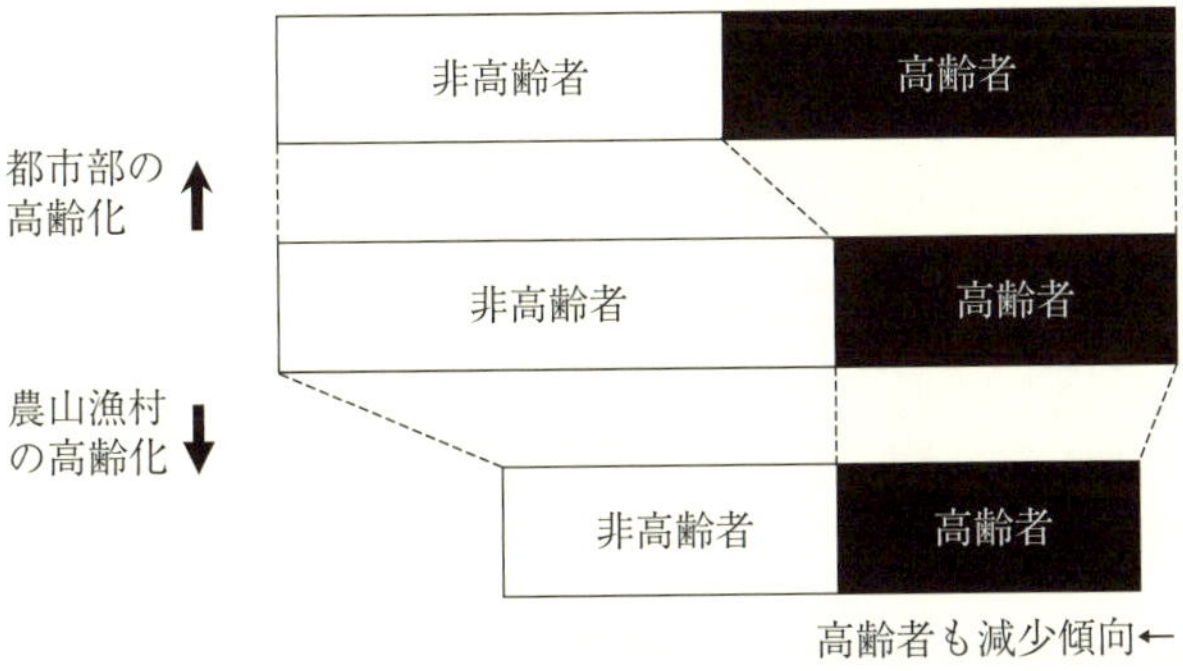

図補-2　都市部と農山漁村の高齢化の違い

2 都市部における「高齢化」への対応策の検討

(1) 都市部の「高齢者」と農山漁村の「高齢者」

高齢者が急増する都市部における「高齢化」への対応策を検討するにあたっては、そもそも、都市部と農山漁村とでは「高齢者」の態様がまったく違うことに注意を払う必要がある。専兼問わず農家の多い農山漁村では、六五歳に達したからといってすぐに生産現場から退くわけではなく、むしろ後で述べるように、兼業先を退職して時間的な余裕ができた高齢者こそが地域の担い手であったりする。

かたや、都市部の高齢者は、定年退職した途端に多くが「被扶養人口」となる。これから高齢化する団塊の世代が扶養される側に回れば、とてもその地域の福祉はもたない。

そこで、都市部では、これから急増する高齢人口を「被扶養人口」とするのではなく地域の担い手として取り込んでいく努力が必要であり、そのためには地域としてどのような受け皿を用意できるかが問われる。これまで社会の第一線で活躍してきた「団塊の世代」は、能力や技術とも極めて高いが個性も多様であり、地域には人材コーディネート力が求められることになるだろう。

次項では、団塊の世代など地域内の高齢者を「担い手」として積極的に活用しながら地域福祉に取り組んでいる鳥取県南部町の事例を紹介したい。

(2) 鳥取県南部町東西町地区における地域内人材の活用の取り組み

地区の概要

鳥取県南部町（人口一万一五三六人：二〇一〇年国勢調査）は、二〇〇四年十月一日、西伯町と会見町が合併して誕生した町である。町の南部は過疎・高齢化が進行する中山間地域となっているが、町北部は平地・丘陵地が広がり、県西部の中心都市である米子市に接することから、ベッドタウンとして住宅開発が進んだ地区も少なくない。

東西町（東町・西町）地区もそうした地区の一つで、一九七〇年に隣接する米子市のベッドタウンとして造成・分譲された住宅団地（人口約千二百人）である。米子市に隣接するという地の利から現在もなおファミリー層の転入が見られるものの、全体的には分譲当初からの住民を中心に高齢化が進み、独居高齢者も目立ちはじめた。

こうした現状をふまえ、地区の自治組織である東西町地域振興協議会は「子どもからお年寄りまで安心して住める町」を活動方針に掲げ、防犯パトロール、放課後児童クラブなど防犯・防災・福祉事業を中心に手がけてきた。

平日昼間の独居高齢者の見守り体制づくり

地域振興協議会では、「安心して住める町づくり」の一環として、二〇〇八年度に「地域支え合いマップ」を作成。独居高齢者とそれに対応する支援者をリスト化し、平常時の見守り体制、緊急時の避難誘導体制を整えた。

ところが、体制の見直しを迫られる出来事が起こった。二〇一一年三月十一日の東日本大震災である。

振興協議会の事務局スタッフである黒木さんは、「もし震災がわが町に起こっていたら、避難誘導が迅速に行えただろうか」と考えて、ハタと気が付いた。

たしかに先述の通り「支え合いマップ」は作っていた。しかし、避難誘導者としてリストアップされたのは働き盛りの男性ばかり。彼らは、平日の昼間は米子市などに勤めに出かけるので、地域にはいない。東日本大震災のように災害が平日の昼間に発生すると、「支え合いマップ」は絵に描いた餅になってしまうのである。

振興協議会では、震災翌日から、緊急時の避難誘導体制について再検討を始めた。そして三月十七日までには、高齢者や主婦など平日の昼間にも在宅している住民をリストアップし、「災害時安否確認協力委員」として委嘱。翌四月二十六日には、新しい体制にもとづいて避難訓練も実施した。

この仕組みは、同年九月の台風一二号による集中豪雨に伴う避難に際して大いに効果を発揮した。その迅速な対応ぶりは地元紙で大きく取り上げられるなど高く評価され、同年十一月には知事表彰を受けるに至った。

「コミュニティホーム」の開設

東西町地域振興協議会では、鳥取県の推進する「コミュニティホーム」事業にも取り組んでいる。「コミュニティホーム」とは、ひとり暮らしが不安な高齢者が住み慣れた地域で暮らし続けられるよう、地域内の空き家を活用して整備した共同住宅である。地域住民がボランティアで生活支援を行うことにより、利用料を低く抑えるとともに、地域内の支え合いの仕組みづくりのきっかけとしても期待されている。

振興協議会が運営する「コミュニティホーム　西町の郷」は今年六月末に開所。現在のところは、宿泊や居住利用の希望者がおらず、日中の利用のみではあるが、月平均で延べ五十人程度が利用している。

「コミュニティホーム」の開設に際して課題となったのは、開設場所となる地域の空き家と、生活支援を行うサポート・スタッフの確保だった。

空き家については、やがて「自分はリタイアした後、地区内に別途確保した住居に住んでいるので、無償で空き家を提供してもよい」という家主が現れた。

サポートスタッフについては、思い切って有償ボランティアとしてスタッフを募ったところ、五〇～七〇代の女性一〇人が手を挙げた。一〇人中四人は資格（ヘルパー二級）を新たに取得する必要があったが、他六人は、介護師・看護師・ケアマネージャーなどの資格保有者。退職してはいるが、腕に覚えがある人ばかりである。このように、ベッドタウンには、現役時代に経験や能力を積み重ねた人材が少なくない。

地域内の人材に目を向けることの重要性

以上のように、東西町地区では、高齢者を地域福祉における「守る対象」とのみ捉えるのではなく、地域福祉の「担い手」としても位置づけ、その経験や能力を活用しながら「安心して住める町づくり」を進めている。

地域づくり活動の推進に際しては、「地域資源」を掘り起こし、有効活用することが重要とされる。ワークショップなどで「地域のお宝探し」などに取り組んだ読者もいらっしゃることだろう。しかし、「地域資源」は決して自然やモノだけではない。日頃気づいていないだけで、住民ひとりひとりに目を配れば、実はさまざまな知識・技術・能力・趣味をもつ個性あふれる人材が地域にはたくさん眠っている。とりわけ都市部に集積する「第三次産業」は、「第三次」として一括りにするにはあまりにも幅広く、多様である。都市・都市近郊に暮らす「団塊の世代」の多くは、そうした「第三次産業」に従事した者であり、その経験や能力もまた幅広く、多様である。

都市・都市近郊における急激な高齢人口の増加に適確に対応するためには、これから高齢者への仲間入りをする人々を「高齢者」だからといって「守る対象」と決めつけてしまわないこと、また、「団塊の世代」として一括りにするのではなく、それぞれの個性を見極め、それぞれの能力が発揮できるような環境を整えることが重要である。

3　農山漁村における「高齢化」への対応策の検討

(1)　農山漁村において高齢者が減少することの意味

一方、農山漁村における「高齢化」については、どのような対応策が見込まれるだろうか。高齢人口が急増する都市部とは異なり、農山漁村では、高齢人口は減少局面にさしかかろうとしている。しかし、これをもって「農山漁村における『高齢化』は一服した。ひとまずこれで一息つけそうだ」とするのはまったくの誤りであり、むしろこれからが正念場とも言える。なぜなら、農山漁村では高齢者こそが地域運営の担い手だからである。

第一次産業から第二・三次産業への産業構造の変化、それに伴う勤労者のサラリーマン化は、程度の差こそあれ農山漁村でも進んできた。ただでさえ生産年齢人口が平日の日中は勤務先に拘束されるようになり、たとえば農地や農業用水など地域資源の管理や種々の地域活動など日常的な地域運営の主たる担い手としては期待しづらくなった。代わって地域運営の主軸を担ってきたのが高齢者である。特に兼業先を退職してまもない前期高齢者（六五～七四歳人口）は、気力体力ともに十分あるうえに、事務作業や組織のマネジメントにも通じており、地域に欠かせない人材となっていることが多い。表補-1の右端で示したように、高齢人口の減少を主導しているのは、地域運営の担い手としてもっとも期待される前期高齢者である。農山漁村は、高齢人口の減少に伴って、地域

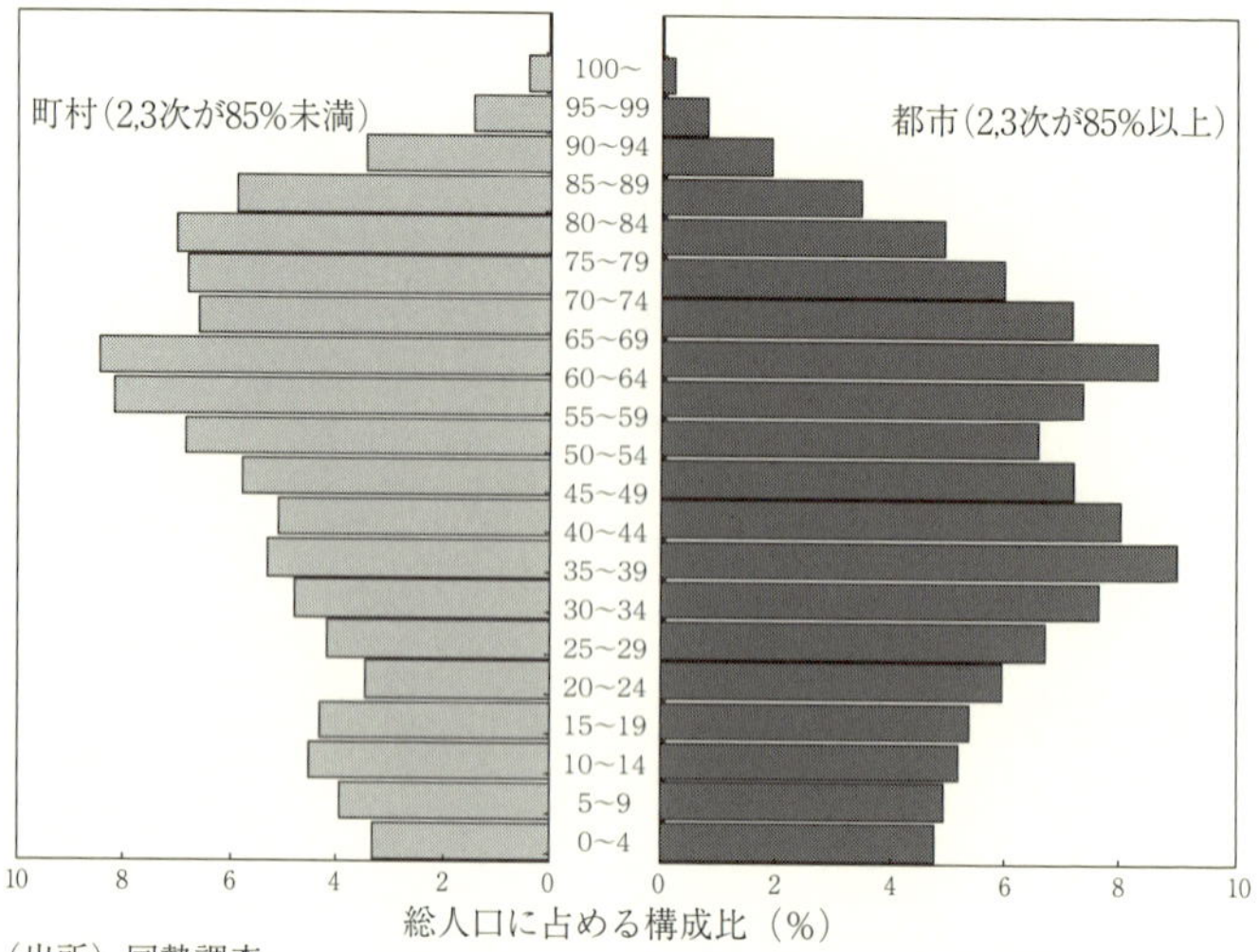

（出所）国勢調査。

図補-3　年齢階級別人口（都市部・農山漁村の比較：2010年）

運営の担い手そのものの減少――すなわち本格的な人口減少社会に立ち向かうことになる。

本節では、こうした厳しい状況に農山漁村がどのように対応していくべきか、検討してみたい。

(2) 農山漁村に不足するのは若年層

図補-3は、二〇一〇年時点の都市部と農山漁村の人口ピラミッド（年齢層別人口構成）を比較したものである。都市部として、「市」（平成合併前の旧市町村単位）のうち第二・三次産業就業者数が八五%以上を占める地域を、農山漁村として、「町村」（同）のうち第二・三次産業就業者数が八五%未満の地域をそれぞれ抽出した。

都市部（右側）の年齢層別人口構成を見れば、二つのピークがある。一つ目のピークは六〇～六四歳—すなわち「団塊の世代」と呼ばれる人々である。二つ目のピークは三五～四〇歳—いわゆる「団塊ジュニア世代」と呼ばれる人々である。

一方、農山漁村（左側）について見ると、ピークを成しているのは「団塊の世代」（六〇～六四歳）のみであり、都市部で見られるような「団塊ジュニア世代」におけるピークは存在しない。

当該世代は「子育て世代」にあたる。都市部の少子化が出生率の低下に因るものだとすれば、農山漁村では、出生率の高低以前に、「母数」にあたる「子育て世代」の減少が少子化をもたらしていると指摘される。そしてその少子化の勢いが、高齢人口の減少スピードを上回り、結果として高齢化率のさらなる上昇につながっているとみられる。

すなわち、農山漁村において決定的に不足しているのは、若年層—とりわけ三〇代の「子育て世代」なのである。

(3) 農山漁村に関心を示す若年層

表補-2は、二〇〇〇年時点で人口一万人未満の過疎指定市町村について、二〇〇〇～一〇年の年齢層別人口増減率を一覧したものである。たとえば二〇〇〇年に一〇～一四歳だった人は、二〇一〇年には二〇～二四歳になっている。二〇〇〇年時点の一〇～一四歳人口と二〇一〇年時点の二〇～二四歳人口を比較して増減があるとすれば、死亡もしくは転出入による増減があったと考えられる。死亡率の低い若年層では死亡による減少をほぼ捨象できるので、両者の差分は、転出入によ

表補-2　過疎地域の各町村の年齢層別人口増減率
(2000年→10年：コーホート)

（単位：％）

年齢層 2000年→2010年	(2000年時点で) 人口1万人未満の 過疎指定町村	島根県 海士町	徳島県 上勝町
0〜4歳　→10〜14歳	▲1.0	25.9	2.2
5〜9歳　→15〜19歳	▲25.7	▲11.7	▲54.5
10〜14歳→20〜24歳	▲55.5	▲70.9	▲62.7
15〜19歳→25〜29歳	▲39.5	▲38.2	▲13.0
20〜24歳→30〜34歳	▲3.1	80.0	17.4
25〜29歳→35〜39歳	▲7.7	23.3	16.9
30〜34歳→40〜44歳	▲5.0	28.8	15.1
35〜39歳→45〜49歳	▲4.3	0.0	▲2.8
40〜44歳→50〜54歳	▲3.5	2.4	0.0
45〜49歳→55〜59歳	▲2.7	5.0	▲4.7
50〜54歳→60〜64歳	▲2.7	0.5	▲2.0
55〜59歳→65〜69歳	▲4.9	3.5	1.3

（出所）国勢調査。

る社会的増減と見なすことができる。

農山漁村では一〇代から二〇代にかけて進学・就職に伴う大規模な他出が発生する。大学や専門学校など高等教育機関の確保が難しく、若年層の多様なニーズに対応した雇用機会が不足する農山漁村では、ある意味避けようのない現象である。このため、一〇〜二〇代における減少率は最大五〇％以上に達する。

ただ、こうした他出の動きも三〇代以上に入ると落ち着き、減少率は一気に一ケタ台に縮小する。

とりわけ表補-2の右側に示した島根県海士《あま》町、徳島県上勝《かみかつ》町では、むしろ三〇代以上は増加傾向を見せている。特に、三〇代の若年層では二ケタ台の伸びを示している。加えて着目したいのは、小学校高学年から中学生に該当する一〇代前半の流入が見られる点である。若年層が子供を連れて転入するケースが多いものと推察される。

海士町は日本海に浮かぶ離島にあり、上勝町も町域のほとんどを険しい山間部が占めるなど、両町とも決して地理的条件には恵まれていない。しかし、以前から、全国に先駆けて独自の若年層誘致策を講じてきた。その成果が、こうした数字に現れていると考えられる。

そこで次項では、両町の若年層の誘致に向けた取り組みを紹介したい。

(4) 若年層の誘致に成功した自治体の取り組み

島根県海士町（人口二三七四人・高齢化率三八・九％：二〇一〇年国勢調査）

島根県海士町は、本土からフェリーで二時間半以上を要するという遠隔離島にありながら、二〇〇二年に就任した山内道雄町長のもと、地域活性化策を次々と打ち出し、成果を上げている。その一つが、若年層をターゲットにした移住定住対策であり、その成果については前述の通りである。

海士町の移住定住対策の第一の特徴は、都市の若年層との交流事業を次々と実施し、若年層に対する起業支援による産業創出を図っている点にある。

その皮切りが、一九九八年にスタートした「商品開発研修生」制度である。島外の若者を臨時職員として採用し、島外の視点で地域資源を掘り起こし、商品化につなげていこうという事業であり、本事業を通じて、島内の一般家庭でよく食べられていたさざえカレーをレトルトパックした商品や、かつて島内で行われていた製塩を復活した「海士乃塩」などヒット商品が生まれている。

以降、産業振興策に限らず、次々と若年層の人材を積極的に活用した地域活性化策を展開しており、二〇〇五年には、島内の産業振興策の基礎を担う主体として第三セクター「株式会社ふるさと海士」を設立し、二〇名以上の雇用を生んでいる。

第二の特徴は、移住定住者(とりわけ若年層)に対する生活支援の充実である。

まず子育て支援対策として、二〇〇四年、財政の厳しい折にもかかわらず、職員の給与削減分を子育て支援に充てることで、出産祝い金制度や、検診のために本土の産婦人科に通院する際の旅費・検診費用の補助、里帰り出産を行う際の旅費の一部補助を実現した。

また、ふるさと島根定住財団の助成を受け、島内の空き家を一〇年間借り受け(定期借家契約)て、改修を施したうえで定住者に貸し出す、「空き家リニューアル制度」を導入した。町は一〇年間の賃料で改修費用を回収し、一〇年後に空き家の所有者に返還するという仕組みである。この制度を通じて、平成一六〜二一年度にかけて、二八戸の住宅が整備された。

徳島県上勝町(人口一七八三人・高齢化率五二・四%:二〇一〇年国勢調査)

徳島県上勝町は、高齢者を中心にした「葉っぱビジネス」(「つまもの」の出荷)で著名だが、若年層を主とした移住者の受け入れにも熱心である。人口約千八百人の町に、二〇〇六〜一一年の六年間で、七一人(途中で転出した者を除く純転入数)が移住した。このうち、二〇〜三〇代が四六人と半数以上を占めている。

町では以前から、ワーキングホリデーや棚田オーナー制度など、都市農村交流事業に取り組んできたが、二〇〇〇年度からは、NPO法人地球緑化センターが手がける「緑のふるさと協力隊」制度を導入し、その後一二年間にわたって計二六人の「隊員」を受け入れた。

「緑のふるさと協力隊」とは、農山漁村に関心を持つ一八～三五歳の若者を一年間農山漁村に派遣し、現地で農林作業の手伝いや地域活動のサポートに従事させるプログラムである。若者にとっては、一年間地域住民の一員として生活することで、農山漁村の暮らしを肌身で感じる機会となるし、受け入れ地域にとっては、都会の若者の感性や行動力を地域づくりに活かす機会となる。

特徴的なのは、一年間の任期が終わった翌年も、約四割の「隊員」が派遣先の地域に住み続けること。上勝町でも、これまで受け入れた二六人のうち一〇人が町内に定住している。

こうした若者の定住の受け皿となっているのが、町が設立した第三セクターの企業である。町内には第三セクター形式で運営されている株式会社が五社あり、それぞれ宿泊・温泉施設の運営管理や特産品の販売、しいたけの製造販売、町内産の木材を活用した加工品や住宅の販売、国土調査（地籍調査）業務、そして「葉っぱビジネス」などを展開している。そして、これら会社の従業員の多くを、移住定住した若者が占めている。

海士町と同じく、住宅の確保にも工夫を凝らしている。二〇〇〇年には、廃校となった小学校を改修して、住宅八戸、貸事務所五室の複合住宅にリニューアル。二〇〇三年には、小学校の跡地を利用して、住宅二三戸、事務所一室の複合住宅を整備するなど、町営住宅の整備に努めている。

以上、両町に共通するのは、「商品開発研修生」や「緑のふるさと協力隊」など若年層の受け入れ制度を積極的に導入していること。また、若年層に対する充実した起業支援、生活支援を講じていること。さらには、地球複合経営体としての第三セクターが若年層の雇用の受け皿となっていることである。

(5) 新たな移住定住支援策――「地域おこし協力隊」制度

海士町、上勝町をはじめとした先発的な取り組みを参考に、移住定住支援に積極的に取り組む地域は増えており、制度面でも拡充が進められている。

たとえば、二〇〇九年度には「地域おこし協力隊」制度がスタートした。地方自治体が都市住民を受け入れて「地域おこし協力隊」として委嘱（期間は一年以上最長三年）。「隊員」は、地域に住みながら、地域おこし活動の支援や農林漁業の応援、住民の生活支援など地域貢献活動を実施する。「隊員」への報酬（上限二〇〇万円）や活動に要する諸経費をあわせて、「隊員」一人あたり四〇〇万円（二〇一一年度までは三五〇万円）が特別交付税として受け入れ自治体に交付される。

制度が始まった二〇〇九年度は三一自治体（一県三〇市町村）、八九人の委嘱にとどまったが、年を追うにつれて取り組みが広がり、二〇一三年度には三一八自治体（四府県三一四市町村）にて九七八人の「隊員」が活動を行った。本書執筆時点（二〇一四年四月二二日時点）で、移住・交流推進機構（ＪＯＩＮ）が提供する「地域おこし協力隊」のポータルサイトには、七一自治体が一三四人分（若干名＝一人としてカウント）の公募情報を掲示している。

この制度には、二つの側面がある。

第一に、地域活動を支援する外部人材の派遣政策として。二〇〇八年に総務省過疎問題懇談会が、今後の過疎地域の集落対策には従来の財政支援だけでなく人材確保・人材育成への支援が必要である（＝「補助金から補助人へ」）として「集落支援員」の設置を提言し、同年度に導入されたが、地域おこし協力隊はその延長線上に位置づけられる。

第二に、若年層の定住対策として。総務省は二〇一三年六月末までに任期を終えた「隊員」を対象に「地域おこし協力隊の定住状況等に係るアンケート」を実施したが、その結果によれば、「隊員」の八割以上を二〇〜三〇代の若年層が占めているうえ、「隊員」の半数が任期終了の翌年も活動先に住み続けており、若年層の定住対策としての期待が高まっている。

(6) 若年層の誘致活動を行ううえでの注意点

近年、若年層の一部に、農山漁村に自らの新たな可能性を求めて移住定住を目指す動きがある。背景にあるのは就労形態の変化であり、就労に対する価値観の変化である。就職氷河期に新卒採用期を迎えた彼ら彼女らには、いまだに安定した職に就いていない者も少なくないし、意図せざる進路を選択せざるを得なかった者も多い。運良く就職できた者の中にも、人材を費消するばかりの職場に自分の将来を見出すことができずに悩んでいる者は少なくない。その彼ら彼女らの一部が農山漁村に自らの新たな可能性を求め、移動しつつあると考えられる。

こうした若年層の動きをどの程度受け止められるかが、農山漁村の町村の持続可能性を左右すると言え、海士町、上勝町はいち早く若年層の受け皿づくりを行うことで若年層の誘致に受け止めることに成功したケースと言える。こうした先発的な取り組みに着目して、現在では、農山漁村の多くの自治体が若年層の誘致活動に乗り出している。国も、若年層の移住定住支援に力を入れはじめた。

ただし、単に受け皿を整備して誘致活動を行えば若年層がやってくるというわけではない。若年層の誘致のためには次の三点を強く意識してほしい。

第一に、若年層に対して実力を発揮できるチャンスを与えること。若年層が農山漁村に求めるのは、単に美しい景色や自然ではない。自らの可能性を追求できる場として農山漁村に目を向けているのである。

第二に、地域自身が、次世代に地域を継承するためには自己変革も辞さない姿勢を見せること。そもそも現在我々が暮らしている地域は、時代に即応して徐々に変わり続けてきた先人の知恵と努力の賜物であり、これからも時代の変化に即して変わり続けていくことが次世代に地域を受け継いでいくための我々の責務ではないだろうか。地域がそのことに気づいているか、感性豊かな若者はすぐに見抜くことだろう。

第三に、以上の二点は地元に住み続けている若者や出身者への対応についても言えることである。すでに地元にいる若者は、逆三角形を成している人口ピラミッドの底辺で押しつぶされそうになりながらも懸命に地域で生きようとしている。また、ここ近年「Iターン」（都市部など地元以外の出身者が農山漁村に移住定住すること）施策は充実しつつあるが、出身者の「Uターン」（地元出身者が地元の農山漁村に移住定住すること）施策は意外なほど少ないのが現状である。「Iターン」施策に注力するがあまり彼ら彼女らの存在を忘れてはならない。

次世代に対して地域の将来や可能性を示すことができる農山漁村とできない農山漁村では、将来的なパフォーマンスにおいて大きな差が生じることになるだろう。先人から受け継がれたバトンを絶やさないために、地域の自律創造的な対応が、いま求められている。

執筆者紹介（章順、* は編者）

岡崎昌之《おかざきまさゆき》*（はじめに、第一、二章）法政大学現代福祉学部・大学院人間社会研究科教授

保井美樹《やすいみき》（第三章）法政大学現代福祉学部・大学院人間社会研究科教授

坂本誠《さかもとまこと》（第四章、補論）全国町村会総務部調査室長

佐久間康富《さくまやすとみ》（第五章）大阪市立大学大学院工学研究科講師

小林元《こばやしはじめ》（第六章）ＪＣ総研基礎研究部主任研究員

西岡秀昌《にしおかひでまさ》（第七章）全労済協会常務理事

平戸俊一《ひらとしゅんいち》（第八章）全労済協会調査研究部

地域は消えない

——コミュニティ再生の現場から

2014年10月30日　第1刷発行　定価（本体2900円＋税）

編　者　岡　崎　昌　之
監修者　全　労　済　協　会
発行者　栗　原　哲　也

発行所　株式会社日本経済評論社
〒101-0051　東京都千代田区神田神保町3-2
電話 03-3230-1661　FAX 03-3265-2993
URL：http://www.nikkeihyo.co.jp/
印刷＊藤原印刷／製本＊根本製本

装幀＊渡辺美知子

ISBN978-4-8188-2354-9　C0036